W0300080

LE NOUVEL édito

Niveau B1

Méthode de français

Élodie Heu
Alliance française de Paris-Île-de-France

Myriam Abou-Samra *(Liban)*
Marion Perrard *(Espagne)*
Cécile Pinson *(Belgique)*

didier

Principe de couverture : Christian Dubuis-Santini © Agence Mercure
Déclinaison de la couverture : Laurence Hérédia
Déclinaison de la maquette : Nadine Aymard
Principes de maquette pages intérieures (hors réalisation et iconographie) : Christian Dubuis-Santini © Agence Mercure
Mise en page : Nadine Aymard
Photogravure : RVB
Illustrations : Deligne (pages 31, 67, 103,139) et Dom (pages 13, 49, 85, 121, 157)
Corrections et relecture : Cécile Rouquette
Enregistrements, montage et mixage du CD audio : En melody
Montage et interface graphique du DVD : SDB Prod

PAPIER À BASE DE FIBRES CERTIFIÉES

éditions didier s'engagent pour l'environnement en réduisant l'empreinte carbone de leurs livre Celle de cet exemplaire est de :
850 g éq. CO_2
Rendez-vous sur www.editionsdidier-durable.fr

ISBN 978-2-278-07269-9
Dépôt légal : 7269/01

Achevé d'imprimer en Italie en juillet 2012 par Grafica Veneta

Pourquoi *Le Nouvel Édito B1* ?

Le Nouvel Édito B1 complète ***Le Nouvel Édito B2***, publié en 2010, qui avait, comme la première édition de 2006, reçu un très bel accueil dans le monde. Cette nouvelle publication répond aux souhaits de nombreux enseignants de disposer d'un outil pédagogique ouvert et structurant, pour travailler avec les étudiants, grands adolescents et adultes, visant le niveau B1 du CECR.

Nous avons fait le choix de conserver quatre éléments forts et appréciés dans ***Édito B2*** :

- un **large choix de documents authentiques, actuels** et ouverts sur la **francophonie**, permettant de travailler les cinq compétences de compréhension et d'expression à l'oral et à l'écrit ;
- un **travail approfondi et structuré sur le lexique** ;
- une approche de la **grammaire** rythmée par trois temps **facilitant l'appropriation des différentes structures** : échauffement, fonctionnement, entraînement ;
- des propositions d'**Ateliers**, en fin d'unité, pour réaliser des **tâches** en groupes.

Le Nouvel Édito B1 comporte aussi des spécificités :

- un dispositif d'**autoévaluation**, en début et fin d'ouvrage (p. 174), portant sur les cinq compétences ;
- chaque unité est scindée en 2 dossiers, soit 18 dossiers au total, pour diversifier et élargir les thématiques (→ voir tableau ci-dessous) ;
- l'introduction d'une page **Stratégies** dans chaque unité pour aider les étudiants à développer leurs compétences de façon très concrète ;
- une **préparation complète aux épreuves du DELF B1** (productions de type DELF dans chaque unité, deux dossiers - unité 7, dossier 1 et unité 9, dossier 1 - orientés vers la préparation au DELF et une épreuve blanche du DELF en fin d'ouvrage).

AUTOÉVALUATION

COMPRÉHENSION ORALE

Écoutez et répondez.

Exercice 1

cd 2

1 Pourquoi l'homme appelle-t-il le restaurant ?
a | Pour faire une réservation pour le jeudi 16.
b | Pour changer le jour de sa réservation.
c | Pour savoir si le restaurant sera ouvert le lendemain.
d | Pour annuler sa réservation.

cd 3

2 Où se passe la scène ?
a | À l'université.
b | Dans la rue.
c | Dans un club de gym.
d | Sur une plage.

Exercice 2

cd 4

1 Pourquoi cette annonce est-elle diffusée ?
a | Pour informer que le train pour Paris va entrer en gare.
b | Pour donner l'horaire du prochain train pour Marseille.
c | Pour signaler que le train pour Marseille va entrer en gare.
d | Pour indiquer sur quel quai arrive le prochain train pour Paris.

cd 5

2 Cette annonce dans un magasin nous informe sur :
a | la nouvelle collection au rayon papeterie.
b | la possibilité de gagner des invitations au 5e étage.
c | les activités spéciales proposées au rayon papeterie.
d | les promotions au rayon papeterie.

cd 6

Exercice 3

1 Si vous entendez ce message de répondeur, qui avez-vous appelé ?
a | Un centre aéré.
b | Un stade de football.
c | Un théâtre.
d | Une bibliothèque.

2 Pour être mis en relation avec le standard, il faut :
a | appuyer sur la touche 1.
b | attendre.
c | appeler un autre numéro.
d | rappeler du mardi au samedi entre 12 h et 17 h.

COMPRÉHENSION ÉCRITE

Exercice 1

Lisez la lettre et cochez la bonne réponse.

de : evalonrigo@caromail.fr
pour : karima.saeda@leposte.com

Objet : weekend

Salut Karima,
J'espère que tu vas bien depuis la dernière fois. Je t'écris car il y a un petit changement de programme. Je ne pourrai pas venir te voir à Marseille mercredi comme prévu, ma mère va être hospitalisée et je préfère l'accompagner à l'hôpital. J'ai donc changé mon billet de train pour vendredi et je resterai deux jours de plus la semaine prochaine. J'espère que cela ne pose pas de problème pour toi.
Nous ne pourrons donc pas aller au festival de ciné mais nous pourrons quand même aller faire de l'escalade dans les calanques pendant le weekend.
Bises,

Éva

1 Éva écrit à Karima pour :
a | lui demander si elle peut venir à Marseille lui rendre visite.
b | la prévenir qu'elle arrivera plus tard que prévu à Marseille.
c | lui dire qu'elle ne pourra finalement pas aller à Marseille.
d | lui proposer de venir chez elle.

2 Que vont faire Karima et Éva ce weekend ?
a | Voir des films dans un festival.
b | Rendre visite à la mère d'Éva à l'hôpital.
c | Aller à la plage.
d | Faire du sport.

Exercice 2

Lisez le texte et dites si les affirmations sont vraies ou fausses ou si l'on ne sait pas (?). Justifiez votre réponse si c'est vrai ou faux.

La fête des voisins

La fête des voisins n'est pas encore une grande tradition française, mais elle pourrait le devenir.

Créée en 1999 à Paris par l'association *Paris d'Amis*, elle a pour objectif de rapprocher les voisins et de créer du lien social à l'échelle d'un quartier ou d'un immeuble. Appuyée par les maires de France, cette initiative se déroule tous les mois de mai dans tout le pays.

Depuis 2004, la fête des voisins a dépassé les frontières de l'Hexagone : La *Journée européenne des voisins* a lieu dans plus de 150 grandes villes d'Europe. La fête des voisins a même inspiré un film réalisé par David Haddad en 2010.

Mais rendons à César ce qui appartient à César : avant 1999, des initiatives similaires ont été lancées dans plusieurs villes belges sous le nom de *Barbecue de quartier* ou *Fête de rue.*

	Vrai	Faux	?
1 La fête des voisins est gratuite. Justification :	☐	☐	☐
2 La fête des voisins a été créée par les maires de France. Justification :	☐	☐	☐
3 La fête des voisins a lieu chaque année au printemps. Justification :	☐	☐	☐
4 La fête des voisins est encouragée par les associations caritatives. Justification :	☐	☐	☐
5 L'idée d'une fête entre voisins est née en France. Justification :	☐	☐	☐

Exercice 3

Lisez le texte et dites si les affirmations sont vraies ou fausses.

La critique du mercredi

Aujourd'hui sort sur vos écrans *Vous allez voir ce que vous allez voir*, le nouveau film d'Alain Renaud. On est ravi de retrouver le couple d'acteurs Pierre Ardonto et Sabina Zéta, toujours drôles et émouvants à la fois. Mais Alain Renaud en fait trop, le scénario, adapté d'une pièce de théâtre, laisse à désirer et sa tendance à faire des films trop intellectuels prend le dessus. On doit faire un effort pour ne pas s'endormir et on souffre car le film dure presque 3 heures.

	Vrai	Faux
a | La critique de ce film est plutôt négative.	☐	☐
b | Les acteurs ne sont pas très bons.	☐	☐
c | Le scénario est adapté d'un roman.	☐	☐
d | Le film est ennuyeux.	☐	☐
e | Le film est trop court.	☐	☐

COMPÉTENCES GRAMMATICALES ET LEXICALES

Complétez les phrases.

1 Complétez avec les prépositions du tableau.

A	B	C	D
a | à	**a** | à	**a** | à	**a** | à
b | en	**b** | en	**b** | en	**b** | en
c | du	**c** | dans	**c** | au	**c** | au
d | au	**d** | sur	**d** | autour	**d** | de

Valentin vient ...**A**... Canada, il habite maintenant ...**B**... la Grand Place ...**C**... Bruxelles, ...**D**... Belgique.

2 J'ai appelé mes meilleurs amis pour .... inviter à dîner.
a | les
b | leur
c | leurs
d | l'

3 Bon, alors on se voit la semaine prochaine ? On se retrouve .... à 17 h devant la piscine ?
a | le mercredi
b | à mercredi
c | mercredi
d | dès mercredi

4 À Paris, ce que j'ai préféré, c'est quand on .... le métro.
a | avons pris
b | sommes pris
c | a pris
d | est pris

5 C'est l'anniversaire de votre ami(e). Vous lui .... un cadeau.
a | amenez
b | apportez
c | emmenez
d | emportez

6 Vous avez besoin de 30 euros. Vous allez au distributeur de billets pour :
a | déposer de l'argent.
b | prêter de l'argent.
c | retirer de l'argent.
d | emprunter de l'argent.

PRODUCTION ORALE

1 Présentez une personne célèbre que vous admirez. Décrivez-la, dites ce que vous aimez chez elle.

2 Qu'avez-vous prévu de faire demain ? Et la semaine prochaine ? Donnez votre emploi du temps pour les jours à venir.

3 Interaction à deux. Vous téléphonez à un(e) ami(e) pour l'inviter au restaurant et au cinéma. Faites-lui une proposition et mettez-vous d'accord sur une heure et un lieu de rendez-vous.

4 Interaction à deux. Vous avez décidé d'apprendre une langue étrangère. Vous allez dans une école de langues pour demander des informations sur les cours, les horaires, les niveaux et les prix. L'un d'entre vous joue le rôle du secrétaire de l'école.

5 Interaction à trois. Vous êtes un groupe d'amis et vous avez prévu de partir en vacances ensemble. Vous aimez tous la plage et le soleil, et vous voulez faire du sport. Décidez ensemble où vous allez partir et ce que vous ferez pendant vos vacances.

PRODUCTION ÉCRITE

1 Vous êtes allé(e) en week-end chez un ami et vous avez oublié quelque chose chez lui. Écrivez-lui pour lui indiquer ce que vous avez oublié et où. Proposez-lui une solution pour récupérer cet objet.

2 C'est votre anniversaire et vous voulez organiser une fête. Vous écrivez à un ami pour l'inviter. Vous lui donnez le programme de la fête et vous lui donnez des indications sur l'heure et le lieu du rendez-vous.

3 Un ami vous a écrit pour vous inviter à une exposition d'art moderne. Vous n'aimez pas trop les musées, vous lui répondez pour refuser cette sortie et vous lui proposez de faire autre chose.

J'AI LE NIVEAU A2

	Oui	Souvent	Pas encore
ÉCOUTER • Je peux comprendre des expressions et un vocabulaire très fréquents relatifs à ce qui me concerne de très près (par exemple moi-même, ma famille, les achats, l'environnement proche, le travail). • Je peux saisir l'essentiel d'annonces et de messages simples et clairs.			
LIRE • Je peux lire des textes courts très simples. • Je peux trouver une information particulière, prévisible dans des documents courants comme les publicités, les prospectus, les menus et les horaires. • Je peux comprendre des lettres personnelles courtes et simples.			
PRENDRE PART À UNE CONVERSATION • Je peux communiquer lors de tâches simples et habituelles ne demandant qu'un échange d'informations simple et direct sur des sujets et des activités familiers. • Je peux avoir des échanges très brefs même si, en règle générale, je ne comprends pas assez pour poursuivre une conversation.			
PARLER EN CONTINU • Je peux utiliser une série de phrases ou d'expressions pour décrire en termes simples ma famille et d'autres gens, mes conditions de vie, ma formation et mon activité professionnelle actuelle ou récente.			
ÉCRIRE • Je peux écrire des notes, des messages simples et courts. • Je peux écrire une lettre personnelle très simple, par exemple de remerciements.			
COMPÉTENCES GRAMMATICALES ET LEXICALES • Je peux former des phrases simples. • Je connais et je sais utiliser le vocabulaire courant de la vie quotidienne. • Je peux écrire correctement des mots simples, je peux écrire des mots entendus à l'oral en faisant parfois quelques fautes d'orthographe.			

VIVRE ENSEMBLE

> *« La société serait une chose charmante, si l'on s'intéressait les uns aux autres. »*
>
> CHAMFORT (écrivain)

individualist / egoist

Dossier 1 Sous le même toit

A Xue et Henri : un toit, deux générations !

Le réseau « 1 toit, 2 générations » propose aux jeunes d'être logés chez des seniors. Depuis le début du mois d'août, Xue vit chez Henri. L'un et l'autre apprécient.

L'histoire

Encadré par le Bureau d'Information Jeunesse (BIJ), le réseau « 1 toit, 2 générations » permet aux jeunes d'être hébergés quasi gratuitement chez des seniors, en échange d'une présence amicale et de menus services. Depuis le début du mois d'août, Xue, étudiante chinoise, vit ainsi à Ploemeur chez Henri, 74 ans.

« Améliorer mon français »

« J'ai envie de découvrir vraiment la France : la façon de vivre, de manger. Et surtout, d'améliorer mon français ! » explique la jeune fille. Étudiante à l'IUT* de Lorient, elle est arrivée en France pour ses études il y a un an et demi. Cette année, elle a décidé de vivre chez un senior, dans le cadre du BIJ.

« À mon arrivée en France, j'ai vécu seule et en colocation. Mais je ne m'améliorais pas assez en français. J'avais envie de vivre chez un Français pour vraiment progresser, et bien connaître la culture d'ici. Et puis, les appartements privés sont chers. » Depuis trois semaines, et pour un an, elle est donc hébergée chez Henri, pour la modique somme de 60 € par mois.

Pour Henri, veuf depuis moins de deux ans, s'il accueille un jeune, c'est surtout « pour rendre service. Et aussi pour avoir une compagnie, le soir ». Xue est la deuxième étudiante qu'il héberge ainsi dans le cadre du réseau d'accueil. « Ça se passe très bien. On mange ensemble le soir, et souvent aussi le midi. On fait des balades... Et elle me montre des trucs sur l'ordinateur, elle m'aide quand je n'arrive pas à faire quelque chose. »

Pour le retraité marin-pêcheur, qui a peu vu grandir ses enfants, avoir une étudiante à la maison « ça compense un peu. Cela redonne une ambiance un peu familiale à la maison. » Sa famille est rassurée de savoir qu'il n'est pas seul, et lui aussi : « Je suis plus tranquille, je dors mieux parce que je sais qu'il y a quelqu'un d'autre dans la maison ».

Opération « 1 toit, 2 générations », renseignements auprès du Bureau Information Jeunesse (BIJ) de Lorient, tél. 02 97 84 94 50.

Hélène Nourdin, *Ouest France*, 27 août 2011.

* *Institut universitaire de technologie.*

COMPRÉHENSION ÉCRITE

Entrée en matière

1 Lisez l'article et le chapeau. Selon vous, quel est le sujet de l'article ?

Lecture

2 Les motivations de Xue et Henri sont-elles les mêmes ? Justifiez votre réponse.

3 Quels types d'engagements unissent Xue et Henri ?

Vocabulaire

4 Retrouvez le mot utilisé pour désigner les personnes âgées. À votre avis, quelle est l'origine de ce mot et pourquoi l'emploie-t-on ?

5 Cherchez dans le texte deux synonymes de « vivre chez quelqu'un ».

6 Reformulez les trois énoncés suivants :

a la modique somme de 60 € par mois (ligne 32)

b veuf depuis moins de deux ans (ligne 33)

c elle me montre des trucs sur l'ordinateur (ligne 40)

PRODUCTION ORALE

7 Pensez-vous que vous pourriez partager un logement avec des colocataires de nationalités différentes ? Pourquoi ?

8 À votre avis, ce mode de vie est-il plutôt une nécessité économique ou un choix communautaire ?

9 Préféreriez-vous vivre avec des membres de votre famille, des amis ou des inconnus ?

10 Quelles sont les clés d'une colocation réussie ?

11 Quels sont les avantages et les inconvénients de la vie en colocation ?

B Partager le même toit

cd 7

« Les étudiants étrangers sont heureux de faire découvrir leur culture. »

COMPRÉHENSION ORALE

Entrée en matière

1 Lisez le titre et la citation extraite du document audio. À votre avis, de quoi va-t-on parler ?

1re écoute (en entier)

2 De quel type de document s'agit-il ?
a d'une publicité
b d'un flash d'information
c d'une chronique

3 Quel projet la journaliste présente-t-elle aux auditeurs ?

4 Quel est le nom de ce projet ?

5 Ce projet a-t-il du succès ?

2e écoute (en entier)

6 L'étudiant doit toujours payer un loyer. Vrai ou faux ?

7 Quelles sont les activités mentionnées par la journaliste ?
bricoler – faire de la natation – aller au cinéma – jardiner – faire de la couture – faire du stretching – faire du yoga – aller au concert – assister à une conférence – partager un repas – apprendre l'informatique

3e écoute (de 1'30' à la fin)

8 Quels sont les avantages de ce projet ?

9 Au sujet de ce projet, la journaliste est-elle :
a méfiante ?
b amusée ?
c enthousiaste ?
Pourquoi ?

PRODUCTION ORALE

10 Dans votre pays, connaissez-vous des projets originaux qui favorisent les liens entre les gens ?

C

COMPRÉHENSION ÉCRITE

1 De quel type de document s'agit-il ?

2 Quelle est la moyenne d'âge des acteurs ?

3 Connaissez-vous certains d'entre eux ?

4 À votre avis, quelle est l'histoire de cette comédie ?

PRODUCTION ÉCRITE

5 Vous habitez en France et vous partagez un appartement avec d'autres personnes (françaises et étrangères). Vous envoyez un mail à votre meilleur(e) ami(e). Racontez-lui votre expérience de la colocation.

POUR VOUS AIDER

Commencer un mail :	Conclure un mail :
• Bonjour (+ prénom)	• Bisous
• Salut (+ prénom),	• Bises
• Cher(-ère) ami(e),	• Salut !
• Cher + prénom,	• À bientôt !
• Ça va ?	• À +
• Tu vas bien ?	

VOCABULAIRE
> le logement

Cahier d'exercices unité 1

SE LOGER

acheter/faire l'achat d'un logement
acquérir/faire l'acquisition d'un bien
aller dans une agence immobilière
bâtir/construire
chercher un(e) colocataire
déménager
emménager
lire les petites annonces
louer
trouver un logement
vendre
visiter un appartement
vivre en colocation

1 Quel nom correspond au verbe ?
Ex. : *Acheter : l'achat*
a | acquérir : .....
b | construire : .....
c | emménager : .....
d | déménager : .....
e | louer : .....
f | vendre : .....

LE TYPE DE LOGEMENT

l'appartement *(m.)*
le chalet
la chambre (de bonne)
le duplex
la ferme
l'hôtel particulier *(m.)*
le HLM
la maison
la péniche
le studio
la villa

2 Où peut-on trouver ces logements ?
Ex : *Le chalet : à la montagne*

LES CARACTÉRISTIQUES D'UN LOGEMENT

l'ancienneté *(f.)*
le balcon
la cave
le couloir
la cour
l'étage *(m.)*
l'état *(m.)*
l'exposition *(f.)*
le grenier
le nombre de pièces
le palier
l'ascenseur *(m.)*
la surface
le vis-à-vis
la vue

3 Retrouvez les éléments qui correspondent à ces caractéristiques.
a | L'ancienneté
b | Le chauffage
c | L'état
d | L'exposition
e | La surface
f | Le vis-à-vis
g | La vue

1 | sur cour
2 | neuf ou à rénover
3 | individuel ou collectif
4 | à moins de 30 mètres
5 | clair/sombre
6 | ancien, récent ou neuf
7 | 40 m²

LES PROBLÈMES ÉVENTUELS

la fuite d'eau/de gaz
les canalisations bouchées
les nuisances sonores
les odeurs d'égout
la panne d'électricité
le tapage nocturne

cd 8

4 Intonation
Madame Wargny vient encore de passer une mauvaise nuit à cause de Sabrina, sa voisine du dessus. Elle est en colère et décide d'aller lui parler. Écoutez puis répétez les phrases.

5 Placez les mots manquants. Conjuguez les verbes si nécessaire : palier – faire l'acquisition de – étage – emménager – rez-de-chaussée – fuite d'eau – ascenseur
a | Grâce à son héritage, Claudia va réaliser son rêve : ..... une péniche à Paris.
b | Le ..... est très sombre, mais les appartements au dernier ..... sont en général très lumineux.
c | L'..... est toujours en panne.
d | Ma salle de bains est encore inondée ! C'est la troisième ..... de l'année.
e | Alex et Dani ..... hier dans leur nouvel appartement.
f | Comme j'avais oublié mes clés, je me suis retrouvé sur le ..... à attendre le retour de mon colocataire.

6 Complétez le texte ci-dessous : calme – surface – mètres carrés – budget – vue – bâtir – maison – pièces – chalet – nuisances sonores
Selon une étude récente, le logement écologique est dans l'air du temps. La ..... en bois coûte aujourd'hui en moyenne 120 000 € pour une ..... habitable de 100 ..... . Et pour ce ..... , les constructeurs veulent prouver qu'ils peuvent ..... des projets différents : compacts ou modulables à l'architecture moderne ou traditionnelle. À la montagne, Gustave a construit son propre ..... écolo de quatre ..... pour fuir les ..... parisiennes et profiter du ..... et du grand air. La ..... sur les pics enneigés en hiver est de toute beauté.

PRODUCTION ORALE

7 Pour vous, quels sont les critères les plus importants à considérer quand on cherche un logement ?

8 Vous avez gagné au loto. Décrivez la maison de vos rêves.

9 En scène ! Vous cherchez un appartement à Paris. Vous avez lu une petite annonce qui vous intéresse. Vous téléphonez au propriétaire pour lui demander des précisions.

PRODUCTION ÉCRITE

10 Vous avez prêté votre maison à un(e) ami(e) pendant deux semaines, mais vous la retrouvez en mauvais état. Vous êtes furieux(-euse). Vous lui écrivez un mail dans lequel vous évoquez tous les problèmes.

POUR VOUS AIDER

Exprimer sa colère, sa mauvaise humeur
- **Je suis furieux(-euse).**
- **Je ne suis pas content(e) du tout.**
- **Tu exagères.**
- **C'est (vraiment) trop fort !**
- **C'est pas possible !**

DOCUMENTS

A L'Élégance du hérisson

Je m'appelle Renée, j'ai cinquante-quatre ans et je suis la concierge du 7 rue de Grenelle, un immeuble bourgeois.

Je suis veuve, petite, laide, grassouillette, j'ai des oignons aux pieds et, à en croire certains matins auto-incommodants*, une haleine de mammouth. Mais surtout, je suis si conforme à l'image que l'on se fait des concierges qu'il ne viendrait à l'idée de personne que je suis plus lettrée que tous ces riches suffisants.

Muriel Barbery,
L'Élégance du hérisson : incipit, © Gallimard, 2006.

* *Qui dérange, qui gène.*

COMPRÉHENSION ÉCRITE

Entrée en matière

1 À votre avis, qu'est-ce qu'un concierge ?

2 Quels sont les défauts et les qualités de Renée ?

3 Que reproche la concierge aux habitants de l'immeuble où elle travaille ?

4 À votre avis, pourquoi le roman s'intitule *L'Élégance du hérisson* ?

PRODUCTION ÉCRITE

5 Imaginez la suite du premier paragraphe du roman *L'Élégance du hérisson*.

B Rémi, gardien d'immeuble

Non, le métier de concierge n'est pas réservé aux femmes, la cinquantaine, célibataires avec un yorkshire qui sert de réveille-matin. D'ailleurs, « on ne dit plus concierge aujourd'hui, c'est un peu vieillot ». Rémi, 35 ans, est gardien d'un immeuble HLM, boulevard de l'Hôpital dans le XIIIe arrondissement de Paris. Il gagne relativement bien sa vie et habite un quatre pièces en plein Paris. Rémi ne ressemble pas à Josiane Balasko dans *L'Élégance du hérisson*. Et il est bien content de faire ce métier. Il nous a ouvert les portes de son antre*.
Se lever très tôt, être disponible, bien entretenir les lieux : c'est ça, être gardien ? Pas toujours.
Rémi surveille deux escaliers de dix-sept étages en tant que gardien, il a le privilège de pouvoir monter sur le toit de l'immeuble et de profiter de la vue sur la ville. À l'entrée, son bureau accueille les habitants de 8 h 30 à 19 h (avec une pause de midi à 15 h). Les journées sont longues, mais il n'a « pas le temps de s'ennuyer ». Avec 105 locataires, il fait aussi un travail de « prévention » ; il est à l'écoute, attentif aux moindres demandes :
« Je travaille dans le social en quelque sorte. Il s'agit d'aider les locataires, de les orienter et de les conseiller. Ce que j'aime ici, c'est qu'il y a des gens de tous les horizons et de différentes cultures. »
Dans l'ensemble, ils sont « gentils et respectueux ». Même si « les gens qui râlent dès le matin », ce n'est jamais très agréable.
Il est très satisfait de son poste, qu'il occupe depuis février 2009. Un mois après son arrivée, il a même sauvé l'immeuble d'un incendie, déclenché par une vieille personne qui fumait une cigarette dans son lit. Rémi est intervenu tout de suite.

Sarah Masson, *Rue89*, 21 juillet 2009.

* *De chez lui.*

COMPRÉHENSION ÉCRITE

1 Quel est le cliché de la concierge auquel Rémi ne ressemble pas ?

2 Rémi travaille-t-il dans le même type d'immeuble que Renée ?

3 Faites la liste des tâches quotidiennes de Rémi.

4 Quels sont les aspects du métier que Rémi apprécie particulièrement ? Quels sont les aspects qu'il aime le moins ?

Vocabulaire

5 Relevez dans cet article les mots en relation avec le thème du logement.

PRODUCTION ÉCRITE

6 Terminez l'article en racontant l'incendie du point de vue de Rémi sur le modèle suivant : « Un matin, alors que j'étais dans ma loge, j'ai senti une odeur de brûlé… »

PRODUCTION ORALE

7 Le métier de gardien(ne) d'immeuble existe-t-il dans votre pays ? Si c'est le cas, a-t-il/elle les mêmes tâches que celles indiquées dans les documents ?

GRAMMAIRE
> le passé

Cahier unité 1 d'exercices

RAPPEL

1 Dans les phrases suivantes, quels temps sont employés ? Qu'expriment-ils ? Justifiez leur emploi.

a | Xue est arrivée en France il y a un an et demi.
b | Elle a décidé de vivre chez un senior.
c | À mon arrivée en France, j'ai vécu seule et en colocation.
d | Je ne m'améliorais pas assez en français.
e | J'avais envie de vivre chez un Français pour vraiment progresser.

Le passé composé et l'imparfait

Passé composé avec *avoir*	**Passé composé avec *être***		**Imparfait**
finir	**partir**	**se lever**	**lire**
j'ai fin**i**	je suis part**i(e)**	je me suis lev**é(e)**	je lis**ais**
tu as fin**i**	tu es part**i(e)**	tu t'es lev**é(e)**	tu lis**ais**
il/elle a fin**i**	il/elle est part**i(e)**	il/elle s'est lev**é(e)**	il/elle lis**ait**
nous avons fin**i**	nous sommes part**i(e)s**	nous nous sommes lev**é(e)s**	nous lis**ions**
vous avez fin**i**	vous êtes part**i(e)(s)**	vous vous êtes lev**é(e)(s)**	vous lis**iez**
ils/elles ont fin**i**	ils/elles sont part**i(e)s**	ils/elles se sont lev**é(e)s**	ils/elles lis**aient**

L'ACCORD DU PARTICIPE PASSÉ

> ÉCHAUFFEMENT

2A Observez les phrases suivantes. Que remarquez-vous ?

a | Xue a prépar**é** son petit déjeuner.
b | Les tomates qu'Henri a cueilli**es** dans son potager sont bien mûres.
c | Ses tomates, il les a fait**es** en salade.

2B Observez les phrases suivantes. Que remarquez-vous ?

d | Xue et Henri se sont parl**é**.
e | Ils se sont regard**és**.
f | Xue s'est lav**ée**.
g | Elle s'est lav**é** les mains.

> FONCTIONNEMENT

3A Comment fait-on l'accord du participe passé avec le verbe *avoir* ? Complétez.

• Le participe passé ne s'accorde pas avec le sujet : phrase .....
• Le participe passé s'accorde avec le complément d'objet direct placé avant le verbe : phrases .....

3B Comment fait-on l'accord du participe passé avec le verbe *être* + un verbe pronominal ? Complétez.

• Le participe passé s'accorde avec le sujet : phrases ..... et .....
• Le participe passé ne s'accorde pas avec le sujet : phrases ..... et .....

REMARQUES

Parler à, **regarder** et **laver** sont des verbes qui peuvent être employés à la forme pronominale.
Dans ce cas, l'accord du participé passé dépend :
• de la construction du verbe
*Henri a parlé **à** Xue. → Ils se sont parl**é**.*
*Henri a regardé Xue. → Ils se sont regard**és**.*
• de la présence et de la place du complément d'objet direct (COD)
Elle s'est lavée. (Pas de COD, accord avec le sujet.)
Elle s'est lavé les mains. (Le COD est après le verbe, on ne fait pas l'accord.)

> ENTRAÎNEMENT

4 Accordez, si nécessaire, les participes passés dans ce texte.

Maya et Léo se sont inscrit... à un cours de cuisine chinoise. Ils ont réalisé... un menu complet eux-mêmes ! Avant tout, ils se sont lavé... les mains. Un grand chef les a guidé... pour confectionner le repas. Les plats qu'ils ont préparé... étaient délicieux. Maya est reparti... avec sa préparation. Elle a appelé... deux copines pour la dégustation et les a vraiment épaté... ! Maya et Léo se sont téléphoné... le lendemain puis se sont revu... pour un cours de cuisine japonaise le mois suivant.

ÉVOQUER LE PASSÉ

> ÉCHAUFFEMENT

5 Lisez les phrases suivantes et reconstituez le récit (en vous aidant des informations fournies par le document page 14).

Exemple : *e → 1*

a | Quand elle est arrivée en France, Xue a d'abord vécu seule.
b | Il s'ennuyait.
c | Ensuite, elle a habité en colocation.
d | Avant l'arrivée de Xue, Henri était seul.
e | De plus, il ne se sentait pas en sécurité.
f | Cependant, comme son français ne s'améliorait pas assez, elle a décidé de vivre chez un senior
g | Aujourd'hui, ils apprécient tous les deux de vivre ensemble.

> FONCTIONNEMENT

6 Dans un récit, on utilise les deux formes : le passé composé et l'imparfait. Réfléchissez à l'emploi de chacun de ces temps et associez les phrases ci-contre à une fonction.

a | L'imparfait est utilisé pour raconter des situations ou des habitudes passées : phrases **e**, ..., ...
b | Le passé composé est utilisé pour raconter une série d'événements dans le passé : phrases ....., ...
c | Le passé composé indique un changement par rapport à une situation passée exprimée à l'imparfait : phrase .....

> ENTRAÎNEMENT

7 Imparfait ou passé composé ? Réécrivez cet extrait de récit de voyage.

Paul et Danielle habitent en Bretagne et partent souvent en vacances aux quatre coins du monde. En 2010, ils décident d'aller passer trois mois aux États-Unis. Ils arrivent à New York au mois de février. Il fait froid. Un jour, ils vont au musée d'Art moderne. Ils partent à pied et ils se promènent dans la ville. Ils ne peuvent pas visiter le musée parce qu'il y a une grève. À la boutique du musée, ils achètent des cartes postales et les mettent dans leur sac. Tout à coup, il se met à pleuvoir. Comme ils n'ont pas de parapluie, ils sont mouillés et se disputent. Ils s'arrêtent dans un café pour s'abriter. Ils se parlent et se réconcilient.

> nuancer

> ÉCHAUFFEMENT

1 Observez les phrases suivantes. Que remarquez-vous ?

a | Henri n'a pas **bien** dormi.
b | Xue a dormi **profondément**.

> FONCTIONNEMENT

2 Où se place généralement l'adverbe avec un verbe au passé composé ?

a | L'adverbe se place avant le participe passé : phrase .....
b | Quand il est long, l'adverbe se place après le participe passé : phrase .....

> ENTRAÎNEMENT

3 Conjuguez les verbes au passé composé. Mettez les adverbes à la bonne place.

a | Tout se passe très bien.
b | Il sort très lentement de sa voiture, Henri.

PRODUCTION ÉCRITE

4 Écrivez au passé le récit d'un voyage que vous avez fait récemment. Racontez au moins une anecdote amusante.

DOCUMENTS

A La vogue des jardins partagés

En France, le premier « jardin partagé » (ou « communautaire », comme on les appelle dans le Nord) a été créé à Lille en 1997. Depuis une dizaine d'années, ce nouveau type de jardins collectifs, entretenus et gérés par des associations d'habitants, s'est multiplié dans les villes françaises. Il y en a une cinquantaine actuellement à Paris, 18 dans la région Nord-Pas-de-Calais, 8 à Bordeaux, 7 à Strasbourg. Dans ces jardins de quartier, on cultive des légumes et des fleurs dans le respect de l'environnement. Jeunes et vieux s'y côtoient[1] et l'échange de savoir-faire est la règle.

Ces jardins se sont développés dans le sillage[2] des « jardins ouvriers », nés à la fin du XIXe siècle de la volonté de philanthropes[3] de mettre gracieusement à la disposition des plus démunis[4] des parcelles[5] de terre afin qu'ils puissent produire ce dont ils avaient besoin. Après la Seconde Guerre mondiale, on a préféré l'appellation « jardins familiaux », quand la vocation alimentaire de ces espaces s'est amoindrie et qu'ils sont devenus des lieux de loisirs pour un public populaire.

À Paris, où le mouvement des jardins partagés est né d'occupations spontanées de friches[6] et de terrains vagues[7], la municipalité encourage le développement de ces jardins collectifs depuis 2003 via son programme « Main verte ». Mais les terrains prêtés par la municipalité aux associations qui gèrent les jardins sont, comme dans le cas cité par l'hebdomadaire allemand *Der Spiegel* à Berlin, alloués pour une période temporaire.

Catherine GUICHARD, *Courrier international*, 11 août 2010.

1 Être proches. 2 Dans le prolongement, à la suite de. 3 Quelqu'un de bon. 4 Pauvres. 5 Partie, morceau de terrain. 6 Terrains non cultivés. 7 Abandonnés.

COMPRÉHENSION ÉCRITE

Entrée en matière

1 Qu'est-ce qu'un « *jardin partagé* » ?

1re lecture (en entier)

2 En France, où les jardins partagés se sont-ils surtout multipliés ?

3 Dans les jardins partagés :

a | on cultive des légumes bio et des fleurs.

b | les jeunes donnent des conseils aux vieux.

c | les aspects environnementaux et humains sont importants.

2e lecture (en entier)

4 Lisez attentivement l'article. Puis dites, pour chaque type de jardin, à quelle époque il apparaît, qui les fréquente et dans quel but (jardins « partagés » ou « communautaires » – jardins ouvriers – jardins familiaux).

B La consommation des fruits et légumes

cd 9

« Qui se souvient que les bananes noircissent lorsqu'elles sont rangées avec les pommes ? »

COMPRÉHENSION ORALE

1re écoute (du début à 0'37'')

1 Quel est le thème de cette chronique ?

2 Quelle est la consommation annuelle par ménage de fruits et légumes frais ?

2e écoute (de 0'37'' à la fin)

3 Pourquoi les Français consomment-ils moins de fruits depuis quelques années ?

4 Que pensent les consommateurs de leur coût et de leur production ?

PRODUCTION ORALE

5 Mangez-vous beaucoup de fruits et légumes frais ? Lesquels ?

CIVILISATION

A Monsieur Jean

DUPUY ET BERBERIAN, *Monsieur Jean, Comme s'il en pleuvait,* Les Humanoïdes Associés, 2001.

COMPRÉHENSION ÉCRITE

Entrée en matière

1 De quel type de document s'agit-il ?

Lecture

2 Observez les vignettes de la bande-dessinée sans les lire les bulles : où la scène se passe-t-elle ?
3 Qui sont les personnages ? À votre avis, qui est la concierge ? Décrivez-la.
4 Quel est le problème présenté par la BD ?

B La concierge au cinéma

1 Observez la photo : décrivez la femme.
Où est-elle et que fait-elle ?
2 Quels éléments nous indiquent qu'il s'agit certainement d'une concierge ?

Josiane BALASKO dans le film *Le Hérisson* de Mona Achache, 2008.

À table !

A Réussir une soirée : le rêve de toute maîtresse de maison

Pour éviter les couacs* et organiser une soirée mémorable, voici les règles d'or à suivre à la lettre. Bonne chance !

*Erreurs.

Règle n° 1

Recevoir des invités chez soi est une marque d'amitié et d'estime pour chacun d'entre eux. Il faut que l'hôtesse accompagne ses amis tout le long de la soirée et qu'elle ne s'éclipse pas toutes les deux minutes pour vérifier le rôti. Il faut par conséquent tout organiser à l'avance, depuis les plats à présenter jusqu'au moindre détail. En premier lieu, il faut aménager la salle de séjour ou la salle à manger. La décoration doit être particulièrement soignée, sans faute de goût.

Règle n° 2

Il est d'usage, pour les invités, d'apporter à leurs hôtes des petits cadeaux : vins, bouquets de fleurs, chocolats, font partis des basiques. Les cadeaux emballés doivent être ouverts devant ceux qui les ont offerts, les fleurs disposées dans des vases et tout produit comestible servi à un moment ou un autre de la soirée. Pour innover un peu, les hôtes peuvent aussi faire des cadeaux à leurs invités : biscuits faits maisons ou petits objets personnalisés font très bien l'affaire.

Règle n° 3

En attendant les retardataires et pour ouvrir les festivités, un apéritif doit être servi. Une demi-flûte de champagne est appropriée mais à défaut, un punch pétillant, pas trop alcoolisé, suffira largement. Des amuse-bouches légers seront mis à la disposition des invités mais en quantité limitée, sinon ils ne pourront plus faire honneur au dîner. L'hôte portera un toast et prononcera un petit discours rappelant le motif de la soirée. L'apéritif ne doit pas s'étendre au-delà d'une demi-heure.

D'après www.cmonanniversaire.com

Règle n° 4

Le temps du dîner arrivé, il faut que la table soit déjà dressée et la place de chacun définie. La maîtresse de maison se place en bout de table pour se déplacer plus facilement. Il faut alterner les hommes et les femmes et séparer les couples, sauf ceux qui sont mariés depuis moins d'un an. N'hésitez pas à mélanger les personnalités mais les personnes qui risquent de se lancer dans un dialogue enflammé sont placées loin l'une de l'autre.

– Ma femme et moi, nous sortons très peu.

Règle n° 5

Après le dîner, le café, les liqueurs et les petits gâteaux seront servis dans le salon. Ce sera l'occasion de continuer la conversation engagée à table mais aussi de remercier les invités pour leur venue et de faire des plans pour l'avenir. Quand les invités commencent à partir, il faut les raccompagner jusqu'à la porte et veiller à ce qu'ils n'oublient aucune de leurs affaires. Quelques derniers mots gentils, quelques salutations et la soirée est finie !

COMPRÉHENSION ÉCRITE

Entrée en matière

1 Observez le dessin et expliquez l'effet comique.

Lecture

2 Lisez le reste du texte. Associez une règle à chacun des paragraphes.
a | Organiser la table
b | Ne pas venir les mains vides
c | Conclure en beauté
d | Ouvrir l'appétit
e | Tout préparer en amont

3 Cette manière de recevoir des invités est-elle :
a | spontanée ?
b | formelle ?
c | simple ?
Justifiez votre réponse.

Vocabulaire

4 Recherchez les synonymes des énoncés suivants dans le texte :
a | 1re règle : partir discrètement
b | 2e règle : un aliment
c | 3e règle : lever son verre
d | 4e règle : une conversation très animée
e | 5e règle : faire des projets

PRODUCTION ORALE

5 De telles règles de savoir-vivre existent-elles dans votre pays ? Les respectez-vous ? Pourquoi ?

6 Aimez-vous recevoir vos proches chez vous ou préférez-vous aller au restaurant ?

7 Selon vous, quelles sont les conditions d'une soirée réussie ?

PRODUCTION ÉCRITE

8 Écrivez la suite de l'article en développant les deux règles suivantes.
- règle n° 6 : Créer une ambiance conviviale
- règle n° 7 : Remercier son hôte le lendemain

B L'art de la table

cd 10

COMPRÉHENSION ORALE

Entrée en matière

1 Décrivez la photo.

1re écoute (du début à 0'30'')

2 Quel est le thème de cet entretien ?

3 Selon James, quelles associations de style doit-on faire pour être à la mode ?

a | un jeans		1 | du Lalique
b | le Zara	*avec*	2 | une veste de marque
c | du Pirex		3 | le Prada

4 Quels repas « tendance » peut-on proposer à ses invités ?
a | un lunch
b | un brunch
c | un slunch
d | un apéritif dinatoire
e | un supper

2e écoute (de 0'31'' à la fin)

5 Ces repas sont-ils formels ? Justifiez votre réponse en citant trois phrases du document.

6 À votre avis, quelle est la profession de James ?

7 Quels conseils la journaliste a-t-elle retenus ?

8 Où les auditeurs peuvent-ils réécouter cette séquence radio ?

Vocabulaire

9 Reformulez les phrases suivantes :
a | On consacre moins de temps à la cuisine.
b | On prépare des petits plats.
c | On mange tout dans des verrines.

PRODUCTION ORALE

10 **En scène !** Formez des groupes de deux. Organisez une soirée d'anniversaire pour un étudiant de la classe. Pour l'occasion, vous décidez de contacter une société spécialisée dans l'organisation d'événements festifs. Répondez aux questions de l'organisateur et faites-lui part de vos choix et de vos goûts.

GRAMMAIRE
> le subjonctif présent

Cahier d'exercices unité 1

FORMATION DU SUBJONCTIF

> ÉCHAUFFEMENT

1 Observez ces phrases et répondez. De quel verbe s'agit-il ? À votre avis, pourquoi utilise-t-on cette forme verbale ?

a | Il faut que l'hôte **accompagne** ses amis tout le long de la soirée.
b | Il faut que la table **soit** déjà dressée.

> FONCTIONNEMENT

2 Complétez.

Le subjonctif présent

Formation : verbes réguliers	Verbes irréguliers
• Pour **je, tu, il/elle, ils/elles** : on utilise le radical du verbe conjugué à la 3e personne du pluriel du présent de l'indicatif + les terminaisons **-e**, **-es**, **-e**, et **-ent**. prendre → ils **prenn~~ent~~** → que je **prenn.....** / que tu **prenn.....** / qu'il **prenn.....** / qu'ils **prenn.....**	*avoir, être, aller, faire, falloir, pleuvoir, pouvoir, savoir, valoir* et *vouloir*
• Pour **nous** et **vous** : on utilise le radical du verbe conjugué à la 1re personne du pluriel du présent + les terminaisons **-ions**, **-iez**. prendre → nous **pren~~ons~~** → que nous **pren.....** / que vous **pren.....**	**Être** que je sois que tu sois qu'il/elle soit que nous soyons que vous soyez qu'ils/elles soient

Voir mémento pour la conjugaison des verbes irréguliers, p. 188.

> ENTRAÎNEMENT

3 Transformez comme dans l'exemple.

Exemple : *Tu dois faire la vaisselle.*
→ *Il faut que tu fasses la vaisselle.*

a | Vous ne devez pas venir les mains vides.
il faut que vous ne veniez pas les mains vides

b | L'hôte doit bien recevoir ses invités.
c | Je ne dois pas mettre les coudes sur la table.
d | On doit être à l'heure.
e | Elles doivent avoir tous les ingrédients.
f | Nous devons nous préparer rapidement.

CONSEILLER

> ÉCHAUFFEMENT

1 Observez les phrases suivantes. Que remarquez-vous ?

a | Il faudrait oser les mélanges de style et de couleur.
b | Il faudrait que vous osiez les mélanges de style et de couleur.

> FONCTIONNEMENT

2 Dans quel cas utilise-t-on l'infinitif ou le subjonctif ?

• Pour donner un conseil adressé à une personne spécifique : phrase .....
• Pour donner un conseil à valeur générale : phrase .....

> ENTRAÎNEMENT

3 Reformulez les conseils de l'article. Écrivez deux phrases pour chaque conseil : l'une avec l'infinitif, l'autre avec le subjonctif. Choisissez parmi les expressions données dans le tableau « Conseiller ».

a | Bien accueillir les invités.
b | Ne pas oublier de faire un cadeau.
c | Servir un apéritif.
d | Mélanger les personnalités à table.
e | Faire honneur au dîner.
f | Raccompagner les invités jusqu'à la porte.

Conseiller

- **Il faudrait** + infinitif
- **Il faudrait que** + subjonctif
- **Tu ferais mieux de** + infinitif
- **Il vaut mieux/vaudrait mieux** + infinitif
- **Il vaut mieux que/vaudrait mieux que** + subjonctif
- **Si tu veux un conseil, tu devrais** + infinitif
- **C'est mieux si tu** + indicatif
- **Tu pourrais** + infinitif
- **À ta place, je** + conditionnel
- **Je te conseille de/recommande de** + infinitif

PRODUCTION ORALE

4 Quelles sont vos recommandations pour réussir une soirée informelle entre amis ?

EXPRIMER L'ORDRE, LA PERMISSION ET L'INTERDICTION

> ÉCHAUFFEMENT

1 Observez les phrases suivantes. Expriment-elles la même idée ?

a | Il n'est pas autorisé de servir l'apéritif au-delà d'une demi-heure.
b | Elle exige que la décoration soit particulièrement soignée.
c | Il est admis, pour les invités, de faire un cadeau à leur hôte.

> FONCTIONNEMENT

2 Qu'expriment ces phrases ?

- C'est un ordre : phrase .....
- C'est permis : phrase .....
- C'est interdit : phrase .....

Ordonner, permettre, interdire

- **Il faut que** + subjonctif
- **Je demande/exige/veux que** + subjonctif
- **Je t'ordonne de** + infinitif
- **Je vous/te demande de** + infinitif
- **Vous devez/Tu dois** + infinitif

- **Je veux bien que** + subjonctif
- **Tu as la permission de** + infinitif
- **Je te permets de** + infinitif
- **Je t'autorise à** + infinitif
- **On a le droit de** + infinitif
- **Il est permis/autorisé/admis de** + infinitif

- **Je ne veux pas que** + subjonctif
- **Je refuse que** + subjonctif
- **Je vous/t'interdis de** + infinitif
- **Je vous/te défends de** + infinitif
- **Il est interdit de/C'est défendu de** + infinitif

> ENTRAÎNEMENT

cd 11
3 a | **Écoutez les phrases et dites si elles expriment l'ordre, la permission ou l'interdiction.**
b | **Répétez les phrases.**

PRODUCTION ÉCRITE

4 Rédigez un règlement. Qu'est-il obligatoire, permis et interdit de faire dans la cuisine d'un restaurant ?

DOCUMENTS

A Le repas gastronomique des Français

dvd 1

5 Chez quels marchands les gens font-ils leurs courses ?
6 Citez le nom d'au moins cinq légumes que vous apercevez sur le marché.

COMPRÉHENSION AUDIOVISUELLE

1er visionnage (sans le son)

1 Lors de quelles occasions les Français organisent-ils des repas gastronomiques ?
2 Que voyez-vous sur les tables ?
3 Comment sont les Français autour des tables ? Que font-ils ?
4 Qui fait la cuisine dans le reportage ?

2e visionnage (avec le son)

7 Que représente le repas gastronomique pour beaucoup de Français ?
8 Quels sont les éléments nécessaires à sa préparation ?
9 Pourquoi le marché est-il une étape si importante dans la préparation du repas gastronomique ?

PRODUCTION ORALE

10 Pour quelles autres occasions se réunit-on autour d'un repas gastronomique ?

B Les plats préférés des Français

COMPRÉHENSION ÉCRITE

1 Regardez les photos des trois plats préférés des Français. Lequel des trois vous tente le plus ? Pourquoi ?
2 Consultez la liste des 20 plats préférés. Quel(s) plat(s) avez-vous déjà goûté(s) et/ou préparé(s) ? À quelle(s) occasion(s) ?
3 Observez le classement par profession. Que montrent clairement les résultats de cette enquête ?

PRODUCTION ÉCRITE

4 Réalisez un sondage pour connaître les trois plats préférés et les trois plats les moins appréciés de votre classe.

Les plats préférés des Français - Le top 20

Pouvez-vous indiquer, parmi les différents plats suivants, quels sont ceux que vous préférez ?

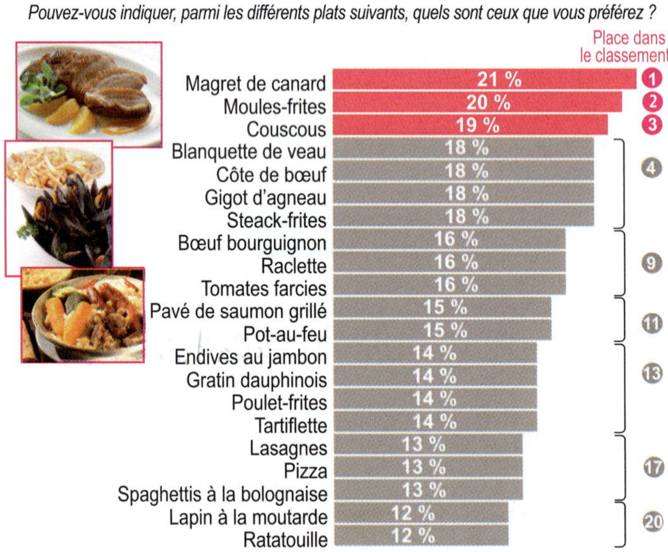

Profession du chef de ménage

Cadres, professions intellectuelles			Ouvriers			Inactifs, retraités		
1	Pavé de saumon grillé	24 %	1	Steak-frites, Raclette	25 %	1	Gigot d'agneau	27 %
2	Magret de canard, Sushi	21 %	2	Moules-frites	24 %	2	Blanquette de veau	24 %

VOCABULAIRE

Cahier d'exercices unité 1

> la restauration

LES LIEUX *(M.)*
le bar/le bistrot
la brasserie
le café
la cafétéria
la cantine

LE PERSONNEL EN CUISINE
le chef
le cuisinier

LE PERSONNEL EN SALLE
le maître d'hôtel
le patron
le serveur/le garçon
le service

CÔTÉ CLIENTS *(M.)*
annuler
commander/prendre
confirmer
payer/régler
réserver

PAYER
Je paye par carte/en espèces/par chèque.
Vous prenez la carte bleue/la carte VISA ?
Vous acceptez les tickets restaurant ?
Tu as un peu de liquide pour le pourboire ?

1 Complétez le récit avec les mots suivants : pourboire – serveur – carte – réservé – service – brasserie

Ce week-end, je suis allée déjeuner avec des amis dans une ..... typique du centre de Bruxelles. Heureusement que nous avions ..... ! C'était bondé ! Le ..... nous a recommandé les spécialités locales : les moules-frites et les carbonades flamandes. Le ..... était impeccable. Mes amis ont réglé l'addition par ..... et j'ai laissé un ..... .

LES USTENSILES *(M.)*
l'assiette *(f.)* plate/creuse/à soupe
le bol
la bouilloire
le couteau à fromage/à poisson
la cuillère à café/à soupe
la casserole
le fouet (électrique)
le four (à micro-ondes)
la fourchette
le mixeur
le moule
la passoire
le plat
la poêle
la tasse à café/à thé
le tire-bouchon
le verre à eau/à vin

cd 12

2 Identifiez ces huit bruits.

CUISINER
couper
égoutter
éplucher
faire bouillir
faire cuire
laver
mélanger
préparer
rincer

3 Associez chaque ustensile avec une action.

a | un couteau
b | une passoire
c | une cuillère en bois
d | un épluche-légumes
e | un four

1 | éplucher
2 | faire cuire
3 | égoutter
4 | mélanger
5 | couper

QUALIFIER UN PLAT
C'est correct/bon/délicieux/excellent ! ≠ C'est passable/mauvais/infect/immangeable !
C'est copieux ≠ frugal.
C'est acide/amer.
Le plat est fade/salé.
La sauce est trop grasse.
une viande bleue/saignante/à point/bien cuite
un produit bio/frais/surgelé

cd 13

4 Intonation
Écoutez ces appréciations. Sont-elles positives ou négatives ? Répétez-les.

> l'alimentation

BOIRE
le café (serré ≠ allongé)
le chocolat chaud
la tisane (la camomille)
le thé (noir/vert)
la bière (blonde/brune)
l'eau minérale ≠ l'eau du robinet
le jus de fruit
le soda
le vin (blanc/rosé/rouge)

5 Que boirez-vous si :
a | vous avez chaud, il fait 35 degrés.
b | vous voulez bien dormir.
c | vous avez besoin de rester éveillé(e).

MANGER
les fruits de mer
le gibier
l'œuf *(m.)*
le fromage
le légume cru/cuit
le poisson
la viande blanche/rouge
la volaille
le yaourt

Expressions
avoir une faim de loup
avoir un appétit d'oiseau
casser la croûte
prendre de la brioche

6 Que direz-vous si :
a | vous avez grossi.
b | vous avez très faim.
c | vous voulez manger.
d | vous mangez peu.

PRODUCTION ORALE
7 Comment préparer un repas réunissant un végétarien, un grand sportif, une personne au régime ? Par groupe, préparez un menu et présentez-le à la classe.

PRODUCTION ÉCRITE
8 Vous avez organisé un dîner. Votre amie a adoré votre dessert. Vous lui donnez la recette car elle veut la mettre sur son blog.

CIVILISATION

A Manger sur le pouce

COMPRÉHENSION ÉCRITE

1 Que signifie l'expression « *manger sur le pouce* » ?

a | Manger avec les doigts.

b | Manger équilibré.

c | Prendre un repas rapidement.

2 Observez le dessin et décrivez-le.

3 Quel est l'effet comique ?

PRODUCTION ORALE

4 Qu'est-ce que le fast-food pour vous ?

B Mon ami le hamburger

J'aime les efforts des as[1] du marketing pour tenter de modifier la perception d'un produit ou d'une marque. J'en veux pour preuve cette étude réalisée en juin dernier par le sociologue Jean-Pierre Corbeau pour la chaîne de fast-food Quick, intitulée « Le paradoxe de la restauration rapide hamburger en France ».

L'idée est de nous démontrer que se nourrir dans un fast-food ne veut pas dire engloutir[2] son hamburger en deux minutes. Et effectivement, 79 % des personnes interrogées ne choisissent jamais la vente à emporter, tandis que 42 % d'entre eux/elles passeraient « entre 30 minutes et une heure » dans un restaurant. Les fast-food seraient même devenus un « lieu d'invention de nouvelles sociabilités » et « un lieu de construction de l'adolescent ». Les ados[3] considéreraient en effet « le hamburger restaurant comme un lieu qui leur appartient », ce qui « n'est pas sans rappeler la fréquentation et le mode d'interaction existant dans les bistrots fréquentés par les jeunes il y a quelques décennies ».

Les bienfaits[4] des restos à hamburger vont même encore plus loin : « on partage un repas avec les autres et l'on téléphone, se coupant pour un temps de la convivialité, quitte à informer les autres mangeurs des informations concernant l'arrivée ou non de celle ou celui qui téléphone. Une présence virtuelle peut s'inviter dans le hamburger restaurant plus facilement que dans d'autres formes de restauration » (sic).

J'avoue ne pas avoir tout compris.

Alexandre ZALEWSKI, metrofrance.com, 30 août 2010.

1 Champions. 2 Avaler. 3 Adolescents. 4 Avantages.

COMPRÉHENSION ÉCRITE

Entrée en matière

1 Lisez le premier paragraphe du texte. Quel est le ton de l'article ? Pourquoi ?

1re lecture

2 Expliquez le titre de l'étude : « *Le paradoxe de la restauration rapide hamburger en France* ».

3 Où mangent la plupart des personnes interrogées qui vont au fast-food ?

4 Qu'est devenu le fast-food ? Pourquoi ?

2e lecture

5 Expliquez la phrase : « *Une présence virtuelle peut s'inviter dans le hamburger restaurant plus facilement que dans d'autres formes de restauration.* »

6 Quelle est l'opinion de l'auteur de l'article sur les restaurants hamburgers ?

PRODUCTION ORALE

7 Les fast-foods ont-ils du succès dans votre pays ? Selon vous, à quoi est dû ce succès/cet échec commercial ?

ATELIERS

1 RECHERCHER UN COLOCATAIRE

Vous vivez à trois ou quatre personnes dans un grand appartement. Une chambre est libre et vous désirez la louer.
Vous allez chercher dans la classe une personne (votre futur(e) locataire) avec qui partager votre logement.

Démarche

Formez des groupes de trois ou quatre.

1 Préparation

• Dans chaque groupe, vous faites la liste des critères qui vous semblent essentiels pour établir le profil du colocataire idéal (actif ou étudiant, fumeur ou non-fumeur, homme ou femme, jeune ou moins jeune...).
Vous discutez pour choisir les points les plus importants. Cela vous aidera à mieux cibler vos recherches et facilitera la préparation de votre questionnaire.
• Vous préparez un questionnaire afin de sélectionner votre futur(e) colocataire. Vous écrivez une dizaine de questions. Celles-ci porteront sur : ses goûts, ses loisirs, ses habitudes alimentaires, son rythme de vie...
Pour vous faciliter la tâche, préparez un tableau avec des cases à remplir. Vous n'aurez qu'à cocher les cases au moment des entretiens.
• Vous vous répartissez les questions à poser aux candidats.

2 Réalisation

• Vous recevez et interviewez un à un tous les étudiants-candidats de votre classe. Chaque membre du groupe lui pose ses questions.
• Vous répondrez aussi aux questions du candidat. Vous aurez donc prévu ses questions possibles et vous aurez quelques éléments de réponses à proposer tels que : le coût du loyer mensuel, la répartition des tâches, des courses, du ménage... Sinon, improvisez !
• Une fois les entretiens terminés, vous mettez en commun les réponses.
• Chaque groupe sélectionne la personne au profil idéal.

3 Présentation

Vous présentez votre futur(e) colocataire à la classe et expliquez les raisons de votre choix.
En groupe-classe, vous pourrez ensuite évoquer les règles d'une colocation réussie.

2 ORGANISER UN CONCOURS GASTRONOMIQUE

Vous allez organiser un concours gastronomique.

Démarche

Formez trois groupes.

1 Préparation

• Vous répartissez les types de plat par groupe : un groupe « entrée », un groupe « plat » et un groupe « dessert ».
• Les étudiants de chaque groupe participent au concours de la meilleure entrée, du meilleur plat et du meilleur dessert.
Vous pouvez créer d'autres catégories pour le concours : le plat le plus économique, le plus ou moins calorique, le plus facile à faire...

2 Réalisation

• Vous sélectionnez une recette en fonction de votre groupe.
Faites des recherches sur Internet. Vous pouvez choisir une recette gastronomique française ou d'ailleurs.
• Vous réalisez la recette.
• Vous vous préparez à décrire la recette.
Notez bien les ingrédients, les ustensiles dont vous avez besoin et les étapes de préparation.

3 Présentation

• Vous présentez votre recette à la classe, vous décrivez la préparation en détail.
Inspirez-vous des programmes culinaires à la télévision. Donnez envie de goûter à votre plat.
• Vous faites déguster votre plat si vous l'avez cuisiné, sinon apportez une photo.
• Vous votez pour le meilleur plat dans chaque catégorie et vous élaborez un menu avec les plats proposés.
Les groupes « entrée » et « plat » votent pour les plats du groupe « dessert »... Pour d'autres catégories, toute la classe peut voter, mais vous ne pouvez pas voter pour votre propre plat.

STRATÉGIES

Comprendre un document écrit

Ces stratégies vous seront utiles pour réussir au mieux les exercices de compréhension écrite du livre et pour préparer l'épreuve du DELF B1 (cf. DELF, épreuve blanche, page 175).

L'épreuve de compréhension écrite dure 35 minutes. Elle comporte deux exercices.

EXERCICE 1 :

Vous allez devoir **repérer, sélectionner et classer des informations.** Cet exercice est composé de 4 ou 5 textes courts que vous allez lire en recherchant des informations précises. Les textes sont suivis d'un tableau dans lequel vous allez classer ces informations.

EXERCICE 2 :

Vous allez devoir **lire et comprendre des informations, des idées et des opinions.** Cet exercice est composé d'un texte (souvent un article de presse) de 400 à 500 mots suivi de questions de compréhension globale et détaillée.

Avant la lecture des textes

Observez les éléments suivants :
• le titre ;
• le chapeau ;
• les sous-titres ;
• la source ;
• les dessins et les photos s'il y en a.
En vous appuyant sur ces éléments, essayez de répondre à ces questions :
- De quel type de document s'agit-il ?
- D'où est-il extrait ? Qui en est l'auteur ?
- De qui/De quoi va-t-on parler ? Où et quand les faits ont-ils lieu ?

Lecture des textes

• Une première lecture vous permettra d'en saisir le sens général. Repérez les mots de liaisons et les phrases clés. Faites bien la distinction entre les faits et l'opinion du journaliste.
• Lisez attentivement les consignes. Maintenant que vous avez une idée générale du texte, lisez le texte autant de fois que nécessaire en soulignant les éléments qui sont en rapport avec les questions. Notez que l'ordre des questions suit l'ordre du texte.

Comment s'entraîner à ce type d'exercice ?

Lisez régulièrement la presse francophone. Les documents écrits du *Nouvel Édito B1* proviennent de la presse francophone, appliquez donc ces stratégies à tous les documents écrits du livre.

AU TRAVAIL !

« On se lasse de tout, excepté d'apprendre. »
VIRGILE (poète)

Dossier 1 Ça va les études ?

A Étudier en France est un véritable enrichissement culturel et personnel

Khim, Cambodge.

Après avoir terminé mes études en économie à l'université d'Angkor Wat au Cambodge, j'ai travaillé dans l'entreprise familiale, mais ça n'était pas mon choix.

Après quelques mois, j'ai pris la décision de reprendre mes études. J'avais besoin d'aventure, d'une nouvelle expérience enrichissante. Pourquoi la France ? Parce que c'était mon rêve.

La France est un vieux rêve en fait. Quand j'étais petit, j'ai eu la chance de visiter Paris. Depuis ce moment-là, j'ai su qu'un jour je vivrais en France. Cliché ? Oui peut-être, mais c'est une histoire vraie. J'ai donc choisi un master en coopération internationale à l'université de Nice car il correspond exactement à mon projet d'avenir. Je voudrais créer une structure de microcrédit pour aider au développement de projets agricoles dans mon pays. J'ai envie d'avoir un travail dans lequel je peux me sentir utile. Cette formation allie compétences techniques (droit, économie, gestion…) et linguistiques. Cela me permet de créer un pont entre mes connaissances économiques et ma passion pour le français. De plus, mon stage de fin d'études me permettra d'acquérir de l'expérience professionnelle.

La ville de Nice est parfaite pour les étudiants étrangers qui viennent d'arriver en France ! C'est une grande ville dont le patrimoine culturel est protégé et valorisé. Le centre historique est le reflet du passé italien de la ville. Les rues sont très étroites et tortueuses, les murs des immeubles sont recouverts de peintures de couleurs chaudes (ocre ou rouge). C'est aussi une ville où on dit qu'il n'y a que des étudiants ou des retraités ! Pour ceux qui aiment sortir en nocturne, Nice est vraiment sympa aussi : on peut aller au cinéma, au théâtre, dans les salles de concert et bien sûr dans les soirées étudiantes.

À Nice, on ne compte qu'une dizaine d'étudiants cambodgiens ; de fait, je suis obligé de me mêler aux Français et aux autres étudiants étrangers. Je suis content d'avoir des amis de cultures différentes. J'ai découvert que même en France, il y a une marque culturelle très différente d'une région à l'autre. J'essaie de découvrir les habitudes, les traditions de ces régions. Et bien sûr, je présente la culture cambodgienne à mes amis.

Personnellement, je recommanderai à tous de venir étudier à Nice.

Étudier en France, c'est aussi l'occasion de rencontrer différentes cultures, ce qui favorise l'ouverture d'esprit. L'Europe est un continent fascinant. Venez en France et vous comprendrez pourquoi je dis ça. J'aimerais ajouter une dernière chose : ici, personne ne jugera votre apparence, votre style, votre sexualité, etc. Ici, vous êtes libre d'être vous-même.

Unifrancestudy.fr, 24 juin 2011.

COMPRÉHENSION ÉCRITE

Entrée en matière

1 Lisez le titre et identifiez la source de ce texte. Faites des hypothèses sur son contenu.

1re lecture

2 Qui témoigne et sur quel sujet ?
3 Pourquoi l'auteur du texte a-t-il choisi la France ?
4 Ses attentes ont-elles été satisfaites ?

2e lecture

5 Quels atouts présente la ville de Nice ?
6 L'auteur s'est-il bien adapté à la vie de cette ville ? Pourquoi ?
7 Lisez le dernier paragraphe. À votre avis, que justifie un tel enthousiasme ?

Vocabulaire

8 Relevez les expressions qui signifient :
a | faire le lien
b | gagner de l'expérience
c | sortir la nuit

PRODUCTION ORALE

9 En quoi cette expérience est-elle une façon d'ouvrir les yeux sur le monde ?
10 Avez-vous déjà vécu à l'étranger ?

B Découvrir le monde en partant étudier à l'étranger

cd 14

« Les étudiants parlent peu et pour moi, c'est étrange. »

COMPRÉHENSION ORALE

Entrée en matière

1 Si vous partiez étudier dans un pays étranger, lequel choisiriez-vous et pourquoi ?

2 Faites le portrait de l'étudiante (prénom, âge, nationalité, études suivies).

Tamara, Ukraine.

1re écoute (du début à 1'48')

3 Comment a-t-elle fait pour venir étudier en France ?

4 S'est-elle facilement adaptée à sa nouvelle vie ?

5 De quels problèmes parle-t-elle concernant la vie étudiante ?

2e écoute (de 1'49'' à la fin)

6 Que pense-t-elle du comportement des Français ? Sont-ils :

a galants ?

b gentils ?

c individualistes ?

d ouverts ?

e snobs ?

7 Qu'est-ce qui la choque le plus dans leur attitude ? Justifiez votre réponse.

8 Son témoignage est-il plutôt positif ou négatif ? Pourquoi ?

C Répartition des étrangers dans l'enseignement supérieur

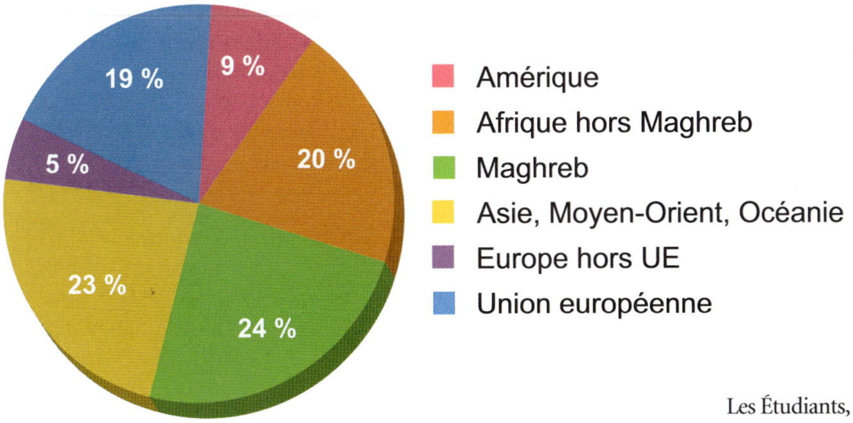

Les Étudiants, *Repères et références statistiques*, 2011.

COMPRÉHENSION ÉCRITE

1 Quels sont les étudiants étrangers les plus nombreux en France ? Comment l'expliquez-vous ?

2 De quelle partie du monde viennent les deux étudiants dont nous avons parlé dans les documents précédents ? Sont-ils représentatifs des étudiants étrangers de ce graphique ? Pourquoi ?

PRODUCTION ÉCRITE >>>>DELF

4 Vous étudiez en France et souhaitez témoigner de votre expérience ? Rejoignez le cercle des blogueurs des étudiants étrangers ! Racontez votre expérience et partagez vos impressions. Votre texte fera entre 160 et 180 mots.

VOCABULAIRE
> la vie étudiante

Cahier d'exercices unité 2

L'ENSEIGNEMENT PRIMAIRE ET SECONDAIRE

l'école *(f.)* maternelle
l'école *(f.)* élémentaire
le collège
le lycée

1 Quel établissement fréquente un élève de :
a | 13 ans ? **b** | 4 ans ? **c** | 17 ans ? **d** | 9 ans ?

L'ENSEIGNEMENT SUPÉRIEUR

faire des études
assister à / avoir / prendre / suivre un cours
faire de la recherche

Le système public
l'université *(f.)*
les grandes écoles

Le système privé
les écoles de commerce
les écoles d'ingénieurs
les écoles spécialisées

Les personnes
le / la bachelier(-ière)
l'étudiant(e)
l'enseignant(e)

2 Placez les mots manquants : recherche – bacheliers – public – étudiants – universités
Le service ..... de l'enseignement supérieur est assuré par les ..... ouvertes à tous les ..... et par les grandes écoles qui recrutent leurs ..... par concours. Les universités assurent une double mission d'enseignement et de ..... .

Expressions
aller à la fac
sécher les cours
se planter à un exam' *(fam.)*

3 Complétez chacune de ces situations par une expression.
a | Tania déteste son prof de littérature anglaise : elle ..... régulièrement.
b | Omar n'a fait aucune révision : il va ..... .
c | Hannah vient d'avoir son bac : elle ..... en octobre prochain.

L'ORGANISATION DES ÉTUDES

le cycle
la filière
le diplôme
la discipline
le domaine

L'année universitaire
le semestre
les vacances
le partiel

4 Complétez le texte avec les mots suivants : cycles – semestres – diplômes – filières – domaines
L'université est ouverte à tous les titulaires du baccalauréat et ses ..... couvrent tous les ..... du savoir. Les universités délivrent des ..... aux étudiants. La formation généraliste est découpée en trois ..... et l'année universitaire est organisée en deux ..... .

LES DIPLÔMES UNIVERSITAIRES

le baccalauréat (bac)
la licence
le master (1 et 2)
le doctorat

5 Reliez les différents éléments.
a | le master 2 **1** | bac + 8
b | le doctorat **2** | bac + 3
c | la licence **3** | bac + 5
A | le deuxième cycle
B | le premier cycle
C | le troisième cycle

LES EXAMENS

passer un examen, présenter un concours
réussir, avoir ≠ échouer à, rater un examen
avoir une bonne / mauvaise note
obtenir de bons / mauvais résultats

6 Donner l'équivalent de :
a | être recalé(e) à un exam'
b | être reçu(e) à un exam'
c | présenter un concours

LES ÉTUDES

être en 1re / 2e / 3e année de…
passer en 2e / 3e année…
redoubler son année de…
être étudiant(e) en :
– droit
– économie
– gestion
– langues
– lettres modernes
– sciences humaines, etc.

7 Quelles sont ces disciplines ?
a | l'éco **b** | la socio **c** | la philo **d** | la psycho **e** | la géo **f** | les sciences po

QUELQUES LIEUX

l'amphithéâtre *(m.)*
la bibliothèque
le laboratoire de recherche
la résidence universitaire
le restau universitaire

ACCOMPLIR DES DÉMARCHES

constituer un dossier d'inscription
demander un certificat de scolarité
demander un relevé de notes
faire une pré-inscription
payer des droits d'inscription et des frais de scolarité
s'inscrire en 1re année de…

8 Dans quel lieu fait-on chacune des activités de la liste ci-dessus ?

ÉTUDIER À L'ÉTRANGER

effectuer un semestre / une année
une convention entre établissements
faire son cursus à l'étranger
obtenir une bourse
un programme d'études européen
un cursus international
un échange universitaire

9 Placez les mots manquants : cursus – inscrits – programmes – conventions
Les ..... d'échanges universitaires permettent d'étudier à l'étranger grâce à des ..... inter-universitaires. Les étudiants ..... dans des ..... internationaux de type MBA doivent partir un semestre.

PRODUCTION ORALE

10 Que pensez-vous des critères suivants pour choisir une université ? Classez-les selon l'importance que vous leur donnez :
a | l'environnement de l'établissement
b | la qualité de ses diplômes
c | le coût des études
d | l'aide au logement
e | la qualité de la cantine
f | la richesse des activités sportives et artistiques
g | la modernité des équipements

DOCUMENTS

A Travailler pour étudier

cd 15

« Il y a un vrai phénomène de société. »

COMPRÉHENSION ORALE

Entrée en matière

1 Quelles sont les autres manières de financer ses études ?

2 Cette émission passe sur quelle radio ?

3 Combien de personnes parlent ?

1re écoute (du début à 1'44'')

4 Écoutez les témoignages d'Antoine et de Ken et répondez :

a | Que font-ils comme études ?

b | Quel travail font-ils ?

c | Travaillent-ils pour les mêmes raisons ?

d | Quelles conséquences cela a-t-il sur leurs études ?

2e écoute (de 1'45'' à la fin)

5 De quel facteur dépend le risque d'échec dans les études ?

6 Pourquoi les étudiants travaillent-ils plus que dans le passé ?

PRODUCTION ORALE

7 Exercez-vous un travail en même temps que vos études ?

B Langues vivantes : vive l'échangisme !

Une poignée[1] d'associations permettent à des lycéens de vivre ailleurs dans le monde un trimestre ou une année scolaire.

« Le choc, ça a été de découvrir mon lycée : pour garçons seulement, privé, en uniforme, avec la veste et la cravate ! »

Avant de débarquer à Wellington, capitale de la Nouvelle-Zélande, Timothée Husson, 18 ans, n'avait pour ainsi dire jamais quitté sa Bourgogne natale et la petite ville de Semur-en-Auxois, 5 000 habitants. Juste après avoir passé les épreuves du bac, l'an passé, Timothée s'est donc envolé pour une année à Wellington. *« Je me suis retrouvé*, raconte Timothée, *dans une ville de 400 000 habitants, au centre du pays, adopté par une famille que je considère désormais[2] comme la mienne, et avec une liberté pour moi incroyable ! »* Pendant les vacances et les week-ends, Timothée a sillonné le pays, *« vu des paysages à couper le souffle »*. Et il a adoré ce lycée *« bien plus relax que chez nous, avec des professeurs toujours à l'écoute »*...

Ce séjour a un coût, même si les familles d'accueil sont bénévoles. *« Un séjour à l'étranger revient, avion compris, logé et nourri, entre 3 500 et 9 000 euros selon la destination et la durée »*. Un obstacle moins insurmontable qu'on pourrait le penser : les deux étés avant son départ, Timothée a trimé[3] : *« J'ai été maître-nageur, j'ai cueilli des fruits, fait du jardinage... »*

Ces échanges ne permettent pas seulement de doper son anglais : *« J'ai découvert un autre monde, d'autres modes de vie, cela m'a aidé à choisir ma voie. »*

Véronique Radier, *Le Nouvel Observateur*, 14 juillet 2011, n°2436.

1 Un petit nombre. 2 Maintenant. 3 Travailler dur.

COMPRÉHENSION ÉCRITE

Entrée en matière

1 Quelles langues vivantes avez-vous étudiées à l'école ? Combien en parlez-vous ?

1re lecture

2 Timothée avait-il terminé le lycée en France quand il est parti en Nouvelle-Zélande ?

3 Comparez sa vie en France et en Nouvelle-Zélande : la ville, le lycée, son quotidien.

2e lecture

4 Comment a-t-il financé son séjour ?

5 Quels sont les arguments en faveur de tels échanges ?

Vocabulaire

6 Relevez les mots en rapport avec le thème des études.

7 Que signifie *« doper son anglais »* ?

GRAMMAIRE

Cahier d'exercices unité 2

> les pronoms relatifs simples

QUI, QUE, DONT, OÙ

> ÉCHAUFFEMENT

1 Observez ces phrases. Pourquoi le pronom relatif change-t-il ?

a | La ville de Nice est parfaite pour les étudiants étrangers **qui** viennent d'arriver en France.
b | C'est une grande ville **dont** le patrimoine culturel est protégé et valorisé.
c | C'est aussi une ville **où** il n'y a que des étudiants et des retraités.
d | Bref, c'est une ville **que** l'étudiant cambodgien adore !

> FONCTIONNEMENT

2 Quelle est la fonction des pronoms relatifs simples ?

- Sujet : phrase **a**
- Complément d'objet direct : phrase .....
- Complément de lieu ou de temps : phrase .....
- Complément introduit par *de* : phrase .....

REMARQUE

L'élision : **que** s'écrit **qu'** + **voyelles** et ***h***. **Qui** ne change pas.

Les fonctions de *dont*

• Complément du verbe :	*Les enfants **dont** personne ne **s'occupe** suivent difficilement à l'école. (s'occuper de)*
• Complément du nom :	*C'est une famille **dont les enfants** sont de brillants élèves. (les enfants de la famille)*
• Complément de l'adjectif :	*C'est un élève **dont** le professeur est très **content**. (content des élèves)*

> ENTRAÎNEMENT

3 Complétez le texte avec des pronoms relatifs simples.

LA DOCUMENTALISTE AUX ÉTUDIANTS : – Tous les livres ..... se trouvent ici sont classés par titres et par auteurs. Les livres ..... la fiche est rouge ne peuvent pas sortir de la bibliothèque. Et si vous voulez emprunter des livres ..... sont en réserve, vous devez signer un registre au moment ..... vous sortez. Tous les livres audio contiennent un CD ..... vous pouvez écouter sur les ordinateurs ..... sont à votre disposition au fond de la salle.

LA MISE EN RELIEF AVEC UN PRONOM RELATIF (1)

> ÉCHAUFFEMENT

4 Quelle nuance remarquez-vous entre ces phrases ?

Avec mise en relief	Sans mise en relief
a | **C'est mon prof de traduction que** j'admire.	J'admire mon prof de traduction.
b | **C'est moi qui** ai voulu étudier un an à Londres.	J'ai voulu étudier un an à Londres.

> FONCTIONNEMENT

5 Sur quel élément de la phrase insiste-t-on avec la structure *c'est ... que/qui* ?

- Le sujet : phrase .....
- Le complément : phrase .....

> ENTRAÎNEMENT

6 Mettez différents éléments de la phrase en valeur comme dans l'exemple.

Exemple : *Il a appelé Paul hier.* → ***C'est lui qui** a appelé Paul hier.*
***C'est Paul qu'**il a appelé hier. **C'est hier qu'**il a appelé Paul.*

a | Je souhaite faire un échange universitaire l'année prochaine.
b | Cet étudiant déteste les mathématiques depuis qu'il a commencé la fac.

LA MISE EN RELIEF AVEC UN PRONOM RELATIF (2)

> ÉCHAUFFEMENT

7 Observez ces phrases.
Pourquoi utilise-t-on la structure *c'est ce* + relatif ?

a | Les étudiants sont chaque année plus nombreux à travailler.
C'est ce qui ressort de la dernière étude de l'OVE.
b | Cela peut mener à la catastrophe. **C'est ce qu'**a vécu Ken.

8 Quelle information met-on en valeur ?

	Avec mise en relief	Sans mise en relief
a	• L'histoire de l'art, **c'est ce qui** me passionne. • **Ce qui** me passionne, **c'est** l'histoire de l'art.	L'histoire de l'art me passionne.
b	• Son fils a raté son examen, **c'est ce qu'**elle ne sait pas encore. • **Ce qu'**elle ne sait pas encore, **c'est que** son fils a raté son examen.	Son fils a raté son examen. Elle ne le sait pas encore. *(savoir qqch)*
c	• Étudier au Canada, **c'est ce dont** elle rêve tous les jours. • **Ce dont** elle rêve tous les jours, **c'est** d'étudier au Canada.	Étudier au Canada, elle en rêve tous les jours. *(rêver de qqch)*
d	• Son avenir, **c'est ce à quoi** il pense. • **Ce à quoi** il pense, **c'est** à son avenir.	Il pense à son avenir. *(penser à qqch)*

> FONCTIONNEMENT

9 Regardez la structure du verbe. Quel pronom relatif allez-vous choisir ?

- *ce **qui*** + qqch + verbe : phrase **a**
- *ce* ..... + sujet + verbe *(savoir qqch)* : phrase .....
- *ce* ..... + sujet + verbe *(rêver de qqch)* : phrase .....
- *ce* ..... + sujet + verbe *(penser à qqch)* : phrase .....

> ENTRAÎNEMENT

10 Transformez les phrases comme dans l'exemple.

Exemple : *Elle déteste l'individualisme des étudiants français.*
→ ***Ce qu'****elle déteste,* ***c'est*** *l'individualisme des étudiants français.*
→ *L'individualisme des étudiants français,* ***c'est ce qu'****elle déteste.*

a | Elle souhaite trouver un job pour payer ses études.
b | Paul est sensible à la gentillesse de sa prof de psycho.

PRODUCTION ORALE

11 Quelles sont les petites choses de la vie étudiante ou de la vie professionnelle qui vous plaisent et vous déplaisent ?

Exprimer le fait d'aimer ou de ne pas aimer quelque chose ou quelqu'un

- **Ce qui me plaît, c'est/ce sont…**
- **C'est/Ce sont … que j'apprécie/que j'aime.**
- **C'est/Ce sont … que j'admire.**
- **C'est ce que j'aime par dessus tout !**
- **Quel talent !**
- **C'est ça que j'adore !**
- **Moi, ce que je déteste c'est…**
- **Ce qui est désagréable, c'est…**
- **C'est/Ce sont … que je trouve insupportable(s).**
- **…, c'est ce qui me déplaît le plus.**
- **Ce dont j'ai horreur, c'est…**
- **C'est ça qui ne me plaît pas.**

DOCUMENTS

A Souvenirs d'école

D'aussi loin que je me souvienne, j'ai toujours aimé revenir à l'école. Élève ou enseignant, j'ai à chaque rentrée éprouvé* immanquablement le même plaisir de recommencer, de démarrer de nouveaux projets pour apprendre, enseigner et éduquer. Trois mots magiques, éternels complices. J'ai toujours attendu ces rendez-vous de début d'année scolaire, où je me posais les éternelles questions : serai-je à la mesure des attentes de mes élèves ? Conviendrai-je à chacun d'eux au-delà de la transmission des savoirs ? M'aimeront-ils ?

Georges Lopez, *Les Petits Cailloux, mémoires d'un instituteur*, © Éditions Stock, 2005.

* *Ressentir.*

COMPRÉHENSION ÉCRITE

Entrée en matière

1 Lisez ce texte. Quelle est la nature de ce document ?

Lecture

2 Quel moment de l'année scolaire l'auteur évoque-t-il ?

3 Quel est son sentiment en cette période de l'année ? Éprouve-t-il le même sentiment dans l'enfance et à l'âge adulte ?

4 À votre avis, pourquoi « *apprendre, enseigner et éduquer* » sont-ils des mots magiques pour lui ?

5 Quelles différences faites-vous entre ces trois verbes ?

6 Lisez les trois dernières questions du texte. En tant qu'étudiant(e), vous posez-vous les mêmes questions vis-à-vis de vos professeurs ?

PRODUCTION ÉCRITE

7 À la manière de Georges Lopez, racontez un souvenir d'école. Écrivez un souvenir personnel ou imaginez la suite de cette histoire :
À l'âge de 11 ans, je faisais ma rentrée au collège... Je me souviens que j'étais très inquiet(-iète) parce que...

POUR VOUS AIDER

Exprimer le fait de se souvenir
- **Je me rappelle**/**Je me souviens de** + nom
- **Je n'ai pas oublié** + nom
- **Je me souviens que** + proposition
- **Je n'ai pas oublié que** + proposition

B À L'ÉCOLE !

COMPRÉHENSION ÉCRITE

Entrée en matière

1 Où se passe la scène et qui voyez-vous ?

Lecture

2 Lisez les paroles de l'adulte et observez la réaction de l'enfant. Expliquez le lien entre les deux.

3 Qu'est-ce qui est amusant dans les propos de l'homme ?

4 L'attitude de ce parent est-elle typique dans votre pays ?

PRODUCTION ORALE

5 Êtes-vous d'accord avec ces citations d'auteurs ?

a | *« C'est la vie qui nous apprend et non l'école. »* Sénèque

b | *« Écoles : établissements où l'on apprend à des enfants ce qu'il leur est indispensable de savoir pour devenir des professeurs. »* Sacha Guitry

c | *« Celui qui ouvre une porte d'école ferme une prison. »* Victor Hugo

d | *« Dans les écoles, on apprend des quantités de dates de batailles ridicules, des noms d'anciens rois tout aussi absurdes... Mais de l'homme on ne sait rien ! »* Hermann Hesse

CIVILISATION

A Répartition des étudiants en université en France

Disciplines	Cursus licence		Cursus master		Cursus doctorat		Ensemble	
	Effectifs	% femmes	Effectifs	% femmes	Effectifs	% femmes	Effectifs	% femmes
Droit, sciences politiques	118 763	63,9	71 538	65,5	8 141	49,0	198 442	63,9
Sciences économiques, gestion	82 305	51,7	61 731	53,5	3 846	45,7	147 882	52,3
AES*	32 881	59,6	6 856	61,4	13	53,8	39 750	59,9
Pluri-droit, sciences économiques, AES			41	73,2			41	73,2
Lettres, sciences du langage	63 620	69,9	24 905	75,1	5 953	66,6	94 478	71,1
Langues	81 753	73,0	20 999	77,4	2 746	66,2	105 498	73,7
Sciences humaines et sociales	126 636	67,9	84 907	71,4	14 011	54,1	225 554	68,4
Pluri-lettres, langues, sciences humaines	2 567	70,0	9 134	82,5	39	56,4	11 740	79,7
Sciences fondamentales et application	78 492	28,1	62 801	27,8	17 017	29,2	158 310	28,1
Sciences de la nature et de la vie	41 931	62,1	21 501	57,9	10 351	53,2	73 783	59,7
STAPS**	28 811	30,3	7 274	35,6	484	36,6	36 569	31,4
Pluri-sciences	22 519	45,4	2 995	64,2	151	31,1	25 665	47,5
Médecine-odontologie	11 448	79,6	112 484	59,3	1 202	51,6	125 134	61,1
Pharmacie	574	75,3	21 897	66,9	325	56,6	22 796	67,0
Pluri-santé	54 986	63,2					54986	63,2
IUT***	116 476	39,9					116 476	39,9
Total	**863 762**	**56,5**	**509 063**	**59,5**	**64 279**	**47,7**	**1 437 104**	**57,2**
Pourcentage par cursus	60,1		35,4		4,5		100	

* Administration économique et sociale. ** Sciences et techniques des activités physiques et sportives. *** Institut universitaire de technologie.

Répartition des étudiants en université selon le sexe, le cursus et la discipline, Les Étudiants, *Repères et références statistiques*, 2011.

COMPRÉHENSION ÉCRITE

1 Quel cursus compte le plus petit nombre d'étudiants ? À votre avis, pourquoi ?
2 Dans quelles disciplines les femmes sont-elles majoritaires et minoritaires ? Et dans votre pays ?

B QUIZ : *le langage universitaire*

1 Un étudiant vous propose d'aller au RU, est-ce...
a le Royaume-Uni ?
b le resto universitaire ?
c le rallye universitaire ?

2 Pour enseigner dans un collège ou un lycée, un prof a obtenu...
a le brevet des collèges.
b un Oscar.
c le CAPES.

3 Votre université à Paris vous offre la possibilité d'étudier en Espagne. Avec quel programme d'échange partirez-vous ?
a Erasmus. **b** Leonardo. **c** Marco Polo.

4 Une amie vous demande si vous aimez le TD du prof Truc ? Qu'est-ce que c'est ?
a Travaux dirigés.
b Thèse de doctorat.
c Thé dansant.

5 À quoi correspond le sigle UE dans votre cursus ?
a Unité d'enseignement.
b Union européenne.
c Uniforme élégant.

6 Afin d'obtenir une bourse, vous vous adressez au...
a CROUS. **b** PS. **c** PC.

7 Le BDE signifie...
a banque des étudiants.
b bureau des étudiants.
c boîte des étudiants.

8 Si vous avez un master 1, vous avez...
a bac + 3. **b** bac + 4. **c** bac + 5.

Réponses : *1b – 2c – 3a et b – 4a – 5a – 6a – 7b – 8b.*

Dossier 2 À chacun son métier

A Les conseils de Luc L'emploi

http://francois-s.over-blog.com

COMPRÉHENSION ÉCRITE

Entrée en matière

1 Regardez la première vignette de la BD et décrivez le personnage. Comment est-il habillé ? À quelle occasion porte-t-on ce genre de vêtements ?

Lecture

2 Lisez les cinq premières vignettes et résumez la journée type du personnage.
3 Quelles informations nous apporte la sixième vignette ?
4 Lisez la dernière vignette. Quelle était la première recommandation de son ami ? Quel est son nouveau conseil ?

PRODUCTION ORALE

5 Imaginez les questions que peut poser un recruteur à un(e) candidat(e).

B Intouchables

dvd 2

COMPRÉHENSION AUDIOVISUELLE

Entrée en matière

1 Regardez la photo extraite du film *Intouchables*. Selon vous, qui sont ces personnes ? Comment sont-elles habillées et que font-elles ?

1er visionnage (du début à 0'50'')

2 Quelle émotion la bande sonore vous inspire-t-elle ? De quel style de musique s'agit-il ?
3 Où se passe la scène ? Décrivez les lieux.
4 À votre avis, qu'attendent ces gens ?
5 Selon vous, à quoi pensent-ils ? Que ressentent-ils ? Pourquoi ?

2e visionnage (sans le son, de 0'50'' à la fin)

6 Observez les candidats. Selon vous, quels candidats semblent à l'aise et lesquels sont mal à l'aise ?

3e visionnage (avec le son, de 0'50'' à la fin)

7 La première question posée aux candidats est « *Vous avez des références ?* » Selon vous, de quelles références s'agit-il ?
8 La seconde question posée aux candidats porte sur leur motivation. Que répondent-ils ? Selon vous, sont-ils sincères ?
9 La troisième question des recruteurs n'est pas prononcée dans le film. Retrouvez-la à l'aide des réponses apportées par les candidats.

PRODUCTION ORALE

10 Quel candidat choisiriez-vous ? Pourquoi ?

PRODUCTION ÉCRITE

11 C'est maintenant le tour de Driss de passer l'entretien d'embauche. C'est lui qui sera engagé. Imaginez la scène et écrivez les dialogues.

C Un tiers des CV comporteraient des informations trompeuses[1]

En cas de doute, beaucoup de recruteurs se montrent inflexibles. Enjoliver[2] ses expériences ou passer sous silence une période d'inactivité est parfois très tentant. Nombreux sont les candidats qui succombent[3] à cette pratique, soit qu'ils évitent de clarifier certains éléments de leur CV, soit, plus rare, qu'ils mentent effrontément sur une ou plusieurs de leurs expériences. Selon Kroll, 30 % des CV seraient ainsi falsifiés.

« Le mensonge est toujours inacceptable. »

Pourtant, si répandue soit-elle, cette pratique n'est pas sans risque. Car les réactions des recruteurs sont difficilement prévisibles. Pour certains, l'existence d'un doute sur la véracité des informations transmises est pardonnable, si le candidat joue la carte de la transparence en entretien. « Manquer de précisions sur les dates pour masquer une période de chômage est très fréquent. Ce n'est pas rédhibitoire[4]. Nous comprenons que le candidat souhaite rendre son CV plus attractif », explique Mathieu Beaurain, consultant chez Lincoln associates.

S'attribuer individuellement des résultats qui ont été obtenus en équipe ou encore gonfler les objectifs atteints font partie des petits mensonges pardonnables pour Lincoln associates. En revanche, la mention d'un faux diplôme, ou d'un titre de poste loin de la réalité sont éliminatoires. Mais attention : d'autres recruteurs réagissent avec intransigeance. « Le mensonge est toujours inacceptable, tranche ainsi Éric Bohn, PDG d'Euro Consulting Partners. Même une simple exagération, à propos d'un hobby ou d'une compétence linguistique – l'un des mensonges les plus fréquents –, crée un doute de mauvais augure[5]. »

Au plus haut niveau, les falsifications sont rares.

Et plus on monte dans la hiérarchie, plus la tricherie est de toute façon difficile à dissimuler. « Les CV "améliorés" se constatent principalement pour des postes de middle-management, chez des candidats qui ont quinze ou vingt ans d'expérience, précise Éric Bohn. Au plus haut niveau, les falsifications sont rares car elles se voient tout de suite. Les parcours sont plus connus ».

« Mentir sur son CV, courant mais risqué » © Marie Bartnik, lefigaro.fr, 1er avril 2011.

1 Fausses. 2 Embellir. 3 Être séduit. 4 Catastrophique. 5 Qui ne prévoit rien de bon pour la suite.

COMPRÉHENSION ÉCRITE

Entrée en matière

1 À votre avis, quelle est la bonne manière de chercher un emploi ?

Lecture

2 De quel phénomène est-il question dans cet article ?

3 Comment réagissent les recruteurs face à ce phénomène ?

4 Quels mensonges sont pardonnables selon certains recruteurs ? Lesquels ne le sont pas ?

5 Pourquoi les CV sont-ils rarement « améliorés » au plus haut niveau ?

PRODUCTION ÉCRITE

6 Voici les principales rubriques d'un CV. Dites dans quel ordre d'importance elles doivent être placées et rédigez votre CV.

a | compétences linguistiques
b | loisirs
c | informations personnelles/contact
d | expérience professionnelle
e | formation

PRODUCTION ORALE

7 Avez-vous déjà « amélioré » votre CV ? Quels aspects avez-vous enjolivés ? Pour vous, où se trouve la frontière entre « améliorer son CV » et mentir ?

8 Et vous, en tant que recruteur, seriez-vous tolérant ou implacable ? Pourquoi ?

9 **En scène !** Vous allez passer ou faire passer un entretien d'embauche. La classe se divise en deux groupes : les recruteurs et les candidats. Les recruteurs vont élaborer des questions pour démasquer les candidats qui ont menti sur leur CV. Pendant ce temps, les candidats introduisent des mensonges dans leur CV. Les recruteurs interrogent les candidats pour découvrir où se cache le mensonge.

GRAMMAIRE
> la place de l'adjectif

Cahier d'exercices unité 2

> ÉCHAUFFEMENT

1 Observez la place des adjectifs dans les phrases suivantes.

a | Je regarde les séries **américaines**.
b | J'ai eu ma **première vraie** expérience **professionnelle** il y a peu.
c | Il est aujourd'hui possible d'apprendre à piloter sur de **petits** avions.

> FONCTIONNEMENT

2 Comment faire la distinction entre les différents types d'adjectifs ?

- Un adjectif long : phrases .....
- Un adjectif court : phrases .....
- Un adjectif numéral : phrase .....

La place de l'adjectif

Après le nom	• La plupart des adjectifs :	*Je lis la presse* ***suisse****.* *Mets ta veste* ***noire*** *pour l'entretien.* *Voici la version* ***corrigée*** *de mon CV.* *C'est un salaire* ***exceptionnel****.*
Avant le nom	• Les adjectifs **numéraux** : • Certains adjectifs **courts** : ***gros***, ***petit***, ***joli***, ***bon***, ***nouveau***...	*C'est la* ***troisième*** *fois que vous arrivez en retard à une réunion.* *C'est vraiment un* ***beau*** *bureau.*

REMARQUES

• Les adjectifs **prochain** et **dernier** se placent **après le nom** pour les expressions de temps mais **avant le nom** dans les autres cas :
Ma formation commence la semaine ***prochaine****.*
Le ***prochain*** bus part dans une heure.
J'ai envoyé mon CV lundi ***dernier****.*
Le ***dernier*** *métro passe à deux heures.*

• Certains adjectifs changent de sens selon leur place par rapport au nom comme :
grand, ***curieux***, ***différent***, ***drôle***, ***propre***, ***ancien***, ***pauvre***, ***cher***, ***seul***.
un ***curieux*** *collègue* (= étrange) ≠ *un collègue* ***curieux*** (= indiscret).

• L'article ***de*** remplace généralement ***des*** quand le nom est précédé d'un adjectif :
La candidate a ***des*** *connaissances en informatique.*
La candidate a ***de*** *bonnes connaissances en informatique.*

• Lorsqu'il y a deux adjectifs avant ou après un nom : on place en premier l'adjectif qui donne l'information la plus importante.

> ENTRAÎNEMENT

3 Placez au bon endroit l'adjectif entre parenthèses.

Exemple : *Le jeune candidat a un ..... CV .....* (incroyable) → *Le jeune candidat a un CV incroyable.*
a | Au bureau, nous n'avons que des ..... réunions ..... (ennuyeuses)
b | C'est mon ..... entretien ..... cette semaine. (cinquième)
c | Envoyez-moi la ..... version ..... de votre CV. (dernière)
d | Rédigez une ..... lettre de motivation ..... (structurée)

il a eu de très bon noir

> la formation de l'adverbe en -ment

> ÉCHAUFFEMENT

1 Soulignez les adverbes dans les phrases suivantes.

a | S'attribuer individuellement des résultats qui ont été obtenus en équipe est habituel.
b | Les CV « améliorés » se constatent fréquemment pour des postes de cadre moyen.
c | Le télétravail, ça ouvre vraiment beaucoup de possibilités.

> FONCTIONNEMENT

2 Comment forme-t-on l'adverbe en -ment ?

- Le masculin de l'adjectif + -ment : phrase ......
- Le féminin de l'adjectif + -ment : phrase ....
- L'adverbe se termine en -emment : phrase .....

La formation de l'adverbe

• Les adjectifs qui finissent par une consonne : le féminin de l'adjectif + **-ment**	certain → certain**e** → certaine**ment** faux → fauss**e** → fausse**ment** lent → lent**e** → lente**ment**
• Les adjectifs qui finissent par une voyelle + **-ment** :	vrai → vrai**ment** juste → juste**ment**
• Les adjectifs qui finissent en **-ant** et **-ent** prennent la terminaison **-amment** ou **-emment*** : * se prononce comme « amment »	méch**ant** → méch**amment** réc**ent** → réc**emment**

Cas particuliers

profond → profond**ément**	précis → précis**ément**	gentil → gent**iment**
énorme → énorm**ément**	bref → bri**èvement**	gai → gai**ement**

REMARQUE

L'adverbe en **-ment** est généralement placé après le verbe auquel il se rapporte :
*Il **a trouvé rapidement** un emploi.*

> ENTRAÎNEMENT

3 Formez des adverbes à partir des adjectifs suivants.

a | drôle
b | partiel
c | remarquable
d | évident
e | long
f | particulier
g | joli
h | difficile
i | courant
j | courageux
k | prudent
l | intelligent

PRODUCTION ORALE

4 En scène ! Par deux, jouez les saynètes suivantes. Vous utiliserez un adverbe pour qualifier chaque verbe.

a | Vous avez été malade et vous n'avez pas pu aller en cours de français pendant deux semaines. Vous n'avez pas pu assister au dernier contrôle et vous aimeriez pouvoir le faire. Vous allez voir votre professeur pour lui demander de vous faire repasser le contrôle.
b | Sur votre lieu de travail, vous partagez votre bureau avec un(e) collègue bruyant(e). Il/Elle écoute son MP3 avec un casque, mais le volume est toujours élevé. Quand il/elle répond au téléphone, il/elle parle toujours très fort. Vous avez du mal à travailler, vous lui demandez donc de faire moins de bruit.

Insister

- **Vraiment**
- **Incroyablement**
- **Forcément**
- **Absolument**
- **Réellement**
- **Beaucoup**
- **Plus**

DOCUMENTS

A Un boulot de rêve

Enquêteur pour guide touristique

Le guide *En vadrouille* cherche des enquêteurs pour sa nouvelle collection « Asie ».

Mission
Les missions durent de 3 à 6 semaines. L'enquêteur visitera les sites touristiques, testera les hôtels et les restaurants, comparera les offres de transport et proposera des trucs et astuces aux lecteurs du guide. La discrétion est la première qualité requise.

Compétences
Français et anglais courants.

Profil souhaité
Personne ouverte d'esprit, volontaire et autonome.
Expérience du voyage souhaitée.

Disponibilité
À partir de la fin du mois.

Soigneur de primates

Le parc animalier de Thoiry prend soin de plus de 1 000 animaux de 130 espèces différentes sur 150 hectares. Le zoo recrute un soigneur animalier spécialisé dans les primates pour un CDD de 4 mois avec possibilité de renouvellement.

Vous devrez entretenir les enclos et être attentif aux comportements anormaux des pensionnaires.

Permis B indispensable

Compétences
Hygiène et soin des animaux en général
Sens de l'observation
Capacité à travailler en équipe

Expérience
Expérience comme auxiliaire vétérinaire souhaitée.

Conditions de travail
37 heures par semaine

COMPRÉHENSION ÉCRITE

Entrée en matière

1 De quel type de document s'agit-il ?

Lecture

2 Quels types de contrats sont proposés ?
3 Quelles compétences faut-il pour exercer chacune de ces professions ?
4 Voici une liste de caractères. Sont-ils adaptés à l'un ou l'autre poste ?
a | patient
b | indépendant
c | organisé
d | dynamique

PRODUCTION ORALE

5 Et vous ? Quelles sont vos compétences ?

PRODUCTION ÉCRITE

6 Quel métier rêvez-vous d'exercer ? Rédigez l'offre d'emploi de vos rêves et présentez-la à la classe. Votez pour le job de rêve le plus original.
7 Vous allez envoyer votre candidature à l'une de ces deux offres d'emploi. Rédigez votre lettre de motivation à l'aide des outils de la page 48.

B Êtes-vous fait pour le télétravail ? cd 16

« Ça ouvre énormément de possibilités. »

COMPRÉHENSION ORALE

Entrée en matière

1 Élaborez une définition du télétravail.

1re écoute (en entier)

2 Selon vous, cette émission a-t-elle été diffusée en France, en Belgique ou au Canada ?
3 Quels aspects du télétravail sont abordés ?

2e écoute (en entier)

4 En général, de qui vient l'initiative du télétravail ? Pourquoi ?
5 Quels sont les avantages du télétravail pour l'employé ?

PRODUCTION ORALE

6 Faites la liste des avantages et des inconvénients du télétravail pour l'employé(e) et l'employeur. Êtes-vous fait pour le télétravail ?

VOCABULAIRE
> le travail

Cahier d'exercices unité 2

L'ACTIVITÉ *(F.)* PROFESSIONNELLE
le boulot *(fam.)*
la carrière
les conditions *(f.)* de travail
les congés *(m.)*
le contrat de travail (CDD/CDI)
l'emploi *(m.)*
les horaires *(m.)*
la promotion
le poste
la retraite
le stage
le travail à temps partiel/plein
le travail à mi-temps

LE SALAIRE
l'augmentation *(f.)*
le bulletin de salaire
gagner un salaire correct
le salaire brut/net
le SMIC

1 Quelles informations peut-on trouver dans un contrat de travail ?

LES MÉTIERS
l'agriculteur(-trice)
l'architecte
l'avocat(e)
le/la banquier(-ère)
le/la boucher(-ère)
le chauffeur de taxi
le/la dentiste
l'infirmier(-ère)
le/la mécanicien(-ne)
le/la menuisier(-ère)
le médecin
le/la professeur
le/la secrétaire
le/la vendeur(-se)

2 Choisissez un métier dans la liste ci-dessus et dites quelles qualités et quelles compétences il faut avoir pour exercer cette activité.

LE LIEU DE TRAVAIL
l'atelier *(m.)*
le bureau
l'entreprise *(f.)*
la ferme
le magasin
le service
l'usine *(f.)*

LES PROFESSIONNELS
le cadre
le/la chef
le/la collègue
le/la commerçant(e)
le directeur
l'employé(e)
le/la fonctionnaire
l'ouvrier(-ière)
le patron
le personnel
le/la technicien(ne)
le/la travailleur(-euse)

LE TRAVAIL PEUT ÊTRE...
bien/mal payé
ennuyeux
fatigant
pénible
épanouissant
stable
stressant

3 Voici ce que raconte Élise à son amie Marjolaine. Retrouvez les mots manquants.
« Ça ne va pas très bien en ce moment au ..... ! Le ..... est très stressé car les techniciens veulent des ..... de salaire. Leur travail est de plus en plus ..... à cause des dernières réductions de ..... et leurs ..... sont moins flexibles. En plus, l'ambiance est mauvaise entre les ..... et les ..... sont agressifs avec les ..... . C'est pas la joie ! J'aimerais bien trouver un autre ..... .

4 **Intonation** cd 17
a | Écoutez et dites si les personnes sont heureuses ou non dans leur travail.
b | Répétez les phrases.

Expressions
métro, boulot, dodo
gagner sa vie
travailler à la chaîne

LE SECTEUR
les affaires *(f.)*
l'administration *(f.)*
l'agriculture *(f.)*
la banque
le commerce
la communication
l'éducation *(f.)*
l'enseignement *(m.)*
la finance
l'industrie *(f.)*
la publicité
la restauration
la santé
le secteur public/privé

5 Voici quelques métiers. Dites à quel secteur professionnel ils appartiennent.
a | publicitaire
b | employé de l'état civil
c | assistante maternelle
d | conseiller client
e | métallurgiste
f | serveur
g | secrétaire médicale
h | kinésithérapeute

CHERCHER DU TRAVAIL
l'agence *(f.)* d'intérim
le candidat
chercher du travail/un emploi
le/la chômeur(-euse)
le CV
le demandeur d'emploi
l'expérience *(f.)* professionnelle
l'offre *(f.)* d'emploi
passer un entretien d'embauche
Pôle emploi
rédiger une lettre de motivation

LA DRH (direction des ressources humaines)
accorder une promotion
embaucher
licencier
négocier une augmentation
recruter
le service du personnel
sélectionner un candidat
verser un salaire

6 Retrouvez les noms correspondant aux verbes de la liste précédente.

DÉFENDRE LES TRAVAILLEURS
le/la délégué(e) syndical(e)
faire la grève
réclamer
la revendication
le slogan
le syndicat

PRODUCTION ORALE
7 Vous cherchez un(e) collaborateur(-trice) pour s'occuper du secrétariat de votre petite entreprise de jardinage. Le/La nouvel(le) employé(e) devra répondre au téléphone, conseiller les clients et s'occuper de la comptabilité. Vous organisez un processus de sélection. Expliquez ce que vous allez faire.

A Être convaincant

COMPRÉHENSION ÉCRITE

Entrée en matière

1 Regardez le dessin. Qui sont les personnages ? Décrivez-les.

Lecture

2 Lisez la bulle. À quel emploi le candidat postule-t-il ?

3 Est-il convaincant ? Pourquoi ?

PRODUCTION ORALE >>>>DELF

4 Un(e) de vos ami(e)s doit passer un entretien d'embauche et il/elle est très stressé(e). Vous lui donnez des conseils pour être convaincant(e) et obtenir le poste.

B

Expatriation : Les règles de la candidature à la québécoise

CV, lettre de motivation et entretien d'embauche ont leurs particularités de l'autre côté de l'Atlantique. Décryptage avec Laurence Nadeau, auteur de *S'installer et travailler au Québec* (Éditions L'Express, 2008).

On ne cherche pas du travail au Québec exactement avec les mêmes méthodes qu'en France. Les photos et les lettres manuscrites* de présentation ne sont pas utilisées. Tous les renseignements personnels sur le CV sont également proscrits** et considérés comme discriminatoires. La personnalité est un élément très important en Amérique du Nord, mais pour les employeurs ça n'a aucun rapport avec les questions personnelles. Ainsi, un employeur ne veut pas savoir l'âge exact d'un employé, mais s'il est en mesure de s'adapter facilement.

Le suivi téléphonique

Au Québec, il est fondamental de téléphoner après l'envoi de votre CV et de votre lettre de motivation, il ne faut pas avoir peur de déranger comme le craignent trop souvent les Français. Ici, il faut montrer qu'on en veut !

La lettre de motivation

Vous devez y solliciter l'employeur pour une entrevue, en spécifiant que vous l'appellerez quelques jours après cet envoi. Même si le document est imprimé à la machine, n'oubliez pas de toujours signer à la main cette lettre de présentation.

L'entretien d'embauche

Entraînez-vous à être concis. Répétez avec un ami, simulez une entrevue afin de vous sentir à l'aise. La grande différence entre un entretien à la française et un entretien à la québécoise réside certainement dans le temps alloué aux réponses : le candidat doit vraiment apporter des réponses complètes et courtes et aller directement à l'essentiel. Souvent, les Français sont perçus comme parlant pour ne rien dire. À la fin de l'entrevue, vous pouvez à votre tour poser des questions sur le poste à pourvoir et l'entreprise. N'hésitez pas à demander quand la décision d'embauche sera prise et si vous pouvez retéléphoner.

* *Écrites à la main.*

** *Interdits.*

COMPRÉHENSION ÉCRITE

Entrée en matière

1 Lisez le titre et le sous-titre de cet article. D'après vous, de quoi sera-t-il question dans cet article ?

Lecture

2 Lisez l'article et dites quelles sont les différentes étapes de l'embauche.

3 Quelles sont les différences entre le Québec et la France pour chacune de ces étapes.

PRODUCTION ORALE

4 Comment se passe le processus d'embauche dans votre pays ? Quelles similitudes voyez-vous avec les modèles québécois et français ?

ATELIERS

1 CRÉER UNE ASSOCIATION D'ÉTUDIANTS

Vous allez créer l'association des étudiants de votre classe ou de votre école.

Démarche

Formez des groupes de quatre ou cinq.

1 Préparation

Faites un remue-méninge dans le groupe :

- Vous choisissez un nom pour l'association.
Vous pouvez choisir un sigle, un acronyme, un mot ou une expression en y accolant par exemple le nom de votre école, de votre ville.
- Réfléchissez au but de votre association.
Qu'allez-vous promouvoir : la langue française ? votre école ?
Quels seront vos projets : rencontres interculturelles ? Organisation d'événements et de manifestations ?
- Vous pensez à une stratégie de communication et choisissez des supports de diffusion afin de faire connaître votre association (newsletter-journal, cartes de visite, brochures, cartes postales, cartes de vœux...).

2 Réalisation

Faites d'abord une petite recherche sur Internet pour voir quelles associations d'étudiants existent déjà et ce qu'elles proposent.

- Vous réalisez deux ou trois supports de promotion. Les plus créatifs pourront même créer un logo. En fonction de l'équipement de votre école, créez des supports « papier » ou numériques.
- Vous rédigez une newsletter - un journal - dans laquelle/lequel vous présenterez votre association et vos projets.
Donnez les premières informations sur les sorties, événements et manifestations à venir et proposez des services comme des petites annonces pour aider les étudiants à la recherche d'un logement, d'un job, d'un livre, d'un échange linguistique...

3 Présentation

- Vous présentez maintenant votre équipe, les supports et la newsletter à la classe.
- Vous votez pour la meilleure association puis vous en faites la promotion dans votre école. Vous encouragez les étudiants à vous rejoindre et à participer aux différentes activités et manifestations que vous organisez.

2 DEVENIR FORMATEUR PÔLE EMPLOI

Vous allez préparer un atelier dans le cadre d'une formation TRE (Techniques de Recherche d'Emploi) pour aider des demandeurs d'emploi.

Démarche

Formez des groupes : un groupe par thème à traiter dans le cadre de cette formation. Exemples d'ateliers : gestion du stress – image de soi – coaching vestimentaire – langage corporel – valorisation des compétences et des aptitudes – astuces pour attirer l'attention du recruteur sur sa candidature – la candidature spontanée – culture d'entreprise.

1 Préparation

- Vous vous réunissez avec votre groupe et vous faites un remue-méninge pour trouver des idées de contenu pour votre atelier.
- Vous sélectionnez les idées les plus importantes.

2 Réalisation

Vous organisez votre formation de manière structurée.
N'oubliez pas qu'il s'agit d'une formation, vous allez donner des conseils pratiques. Les personnes qui vont y assister doivent apprendre comment améliorer leurs techniques de recherche d'emploi.
Vous pouvez donner des exercices pratiques.

3 Présentation

Vous présentez votre atelier à la classe de manière dynamique.

Rédiger une lettre de motivation

La lettre de motivation accompagne votre CV dans le but de personnaliser votre candidature. Son objectif est de donner envie au recruteur de vous proposer un entretien. Cherchez à être concis(e), précis(e) et synthétique. Optez pour un style direct qui vous mettra en valeur. Votre lettre ne peut dépasser une page. Elle peut être manuscrite ou dactylographiée si vous l'envoyez par courriel.

nom
adresse
contact

Sophie Dubront
15 rue des Épinettes
75017 Paris
sophie-dubront@youhou.fr
06 32 47 58 54
Paris, le 1er février 2012

lieu et date

destinataire

À l'attention du Directeur des ressources humaines

Objet : candidature au poste d'assistant de direction bilingue

objet de la lettre

Formule d'adresse/ d'appel

Monsieur Maillaut,

Je vous écris suite à l'annonce parue dans le journal *Le Monde* ce mardi, qui indique que vous cherchez un assistant de direction bilingue pour le siège de votre entreprise à Paris.

Rappel de l'offre et source

Diplômée de l'Université de la Sorbonne en langues étrangères appliquées (anglais et allemand), j'ai complété ma formation par un BTS de comptabilité dans un IUT. J'ai fait plusieurs stages en entreprise comme secrétaire-comptable ces deux dernières années, dont un à Berlin dans une entreprise de marketing, comme vous pourrez le voir dans mon CV que je vous envoie en pièce jointe.

Votre formation
Votre expérience

Grâce aux différents stages que j'ai effectués, j'ai acquis une certaine expérience dans la prise de responsabilités et dans la réalisation de tâches en autonomie. Je peux également assurer le rôle d'interprète français, anglais, allemand, lors de négociations commerciales ou de réunions avec vos partenaires en anglais et allemand. D'un naturel sociable et dynamique, j'apprécie le travail en équipe.

Vos compétences

Ce que vous pouvez apporter à l'entreprise

J'ai conscience que le poste de secrétaire bilingue requiert une grande organisation dans votre entreprise tournée vers l'international. Je suis particulièrement motivée par ce poste et j'aimerais apporter mon sérieux et ma rigueur à votre équipe.

Solliciter un entretien

Dans l'attente d'un prochain entretien, je vous prie d'agréer mes cordiales salutations.

Formule de polites

Sophie Dubront

Les clés du succès

• Renseignez-vous sur l'entreprise qui propose le poste pour adapter au mieux votre lettre de motivation au style de l'employeur et à la culture de l'entreprise.
• Faites le point, d'une part sur le profil recherché par l'entreprise, et d'autre part sur vos points forts et vos compétences. Ne négligez pas cette étape !
•Structurez votre lettre en plusieurs paragraphes :
– les raisons de votre candidature à cette offre d'emploi ;
– le résumé de votre parcours scolaire et/ou professionnel ;
– la mise en valeur de vos atouts pour le poste.
• N'oubliez pas la formule de politesse (simple) !
N'écrivez pas une lettre trop longue, en général les recruteurs ne lisent pas les lettres en entier pour une première sélection.

FAITES PASSER le message !

« Ce n'est pas communiquer que communiquer seulement ce qui est clair. »

ALAIN (philosophe)

Dossier 1 C'est d'actualité

COMPRÉHENSION ÉCRITE

Entrée en matière

1 Comment s'appelle ce magazine ? De quel type de revue s'agit-il ?

Lecture

2 Selon vous, quel est le métier de l'homme ? Quels éléments vous permettent de deviner sa profession ?

3 « *Et si on passait à la couleur* ». Expliquez le jeu de mots et faites le lien avec la photo.

4 Quel est le problème pointé du doigt par cette couverture ?

5 À votre avis, pourquoi publier une telle couverture ?

A

B Médias et diversité

cd 18

« *La diversité, elle concerne tout le monde.* »

COMPRÉHENSION ORALE

Entrée en matière

1 Expliquez la phrase entre guillemets.

1re écoute (en entier)

2 Écoutez et prenez des notes (aidez-vous des conseils donnés p. 65). Ensuite, essayez de répondre aux questions 3 à 9 grâce à vos notes.

2e écoute (du début à 0'20'')

3 De quel type de document sonore s'agit-il ?

a | d'un journal

b | d'une interview

c | d'une chronique

4 Quel est le sujet de l'émission ? Donnez-lui un titre.

5 Qu'est-ce que le club Averroes ?

3e écoute (de 0'20'' à la fin)

6 Quels supports de presse Amirouche Laïdi évoque-t-il ?

7 Quels sont les trois axes sur lesquels travaille le club Averroes ?

8 Expliquez la phrase : « *Donc, c'est pas uniquement une histoire de couleur de peau, c'est aussi une histoire de contenu éditorial.* »

9 Quelles sont les formes de diversité dont on parle le moins ?

PRODUCTION ORALE

10 Que pensez-vous de l'opinion d'Amirouche Laïdi ?

C Médias et minorités en France : le regard d'un « étranger »

Pour voir la vérité en face, il faut parfois qu'un autre tienne le miroir... Le journaliste d'investigation indien Sumon K Chakrabarti s'est penché sur le cas de la France, afin d'essayer de comprendre les liens entre minorités, médias et politiques d'intégration dans notre beau pays. Une vision juste et documentée.

Quand Sumon débarque en France en juillet 2009 pour mener son enquête, il ne s'agit pas d'un simple scribouillard[1] en goguette[2] : correspondant en Inde de CNN-IBN sur les questions de politique intérieure, le gaillard est un journaliste reconnu, plusieurs fois nominé pour la qualité (et l'impact) de son travail... Objectif de sa présence à Paris : mettre en perspective la situation des minorités en France, les politiques d'intégration et le rôle des médias dans leur place et leurs représentations.

Dès l'introduction, le journaliste met les pieds dans le plat, saisissant d'emblée[3] qu'il est temps pour la France de « sortir des approches cosmétiques pour s'attacher à résoudre concrètement les problèmes et les besoins de ces populations ». Pour mener son analyse et formuler ses conclusions, il s'appuie sur l'interview d'une centaine de journalistes, professionnels des médias, chercheurs, sociologues, responsables institutionnels, activistes...

Comment améliorer la visibilité des minorités ? Dans son rapport, Sumon explique les enjeux[4], souligne le contexte, rappelle les fondements historiques des migrations en France et des politiques d'intégration. Un travail très documenté, résumant de manière claire une histoire que bien des Français ignorent !

En filigrane[5], il pointe qu'il ne s'agit pas d'un « problème d'intégration culturelle, mais économique et sociale », d'un pouvoir confiné entre les mains d'une élite blanche pas très encline à ouvrir les portes à d'autres, ni à reconnaître qu'elle a pendant des années laissé toute une partie de sa population pour compte[6]... Sumon s'interroge sur le « vœu pieux » des valeurs républicaines et la nécessité de revoir les notions d'égalité et de laïcité dans une perspective plus moderne et plus adaptée à la diversité actuelle de la société, sans omettre de souligner les avancées : nouveaux visages médiatiques, ouverture progressive des formations de journalistes...

Intéressant pour le moins de constater que la communauté journalistique internationale s'intéresse au cas français. Politiques, patrons de presse, donnons l'exemple : le monde nous a à l'œil ! Prouvez que la France peut à nouveau être révolutionnaire !

Réjane Ereau, *Respect Mag*, 12 mars 2010.

1 Secrétaire, petit écrivain (péjoratif). 2 En vacances.
3 Dès le début. 4 Ce que l'on peut gagner ou perdre.
5 Ce qui n'est pas dit de manière explicite. 6 Abandonné.

COMPRÉHENSION ÉCRITE

Entrée en matière

1 Lisez le titre de cet article. À votre avis, quel en est le thème ?

Lecture

2 Expliquez la première phrase : « *Pour voir la vérité en face, il faut parfois qu'un autre tienne le miroir.* »

3 Qui est Sumon K Chakrabarti ? Pourquoi est-il venu en France ?

4 Selon lui, quel est l'origine du problème ?

5 Quelles avancées de la société signale-t-il ?

6 Quel est le ton du journaliste ? Plutôt optimiste ou pessimiste ? Pourquoi ?

Vocabulaire

7 Dans l'article, que signifie l'expression « *approches cosmétiques* » ?

8 Retrouvez les expressions qui signifient :

a aborder sans précaution une question délicate
b enfermé
c qui a tendance à
d vœu qui ne peut pas vraiment se réaliser
e surveiller

PRODUCTION ORALE

9 Dans votre pays, les médias reflètent-ils la diversité de la société ?

10 À votre avis, comment obliger les médias à refléter la diversité sociale ?

VOCABULAIRE
> la presse, les médias

Cahier d'exercices unité 3

S'INFORMER
écouter les nouvelles
lire le journal
regarder les informations
suivre l'actualité *(f.)*

LA PRESSE ÉCRITE
Dans le journal
l'article *(m.)*
l'édition *(f.)*
l'édito/l'éditorial *(m.)*
la publication
la rubrique
La une
être en première page
faire la une des journaux
le numéro
la photo choc
Les types de presse
le magazine sportif/économique
la presse féminine/masculine
la presse locale/régionale/nationale/internationale
la presse « people »/la presse à scandale
la revue d'informations/culturelle
La périodicité
l'hebdomadaire *(m.)*
le mensuel
le quotidien

LES RUBRIQUES *(F.)* D'UN JOURNAL
culture *(f.)*
courrier des lecteurs *(m.)*
critique *(f.)* cinéma/théâtre/littérature
économie *(f.)*
environnement *(m.)*
faits divers *(m.)*
horoscope *(m.)*
international *(m.)*
météo *(f.)*
petites annonces *(f.)*
politique *(f.)*
société *(f.)*
sport *(m.)*

1 Écrivez des titres d'articles de presse. Proposez-les aux autres étudiants qui devront deviner à quelle rubrique ils correspondent.

Expressions
faire les gros titres
couvrir l'info

L'AUDIOVISUEL *(M.)*
allumer/éteindre le poste
la diffusion/la rediffusion
le direct/le différé
l'émission *(f.)* /le programme

LA TÉLÉVISION
la chaîne de télévision
changer de chaîne/zapper
le petit écran
regarder la télé
la télécommande
la télé par satellite/par câble
le/la téléspectateur(-trice)

LA RADIO
l'auditeur(-trice)
écouter la radio
la station de radio
Expressions
la grand-messe du JT
l'heure *(f.)* de grande écoute

2 Complétez la présentation de Radio suisse romande à l'aide des mots suivants :
feuilletons – émissions – radios – chaînes – direct – audiovisuel – programmes – auditeurs.
L'histoire de la Radio suisse romande commence avec l'implantation d'un émetteur de ..... en 1922 à Lausanne. La Radio suisse romande fait partie d'un groupe ..... public suisse. Elle regroupe quatre ..... sur lesquelles vous pouvez suivre des ..... très variés : La première, Espace 2, Couleur 3 et Option musique. La Première propose des ..... en ..... très écoutées comme la matinale. Chaque année depuis 1987, le prix des ..... de la RSR est attribué à un écrivain suisse ou résident en Suisse. La radio produit parfois des ..... radiophoniques comme *Sherlock Holmes*.

LES FORMATS D'ÉMISSIONS
la chronique
le débat
l'enquête *(f.)*
l'entretien *(m.)*/l'interview *(f.)*
le jeu
le journal/le JT
la série/le feuilleton

cd 19

3 Intonation
a | Écoutez ces phrases entendues à la télé. Devinez de quel type d'émission elles sont issues.
b | Répétez les phrases.

LES MÉTIERS DE L'INFORMATION
l'animateur(-trice)
l'assistant(e) de rédaction
le/la cameraman
le/la correcteur(-trice)
le/la correspondant(e)
l'envoyé(e) spécial(e)
le/la journaliste
le/la maquettiste
le/la photographe
le/la présentateur(-trice)
le/la rédacteur(-trice) en chef
le/la reporter

4 Retrouvez les étapes de la fabrication d'un journal en vous aidant des mots de la liste.
D'abord, ... décide quels seront les orientations et les points à traiter. Puis, ... font leurs enquêtes, accompagnés de ..... . Ils écrivent leurs articles et les envoient à la rédaction. Ensuite, les articles sont revus par ..... . Tout est envoyé au ..... qui met en page le journal. Enfin, le journal est envoyé à l'imprimerie.

PRODUCTION ORALE
5 Comment suivez-vous l'actualité ? Êtes-vous plutôt presse écrite ou journal télé ? Quel genre de presse lisez-vous ? Quels types d'informations vous intéressent ?

6 Quand vous ouvrez un journal, quelle rubrique lisez-vous en premier ? Et en dernier ?

7 En scène ! Vous allez simuler une interview ou un débat télévisé. En groupes de deux ou trois personnes, imaginez le contexte : le type d'émission, l'heure de diffusion, le thème, le ou les invité(s)... Préparez une saynète à présenter devant la classe.

PRODUCTION ÉCRITE
8 Pensez-vous qu'un journaliste puisse vraiment être complètement indépendant ?

DOCUMENTS

A Les médias français s'exportent

Cocorico, nous sommes vus, lus et écoutés avec intérêt à l'étranger : voilà ce que révèle une étude de fréquentation des sites des médias français réalisée au cours du mois d'avril par la société Comscore.
Tous médias confondus, c'est RFI qui arrive en tête du sondage, avec 66 % de trafic en provenance de l'étranger. Logique ! C'est quand même Radio France Internationale !
En ce qui concerne les télés, TV5.org pointe en tête avec 54 % d'audience étrangère. C'est assez logique vu sa position de média francophone internationale et les services à destination des étrangers proposés sur son site (apprentissage du français, etc.). Suivent les sites du groupe TF1 (51 %), grâce surtout à la version internationale d'Eurosport, puis de France Télévisions (44 %) et de M6 (26 %). S'agissant des journaux cette fois, les sites de quatre des cinq plus grands journaux français ont recueilli 35 % des suffrages étrangers, le numéro un étant www.figaro.fr.
Enfin, huit des neuf sites de grandes radios françaises ont généré plus de 20 % de trafic depuis l'étranger. Seul RMC affiche un score en deçà*.

La marque du web, rédigé par Chris le 3 juillet 2007.

* *Inférieur.*

COMPRÉHENSION ÉCRITE

Entrée en matière

1 Connaissez-vous des médias français ? Citez quelques exemples.

Lecture

2 Pourquoi l'article commence-t-il par le mot « *Cocorico* » ?
3 Sur quel sujet a enquêté la société Comscore ?
4 Parmi les médias français cités, lesquels sont des radios, des télévisions, des journaux ?

PRODUCTION ORALE

5 Voici la liste de cinq grandes radios françaises et leur slogan. À votre avis, que peut-on entendre sur ces radios et à quel public s'adresse chacune d'elles ?
a | RTL : Écouter. Voir. Partager.
b | France Inter : France Inter, la différence
c | France Info : L'info à vif
d | Fun Radio : Le son dancefloor
e | Chérie FM : Vos plus belles émotions

PRODUCTION ÉCRITE

6 Écrivez un petit texte sur le modèle de l'article dans lequel vous présenterez les différents sites des médias de votre pays et leur audience à l'étranger.

B Dessins de presse

COMPRÉHENSION ÉCRITE

Entrée en matière

1 Selon vous, quel est le rôle d'un dessin de presse ?
2 Regardez les dessins suivants sans lire les bulles. Décrivez-les.

Lecture

3 Lisez les bulles et relevez les paradoxes illustrés par ces dessins.
4 Dites de quelles rubriques d'un journal ces dessins pourraient être extraits.
5 Imaginez un titre pour le dessin **B**.

A

B

C

GRAMMAIRE

> la nominalisation de la phrase verbale

Cahier d'exercices unité 3

> ÉCHAUFFEMENT

1 Observez les titres de presse suivants. Pourquoi n'y a-t-il pas de verbe ? Selon vous, quel est le nom le plus important dans chaque titre ?

a | Médias et minorités en France : le regard d'un étranger
b | Sans télé, mais pas sans écran : portrait d'une génération

> FONCTIONNEMENT

2 Est-ce possible de former un verbe à partir des noms *regard* et *portrait* ?

La nominalisation

	Noms	Verbes
Les noms terminés en **-ure**, **-ion** et **-ade** sont généralement **féminins** :	• l'ouvert**ure** • la baign**ade** • la connex**ion** • la publicat**ion**	• ouvrir • (se) baigner • (se) connecter • publier
Les noms terminés en **-ment** et **-age** sont généralement **masculins** :	• le change**ment** • l'argu**ment** • le mari**age** • le gaspill**age**	• changer • argumenter • (se) marier • gaspiller

REMARQUE

Il n'est pas toujours possible de nominaliser un verbe :
tomber → *la chute.*

> ENTRAÎNEMENT

3 Retrouvez le genre des noms suivants, ainsi que le verbe qui correspond à chacun.

a | remerciement
b | début
c | blessure
d | jardinage
e | venue
f | fin
g | gestion
h | noyade
i | fonction
j | jugement
k | inscription
l | partage

4 Trouvez les substantifs qui correspondent aux verbes suivants.

a | vendre
b | acheter
c | nettoyer
d | résoudre
e | retourner
f | augmenter
g | baisser
h | décider
i | lire
j | jouer
k | vouloir
l | investir
m | voir
n | choisir

5 Transformez les phrases suivantes en titres d'article (sans verbe).

Exemple : *Le musée Pompidou a inauguré une nouvelle salle consacrée à l'art moderne.*
→ *Inauguration d'une nouvelle salle consacrée à l'art moderne au musée Pompidou*

a | Le gouvernement a promis de subventionner le secteur.
b | Le vieux quartier a été détruit.
c | De plus en plus de postes sont supprimés dans l'éducation.
d | Les navigateurs du Vendée Globe sont partis ce matin.
e | L'équipe toulousaine de rugby a été battue sur son propre terrain.

> la forme passive

> ÉCHAUFFEMENT

1 Observez les phrases suivantes. Quel est le sujet qui fait l'action dans chacune des phrases ? Que remarquez-vous ?

a | Nous sommes vus, lus et écoutés avec intérêt à l'étranger.

b | Un petit bémol quant au faible résultat qui a été obtenu par les sites www.humanité.fr et www.parisien.com.

> FONCTIONNEMENT

2 Quelle forme verbale prend le verbe pour exprimer le déroulement de l'action à la forme passive ?

- *Être* + participe passé du verbe : phrase .....
- *Être* + participe passé du verbe + *par* : phrase .....

La forme passive avec *être*

	Sujet	Verbe	COD
Forme active :	Les médias	***reflètent***	***la diversité sociale.***

	Sujet	*être* + participe passé du verbe	*par* + complément d'agent
Forme passive :	La diversité sociale	***est reflétée***	***par les médias.***

- À la forme passive, **être** est conjugué au temps du verbe à la forme active et il est suivi du participe passé de ce verbe. Le participe passé s'accorde toujours avec le sujet.
- On n'utilise pas de pronom personnel après **par** :
Il lit le journal. On ne dira pas : *Le journal a été lu par lui* mais ***C'est lui qui** a lu le journal.*
- Parfois, on ne connaît pas le sujet de l'action :
***On** a volé les clés de Marc.* → *Les clés de Marc ont été volées.*

! venir de faire... → la chose viens d'être fait !

REMARQUES

- Certains verbes employés avec un pronom réfléchi ont un sens...
– passif : *Les médias français **s'exportent** à l'étranger.*
– impersonnel : ***Il se vend** de plus en plus de magazines people.*
- Les verbes *faire* et *laisser* utilisés à la forme pronominale + verbe à l'infinitif ont un sens passif :
*Mon père **s'est fait installer** Internet chez lui. Le chanteur **s'est laissé photographier** par ses fans.*

> ENTRAÎNEMENT

3 Transformez les phrases suivantes à la forme passive.

a | Un habitant de Liège a gagné la cagnotte de l'Euro Million.

b | Il faut que la rédaction du journal prenne la décision finale.

c | On doit trouver une solution pour augmenter les ventes de la revue.

d | Le maire prononcera un discours dans la soirée.

4 Transformez selon l'exemple.

Exemple : *Je me suis laissée séduire par la une de ce journal.* → *J'ai été séduite par la une de ce journal.*

a | Les voleurs se sont fait arrêter par la police. (ont été arrêtés)

b | Ce journaliste s'est fait licencier. (a été licencié)

c | Les gens se laissent influencer par les médias. (sont influencés)

d | L'équipe belge s'est fait battre en finale. (a été battu)

a) La cagnotte de l'Euro Million a été gagnée par un habitant de Liège
b) il faut que la décision finale soit prise par...
c) une solution doit être trouvée pour augmenter ....
d) un discours sera prononcé par le maire dans la soirée

DOCUMENTS

A À quoi ressemblera la télévision de demain ? (cd 20)

COMPRÉHENSION ORALE

« *On va utiliser la télévision en libre-service.* »

Entrée en matière

1 Expliquez la phrase entre guillemets.

1re écoute (en entier)

2 De quel type de document s'agit-il ?

3 Quel est le thème de l'émission ?

2e écoute (en entier)

4 Quelles sont les étapes de développement de la télévision dont parle Philippe Bailly ?

5 Expliquez le concept ATAWAD.

6 Qu'est-ce que la télévision de rattrapage ? Qu'est-ce qui a changé pour le téléspectateur avec cette nouvelle télévision ?

7 Quel est le problème pour le téléspectateur ?

B Sans télé mais pas sans écran : portrait d'une génération

Ils n'ont pas la télé chez eux, mais la regardent quand même. Pour ces ménages[1], Internet a pris toute la place et vivre sans télé n'est plus une idéologie.

Ils font partie des 2 % de Français qui ne regardent pas la télévision, pour la bonne raison qu'ils n'en ont pas. Bertrand Bergier, sociologue, a rencontré durant trois ans 566 ménages « sans télé ». Il a tiré de cette enquête un livre, *Pas très cathodique* (Éditions Eres), dans lequel il évoque notamment une catégorie de population, les « natifs du numérique », pour laquelle Internet a remplacé l'écran de télévision.

Quelle part de la population rencontrée lors de votre enquête ne possède pas de téléviseur parce qu'elle se reporte sur Internet ?

Environ 25 %. Sur le total des personnes que j'ai interrogées, 13 % a reçu l'absence de téléviseur en héritage, leurs parents n'avaient pas la télé. Ce sont surtout des gens nés avant 1955. 17 % vont tantôt l'avoir, tantôt s'en débarrasser. 70 % sont dans un comportement de rupture. C'est parmi ces derniers que l'on trouve les 25 % de « natifs du numérique ».

Qu'est-ce qui les caractérise ?

Ils ont entre 25 et 35 ans. Loin d'être coupés du monde, ils sont surconsommateurs de loisirs et de culture et ont un agenda plutôt saturé. La mise à l'écart de la télévision ne signifie pas un rejet de la culture de l'écran. Je n'ai pas observé chez eux de discours idéologique anti-télé. Pour eux, la télévision est simplement tombée en désuétude[2]. Ils ne voient pas ni quand ni pourquoi la regarder. Ce sont des précurseurs.

© Raphaële Karayan,
Lexpansion.com, 25 octobre 2010.

1 Habitants d'un même logement.
2 Qui ne s'utilise plus.

COMPRÉHENSION ÉCRITE

Entrée en matière

1 Lisez le titre de cet article. À votre avis, de quelle « *génération* » est-il question ?

Lecture

2 Dites si les affirmations suivantes sont vraies ou fausses et justifiez votre réponse.

a | Très peu de Français n'ont pas la télé.

b | La plupart d'entre eux n'ont pas la télé car leurs parents ne l'avaient pas.

c | Les natifs du numérique sont très occupés.

PRODUCTION ÉCRITE >>>>DELF

3 La vie sans télé est-elle possible ? Selon vous, quels sont les bons et les mauvais côtés de la télé ?

A Le crieur de la Croix-Rousse

dvd 3

COMPRÉHENSION AUDIOVISUELLE

Entrée en matière

1 À votre avis, qu'est-ce qu'un crieur public ?

1er visionnage (du début à 0'39'')

2 Qui est Gérald ?

3 En quoi consiste son activité ? Quand et où la pratique-t-il ?

4 Que voulait-il faire quand il était petit ?

2e visionnage (sans le son, de 0'39'' à la fin)

5 Quels sont les accessoires de Gérald pour crier les nouvelles ?

3e visionnage (avec le son, de 0'39'' à la fin)

6 Quels sont les sujets des nouvelles que crie Gérald dans le reportage ?

7 Pourquoi est-il apprécié d'après les gens interviewés ?

8 Pourquoi Gérald fait-il le crieur public ?

9 D'après vous, en quoi l'action de Gérald peut-elle changer la vie de quartier et améliorer les rapports humains ?

B *Joss Le Guern*

Cela faisait donc sept années que, après quelques mois de rodage[1] difficiles – trouver le ton, placer sa voix, choisir l'emplacement, concevoir les rubriques, fidéliser la clientèle, fixer les tarifs –, Joss avait embrassé la profession décatie[2] de « crieur ». À Bannour. Il avait rôdé[3] avec son urne en divers points dans un rayon de sept cents mètres autour de la gare Montparnasse dont il n'aimait pas s'éloigner, au cas où, disait-il, pour finalement s'établir deux ans plus tôt sur le carrefour Edgar Quinet-Delambre. Il drainait[4] ainsi les habitués du marché, les résidents, il captait les employés des bureaux mêlés aux assidus discrets de la rue de la Gaîté, et happait[5] au passage une partie du flot déversé par la gare Montparnasse. Des petits groupes compacts se massaient autour de lui pour entendre la criée des nouvelles, moins nombreux sans doute que ceux qui se pressaient autour de l'arrière-arrière-grand-père Le Guern mais il fallait compter que Joss officiait quotidiennement, et trois fois par jour. Il récoltait en revanche dans son urne une quantité de messages assez considérable, une soixantaine par jour en moyenne – et bien davantage le matin que le soir, la nuit étant propice aux dépôts furtifs[6] –, chacun sous enveloppe cachetée et lestée[7] d'une pièce de cinq francs. Cinq francs pour pouvoir entendre sa pensée, son annonce, sa quête lancée dans le vent de Paris, ce n'était pas si cher payé. Joss avait tenté dans les débuts un tarif minimal mais les gens n'aimaient pas qu'on brade[8] leurs phrases pour une pièce d'un franc. Cela dépréciait leur offrande. Ce tarif arrangeait donc les donneurs comme le receveur et Joss encaissait ses neuf mille francs net par mois, dimanches compris.

Fred VARGAS, *Pars vite et reviens tard*, Éditions Viviane Hamy, 2002.

1 Essai, apprentissage. 2 Vieillie. 3 Errer, aller et venir. 4 Attirer. 5 Attraper. 6 Secrets, clandestins. 7 Alourdie. 8 Vendre à bas prix.

COMPRÉHENSION ÉCRITE

Entrée en matière

1 Connaissez-vous l'écrivaine Fred Vargas ?

1re lecture (en entier)

2 Qui est Joss ?

2e lecture (en entier)

3 Pourquoi les débuts de Joss ont-ils été difficiles ?

4 Qui vient à la criée de Joss ? Quand a-t-elle lieu ?

5 À quel moment de la journée les gens laissent-ils le plus de messages dans l'urne ?

6 Combien coûte la criée d'un message ? Pourquoi le prix n'est-il pas libre ?

PRODUCTION ORALE

7 Écrivez un message (petite annonce, actualité, message personnel…) et criez la nouvelle.

Dossier 2 Tous en ligne !

A Garder des liens

déguster → degustar
dégoûter → disgustar
le dégoût

Protester

ça suffit, Arret!, tu me nerve! incroyable! intolérable! J'en ai assez! J'en ai marre! c'est inadmissible, intolérable! inacceptable!

Entrée en matière

1 Observez le dessin. Où se trouvent les personnages ?

Lecture

2 Quels outils technologiques cette famille utilise-t-elle ?

3 Imaginez ce qu'ils font.

4 Comment interprétez-vous l'air du serveur ?

PRODUCTION ORALE >>>>DELF

5 **En scène !** Vous êtes au restaurant avec un(e) ami(e) . Il/Elle vérifie toutes les cinq minutes si il/elle n'a pas reçu de message. Vous lui demandez d'éteindre son téléphone mais il/elle n'est pas d'accord.

B Nouvelles technologies anxiogènes

cd 21

COMPRÉHENSION ORALE

Entrée en matière

1 Décrivez la scène illustrée ci-contre.

1re écoute (en entier)

2 Écoutez l'enregistrement et prenez des notes. De quel type de document sonore s'agit-il ? Chronique

2e écoute (du début à 0'25'')

3 Quel est le thème de la chronique ? Donnez-lui un titre. Superdependence

4 Que fait le journaliste dans cette chronique ?

a | Il conseille les auditeurs.

b | Il dénonce des comportements dangereux.

5 À quels signes peut-on se rendre compte de sa dépendance ?

6 Que peut entraîner (llevar a) le stress causé par les nouvelles technologies ?

3e écoute (de 0'25'' à la fin)

7 Que faut-il faire pour lutter contre le stress technologique ?

8 Quel truc le journaliste donne-t-il pour mesurer son addiction ?

« Ne pas ouvrir ma boîte mails avant 10 h. »

9 Quelle est la morale donnée par le journaliste à la fin de la chronique ?

PRODUCTION ORALE

10 Êtes-vous cyberdépendant ? Par groupe, vous allez élaborer un questionnaire pour sonder votre classe. Vous imaginerez 5 ou 6 questions qui vous permettront d'évaluer le degré d'addiction des étudiants. Posez les questions à vos camarades, puis réunissez-vous pour analyser les résultats de votre enquête.

C

La dictature de l'instantanéité

Vous appelez votre chum[1] sur son cellulaire[2]. Il ne répond pas. Comment ça, il ne répond pas ??? Où est-il ? Le cellulaire est dans sa poche. Il ne peut pas être ailleurs que là où est sa poche. Un homme est toujours au même endroit que sa poche.

Le cellulaire est la laisse[3] de l'homme moderne.
Vous envoyez un texto à votre blonde[4] : oublie pas le pain aux raisins. Elle revient de faire les courses, pas de pain aux raisins. T'as pas pris ton texto ? C'est inconcevable. Quand on envoie un texto à quelqu'un, ce n'est pas pour qu'il le lise quand il aura le temps au coin du feu. C'est pour qu'il le lise tout de suite. À l'instant même où il le reçoit. Le texto n'a pas de patience. Le texto est le message prioritaire.
Jadis[5], quand on voulait joindre quelqu'un rapidement, que ça pressait vraiment, on lui envoyait un télégramme. Il fallait le dicter à une dame au téléphone. En mettant des stops partout, pour que ça fasse plus important.
Terminée, l'époque des bouteilles à la mer, le texto trouve toujours son homme. Illico[6]. Le courriel, lui, prend un peu plus de temps. Quoique... Vous envoyez un courriel à quelqu'un, si vous êtes sans réponse après un quart d'heure, vous commencez à fatiguer. Surtout si votre destinataire a le malheur d'avoir un BlackBerry ou un iPhone, car vous savez que votre courriel, il l'a reçu à l'instant où vous l'avez envoyé. Après une heure sans signe de sa part, vous vous dites que cette personne n'est pas efficace. Après trois heures, vous la trouvez impolie. Après huit heures, c'est la pire des égoïstes. Après douze heures, c'est fini, vous ne voulez plus rien savoir d'elle.
Jadis, le courriel s'écrivait avec un r à la fin. C'était du courrier. On écrivait sa lettre, on la glissait dans une enveloppe, on léchait le timbre et on l'envoyait par la poste. Le correspondant la recevait trois jours plus tard, si on était chanceux et s'il n'habitait pas loin. Puis, il nous répondait en faisant le même manège. Quand arrivait sa réponse, on était tout énervé et on lisait sa lettre en écoutant du Mozart. Aujourd'hui, on reçoit 100 courriels à l'heure, en écoutant du Justin Bieber.

Stéphane Laporte, lapresse.ca, 13 novembre 2011.

1 Petit ami (en québécois). 2 Téléphone portable. 3 Corde qui sert à tenir un chien. 4 Petite amie (en québécois). 5 Avant. 6 Immédiatement.

COMPRÉHENSION ÉCRITE

Entrée en matière

1 Lisez le titre de l'article. À votre avis quel est le sujet ? Nous sommes esclaves de l'instantanéité

1re lecture (en entier)

2 Quel est le ton de l'article ? C'est une réflexion. Le ton est moins formel

3 À votre avis, pourquoi le journaliste utilise-t-il les pronoms « *vous* » et « *on* » ?

2e lecture (en entier)

4 Comment le journaliste commence-t-il son article ?

a | Par une nouvelle récente.
b | Par une statistique.
c | Par un fait de la vie quotidienne. ✓

5 Selon l'auteur de l'article, quels sont les inconvénients des nouvelles technologies ?

Nous sommes esclaves de l'instantanéité. Si nous envoie un texto à une personne et elle ne répond pas très rapidement notre opinion peut changer.

6 Qu'est-ce que le courriel par rapport au courrier ?

7 Pourquoi le journaliste semble-t-il regretter le temps du courrier envoyé par la poste ?

PRODUCTION ORALE

8 Avez-vous changé de comportement avec l'arrivée des nouvelles technologies ? Votre téléphone vous accompagne-t-il partout ? Un appel téléphonique est-il toujours prioritaire ?

PRODUCTION ÉCRITE

9 Pensez-vous, comme le journaliste, que « *le cellulaire est la laisse de l'homme moderne* » ? Vous postez votre point de vue sur le blog du journaliste.

GRAMMAIRE
> l'expression du but

Cahier d'exercices unité 3

> ÉCHAUFFEMENT

1 Observez ces phrases. Quelles expressions permettent d'exprimer un but, un objectif ?

a | Quand on envoie un texto à quelqu'un, ce n'est pas pour qu'il le lise quand il aura le temps au coin du feu.

b | Pour lutter contre le stress technologique, il faut impérativement reprendre le contrôle.

> FONCTIONNEMENT

2 Quelle forme verbale utilise-t-on après :

- *pour que* : .....
- *pour* : .....

Exprimer le but (1)

- **Pour/Afin de** + **infinitif** :
*J'étudie l'histoire **afin de** **devenir** journaliste.*
- **Pour que/Afin que** + **subjonctif** :
*Ses professeurs l'ont envoyé en stage **afin qu'**il **apprenne** les bases du métier.*

REMARQUES

- Quand le sujet est le même pour les deux verbes de la phrase, on utilise **pour** ou **afin de** + **infinitif** :
Sophie crée un site Internet. Elle veut vendre ses produits à l'étranger.
→ *Sophie crée un site Internet **pour** **vendre** ses produits à l'étranger.*
- Quand le sujet est différent, on utilise **pour que** ou **afin que** + **subjonctif** :
Sophie crée un site Internet. Des internautes peuvent acheter ses produits à l'autre bout de monde.
→ *Sophie crée un site Internet **pour que** des internautes **puissent** acheter ses produits à l'autre bout du monde.*

> ENTRAÎNEMENT

3 Mettez les verbes à la forme correcte dans les phrases suivantes.

a | Le programme sera envoyé à l'avance afin que vous ..... vous organiser. (pouvoir)
b | Nous voulons organiser un grand événement afin de ..... la presse sur Internet. (promouvoir)
c | Ce site est conçu de manière pratique pour que les visiteurs ..... d'une rubrique à l'autre sans difficulté. (aller)
d | Une pause sera prévue pendant la réunion afin que les convives ..... de se restaurer. (avoir l'occasion)

4 Terminez les phrases suivantes.

a | Je ne sais plus quoi vous conseiller pour que .....
b | J'aimerais proposer une nouvelle rubrique à la rédaction afin de .....
c | Que penses-tu faire pour ..... ?
d | Il faut encourager l'éducation à l'informatique afin que .....

PRODUCTION ORALE

5 Écrivez un objectif sur un petit papier (par exemple : apprendre à parler le japonais). Votre professeur va ramasser toutes les feuilles et les mélanger. Tirez un papier au sort. Vous devez expliquer en détails ce que vous allez faire pour atteindre le but écrit sur votre papier.

Exprimer le but (2)

- **Avoir pour objectif de** + infinitif
- **Dans le but de** + infinitif
- **Dans l'intention de** + infinitif
- **De façon à** + infinitif
- **De manière à** + infinitif
- **En vue de** + infinitif ou groupe nominal

> la négation, la restriction

> ÉCHAUFFEMENT

1 Soulignez les éléments de la négation dans les phrases suivantes. Que remarquez-vous ?

a | Vous ne voulez plus rien savoir d'elle.
b | On panique à l'idée de ne pas avoir son téléphone portable sur soi.
c | On ne peut que se réjouir de l'arrivée d'Internet dans nos vies.

> FONCTIONNEMENT

2 Dites quels types de négations vous reconnaissez dans les phrases précédentes.

- La négation à deux éléments : phrase .....
- La négation à trois éléments : phrase .....
- La restriction : phrase .....

• La négation à deux éléments	**• Ne … pas/plus/rien/jamais** **• Personne ne…** **• Rien ne…**	• *Je **n'**ai **jamais** lu ce journal.* • ***Personne ne** lit ce type de revue.* • ***Rien ne** me fera changer d'avis.*
• La négation à trois éléments	**• Ne … pas encore** **• Ne … plus rien** **• Ne … plus jamais**	• *Je **n'**ai **pas encore** envoyé de courriel ce matin.* • *Je **ne** veux **plus rien** savoir de toi.* • *Je **n'**achèterai **plus jamais** de vêtements sur Internet.*
	Ne … ni, … ni	*Je **n'**ai **ni** adresse mail, **ni** téléphone portable.*
• La restriction	**Ne … que**	*Je **n'**utilise les réseaux sociaux **que** pour le travail.*

Je utilise les… seulement pour le…

La place de la négation

• Négation d'un verbe conjugué à un temps simple : **ne/n'** + verbe + **adverbe de négation**	*Je **ne** peux **pas** appeler, je **n'**ai **plus** de réseau.*
• Négation d'un verbe conjugué à un temps composé : **ne/n'** + auxiliaire + **adverbe de négation** + verbe	*Il **n'**a **pas** été possible de se connecter au réseau WIFI.*
• Négation d'un verbe à l'infinitif : **ne/n'** + **adverbe de négation** + verbe	*Il est préférable de **ne jamais** aller sur des sites douteux.*

> ENTRAÎNEMENT

3 Dites le contraire.

a | Ils ont déjà acheté une tablette tactile.
b | Mes enfants me disent tout.
c | Magali voudrait retourner encore une fois au cours d'informatique.
d | Je sais me servir d'un ordinateur et d'un smartphone.
e | Nous sommes déjà allés au salon des nouvelles technologies.

PRODUCTION ORALE

4 Vous allez jouer au « ni oui, ni non ». Par groupe de deux : posez des questions à votre partenaire, ce dernier ne doit dire ni oui, ni non pendant le temps donné par votre professeur. En serez-vous capable ?

Confirmer et démentir

- C'est probable. C'est vrai.
- Effectivement./En effet.
- Plus ou moins.
- Presque.
- Sans aucun doute.
- Si !
- Sûrement./Certainement.
- Absolument pas.
- Ce n'est pas le cas./En aucun cas.
- On ne peut pas dire ça.
- Pas du tout !
- Pas vraiment.

DOCUMENTS

A Sénat : commission des nouvelles technologies de la communication

Propositions des sénateurs juniors

Proposition 1
Les nouvelles technologies doivent être un réel progrès pour les hommes. Que la rapidité et la facilité des communications améliorent la qualité des relations et de l'entraide familiale, les échanges commerciaux, les négociations en cas de conflits internationaux, mais respectent les libertés individuelles et la vie privée de chacun. Ces nouvelles technologies doivent être accessibles à tous en installant des sites Internet en suivant l'exemple des cabines téléphoniques et en formant les jeunes dès le plus jeune âge à ce type d'outil. Mais il ne faut pas que le coût financier soit un motif d'exclusion supplémentaire.

Proposition 32
La machine ne doit pas éloigner les hommes les uns des autres, au contraire, elle doit être un élément de communication, d'échanges, de connaissance, d'ouverture, de résolutions de problèmes.
L'utilisation des nouveaux systèmes de technologie révolutionnent la communication. Certains moyens sont devenus la principale activité de loisirs des pays riches. Cette évolution ne doit surtout pas isoler l'homme du reste de son entourage.

www.senat.fr

COMPRÉHENSION ÉCRITE

Entrée en matière
1 À votre avis, qu'est-ce qu'un sénateur junior ?

Lecture
2 Lisez les propositions. De quelles nouvelles technologies est-il question ?
3 À quoi devraient servir les nouvelles technologies selon les jeunes sénateurs ?
4 Selon les sénateurs juniors, quels risques peuvent représenter les nouvelles technologies pour la société ?
5 Imaginez un titre pour chacune des propositions.

PRODUCTION ÉCRITE

6 En groupe, écrivez une proposition à soumettre au Sénat.

PRODUCTION ORALE

7 Pensez-vous que les nouvelles technologies isolent les jeunes de leur entourage ?
8 **En scène !** Un débat sur les jeunes et les nouvelles technologies est organisé par le maire de votre ville. Vous allez y participer, vous voulez faire entendre votre opinion et proposer des mesures concrètes.

B Les jeunes et les réseaux sociaux

cd 22

COMPRÉHENSION ORALE

Entrée en matière
1 Que vous apportent les réseaux sociaux ?

1re écoute (du début à 1'07'')
2 Quel est le thème de cette émission de radio ?
3 Quels étaient les deux objectifs de l'étude ?

2e écoute (de 1'07'' à la fin)
4 Selon cette étude, les jeunes sont-ils attentifs à la protection de leur vie privée ?

« *Ils ont en moyenne 210 amis.* »

5 Quelle est la proportion de jeunes ayant déjà accepté comme ami une personne qu'ils ne connaissent pas ?

PRODUCTION ORALE

6 Et vous, êtes-vous prudent sur les réseaux sociaux ? À quoi faites-vous particulièrement attention quand vous surfez sur Internet ?

VOCABULAIRE
> communication et technologies

Cahier unité 3 d'exercices

TÉLÉPHONER

appeler
la cabine téléphonique
la conversation
décrocher
faxer
le message
le numéro
raccrocher
les renseignements
répondre
le SMS/le texto
sonner
la télécopie /le fax
le téléphone fixe/portable

1 **a** | Quels sont les noms qui correspondent aux verbes suivants : répondre – sonner – communiquer – appeler
b | Quels sont les verbes qui correspondent au noms suivants : le téléphone – la conversation – les renseignements

Expressions

ça sonne occupé
être en ligne
passer un coup de fil
raccrocher au nez

cd 23

2 **Intonation**
a | Écoutez les phrases suivantes. Dites si la personne qui parle est :
a | surprise
b | de mauvaise humeur
c | triste
d | rassurante
e | inquiète
f | agacée
g | gênée
h | en colère
i | impatiente
b | Répétez les phrases.

L'ORDINATEUR *(M.)*

le clavier
la clé USB
le document
l'écran *(m.)*
l'ordinateur *(m.)* portable
le logiciel
le scanner
la souris
le système d'exploitation
la touche

Utiliser un ordinateur

brancher le câble d'alimentation
cliquer
effacer
imprimer
installer un programme
ouvrir une fenêtre
mettre en veille
retoucher une image
taper un texte

3 Associez.
Exemple : *a3*
a | Télécharger et installer
b | Appuyer sur le bouton droit de
c | Vous pouvez transporter vos documents numériques
d | Tapez votre rédaction à l'ordinateur,
e | Pour allumer l'ordinateur, il faut brancher
f | Il faut un logiciel spécial pour
g | Il vaut mieux mettre l'écran
h | Avec un logiciel de traitement d'image et un scanner,

1 | monter l'imprimante en réseau.
2 | la souris.
3 | un logiciel.
4 | en veille pour économiser de l'énergie.
5 | vous pourrez retoucher des images.
6 | le câble d'alimentation.
7 | mais évitez le copier-coller.
8 | grâce à une clé USB.

INTERNET

l'adresse *(f.)* électronique
le blog
copier-coller
la discussion/le chat
l'émoticône *(f.)*/le smiley
enregistrer
envoyer/recevoir un mail/un courriel
faire suivre
le forum
l'internaute
joindre un fichier
le message électronique
le mot de passe
le navigateur
naviguer sur Internet
le pirate
le réseau
sauvegarder un document
se connecter
le site Internet
supprimer
télécharger
virtuel

Expressions

être connecté
faire le buzz
surfer sur le Web

4 Voici quelques icônes que l'on rencontre souvent sur l'écran de l'ordinateur. Les reconnaissez-vous ?
a | boîte de réception
b | supprimer
c | pièce jointe
d | ajouter un contact
e | carnet d'adresses
f | transférer un message
g | recherche

5 Le SMS a révolutionné le langage écrit. Essayez de retrouver le sens des phrases suivantes écrites en langage SMS.
a | A keleur tu viens 2m1 ?
b | Tu m'as épataT !
c | J'ai 1 af'R a te proposer.
d | Kestufé ! Jtaten.
e | C l'anniv de Ben aujourd8.
f | Ta U l'1fo ?

6 Écrivez maintenant un message en langage SMS : traduisez les phrases suivantes en moins de 30 caractères, espaces compris.
a | C'est quoi un MMS ?
b | Tu as passé un bon week-end ?
c | Tu as envie de te faire un ciné ?
d | Merci beaucoup pour le cadeau !

PRODUCTION ÉCRITE

7 Votre voisin(e) est débutant(e) en informatique. Il/Elle aimerait communiquer avec sa famille par courrier électronique et par « skype ». Il/Elle a besoin d'une feuille d'instructions. Écrivez-lui cette feuille de route pour qu'il/elle puisse se débrouiller tout(e) seul(e).

A La langue des signes : vivante, complexe et révélatrice

Conférence ce week-end à Toulouse, à l'occasion du festival Sign'ô.

Placée sous le microscope des chercheurs, la langue des signes révèle sa complexité : langue indépendante de la langue parlée, la langue des signes prend différentes textures[1] selon les pays. Comme toute langue vivante, elle suit l'évolution des habitudes de vie quotidienne de ses utilisateurs ; elle est ainsi révélatrice de l'histoire des sourds… et des autres.

Cela fait 10 ans déjà que Sophie Dalle-Nazébi s'intéresse à la langue des signes, ou plutôt AUX langues des signes. En effet, en France les sourds parlent la langue des signes française (LSF), alors qu'en Angleterre on trouve la British Sign Language ou langue des signes britannique (BSL)… et il en va de même pour le Québec, le Congo, les États-Unis, etc.

« L'étude de la langue des signes montre qu'elle s'est développée indépendamment de la langue parlée, explique Sophie Dalle-Nazébi. En langue parlée, par exemple, l'anglais et l'américain sont deux langues extrêmement proches. Pourtant la langue des signes britannique et la langue des signes américaine (ASL) sont tellement différentes que deux sourds issus de ces deux pays auront du mal à communiquer. » Autrement dit, ils devront utiliser la même technique qu'un Français et un Anglais qui veulent communiquer alors que le premier ne parle pas anglais, et que le second ne parle pas français : de grands gestes désorganisés, associés à des mimiques[2] très appuyées.

Si la langue des signes n'a pas de forme universelle, son apparition répond bien à un besoin universel : la communication. Or la communication inscrit son utilité, avant tout, dans la vie quotidienne. Du coup, en étudiant la structure d'une langue des signes, les linguistes et les sociologues en apprennent aussi beaucoup sur l'histoire des sourds, l'histoire du pays et même sur l'histoire de la région.

La langue des signes est aussi révélatrice de la culture d'un pays. Sophie Dalle-Nazébi – qui a travaillé quelque temps au Congo – explique, par exemple, que les termes de parenté (comme « papa », « tonton »…) n'ont pas la même signification, les mêmes implications émotionnelles et culturelles en France et au Congo. Logiquement, cette différence s'exprime à travers les gestes qui ont été assimilés à cette notion dans chacun des pays.

Au même titre qu'une langue parlée et écrite, la langue des signes est donc une langue vivante, qui s'inscrit dans une culture, dans une histoire… Elle est révélatrice d'une manière de dire, de faire et de penser.

Létizia Capecchi, Touklous'Ethic, 14 mai 2008.

1 Particularités. 2 Expressions du visage.

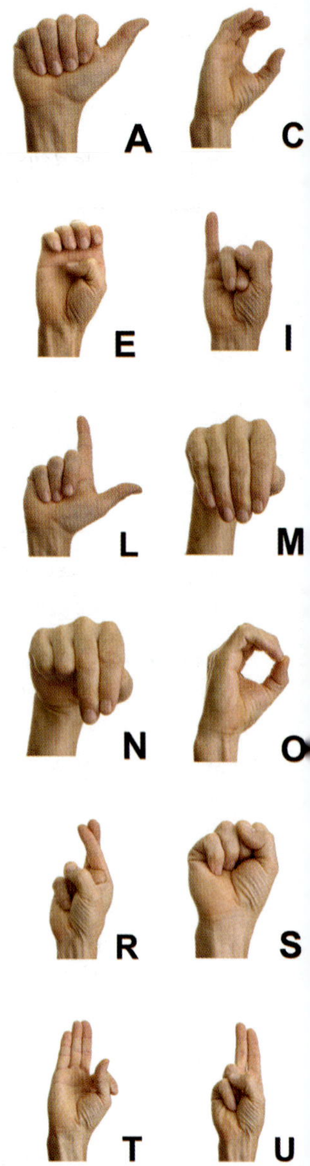

COMPRÉHENSION ÉCRITE

Entrée en matière

1 Savez-vous ce qu'est la langue des signes ?

1re lecture (en entier)

2 En fonction de quoi les langues vivantes évoluent-elles selon l'article ?

3 La langue des signes évolue-t-elle sur le même modèle que la langue parlée ?

4 Un sourd de France et un sourd des États-Unis pourront-ils communiquer facilement ? Comment feront-ils ?

2e lecture (en entier)

5 À quel besoin universel la langue des signes répond-elle ?

6 Quelle différence culturelle observe-t-on entre les langues des signes française et congolaise ?

7 Pourquoi peut-on dire que la langue des signes est une langue vivante ?

8 Formez des mots à l'aide des lettres en langue des signes et faites-les deviner à vos camarades.

ATELIERS

1 RÉALISER UN REPORTAGE

Vous allez réaliser un reportage sur votre établissement ou votre quartier.

Démarche

En groupes de deux ou trois.

1 Préparation

• Vous choisissez un lieu ou un événement de votre quartier que vous avez envie de faire découvrir (exemples : *une fête, un monument, un bâtiment officiel, un jardin...*).

• Vous choisissez une personne à interviewer pour témoigner sur le thème que vous avez sélectionné.

• Vous préparez les questions que vous allez lui poser.

N'en préparez pas trop. Renseignez-vous auparavant sur le thème que vous allez traiter pour mieux adapter et cibler vos questions.

2 Réalisation

• Vous réalisez l'interview qui servira de base à votre article.

Si vous le pouvez, enregistrez l'interview, ce sera plus facile ensuite pour élaborer votre article.

• Vous traduisez votre interview si vous l'avez réalisée dans une autre langue.

Ne traduisez pas tout, mais plutôt les passages essentiels pour traiter votre thème dans votre article.

• Vous rédigez votre article avec les éléments suivants :

– un titre ;
– un sous-titre/un chapeau ;
– l'interview/un commentaire de l'interview ;
– une conclusion.

3 Présentation

• Vous présentez votre article à la classe.

• Vous réunissez tous vos articles dans un journal de classe.

2 RÉDIGER DES RÈGLES DE SAVOIR-VIVRE

Vous allez rédiger des règles de savoir-vivre avec les technologies.

Démarche

En groupes de trois ou quatre.

1 Préparation

• Vous faites la liste des mauvaises habitudes liées aux appareils technologiques.

Faites un remue-méninge, réfléchissez à toutes les situations dans lesquelles la machine passe avant l'humain, pensez aux comportements qui vous énervent, demandez-vous si vous êtes esclave de votre téléphone portable ou de votre ordinateur.

• Sélectionnez ensuite les mauvaises habitudes qui vous paraissent les plus problématiques pour le bien-être social, celles qui menacent la vie en société.

2 Réalisation

• Vous élaborez des règles de savoir-vivre avec les technologies (10 règles au maximum).

À partir de la liste que vous avez élaborée, imaginez une règle par problème évoqué. Chaque règle aura pour objectif d'améliorer un comportement antisocial causé par notre usage des nouvelles technologies.

• Vous rédigez les principes ou les règles.

Les règles ou principes devront être rédigés de manière homogène. Vous pouvez par exemple vous inspirer des Dix Commandements (tu ne voleras point, tu ne tueras point...) ou rédiger les règles à l'impératif, ou encore donner un titre à chaque règle. Conservez la même forme pour chaque règle afin de construire un ensemble cohérent.

• Vous imaginez un titre pour votre liste de principes à respecter.

• Vous réalisez une affiche illustrée.

Écrivez gros, utilisez de la couleur... Il faut que votre affiche soit lisible et attire l'attention.

3 Présentation

Vous présentez vos principes de savoir-vivre à la classe et vous accrochez l'affiche au mur.

Comprendre un document oral

Ces stratégies vous seront utiles pour réussir au mieux les exercices de compréhension orale du livre et pour préparer l'épreuve du DELF B1 (cf. DELF, épreuve blanche, page 175).

L'épreuve de compréhension orale du DELF B1 dure 25 minutes et comporte trois parties. Vous aurez trois documents à écouter.

DOCUMENT 1 :

Le 1er document (de 1 minute à 1 minute 30 secondes) est un dialogue de la vie quotidienne.

DOCUMENTS 2 ET 3 :

Les 2e et 3e documents (2 minutes à 3 minutes) sont des documents de type radiophonique : des extraits d'interviews ou d'émissions ou encore des bulletins d'information.

L'objectif de cette épreuve est de tester votre compréhension globale et détaillée.

Avant l'écoute

• Afin de faciliter la compréhension, **ayez toujours en tête les questions suivantes** :
- *Quelle est la nature du document que j'écoute ?* (une interview, un débat, un reportage, une conférence...)
- *Quel en est le sujet ?* (repérer les mots relatifs à un thème, un champ lexical)
- *Qui et combien de personnes parlent ?*
- *Que font les intervenants ?* (témoigner, informer, expliquer...)

• Lisez bien les consignes et les questions car cela orientera votre écoute. Les questions suivent toujours l'ordre du document.

Pendant l'écoute

• Lors de l'épreuve du DELF, vous aurez le droit à deux écoutes pour chaque document.

• En classe, vous aurez l'occasion d'écouter les documents plusieurs fois afin de recueillir plus d'informations. De toute façon, **le but de ces exercices n'est pas de tout comprendre**.

Prenez des notes car il vous sera impossible de mémoriser toutes les informations du document audio, surtout s'il est long.

Comment prendre des notes efficacement ?

Vous pouvez organiser vos notes dans un tableau. Cela vous permettra de repérer les informations au fil de l'écoute du document. Complétez-le avec des mots clés. Ne rédigez pas de longues phrases !

1re écoute (sens général du document)	2e écoute et écoutes successives (informations essentielles)
Nature du document :	Mots et expressions en rapport avec le sujet : .....
Personnes qui parlent :	Faits, explications, exemples : .....
Sujet du document :	Opinions, sentiments, attitudes : .....
Fonction (informer, critiquer, presenter, témoigner, conseiller) :	

Comment s'entraîner à ce type d'exercice ?

Écoutez régulièrement la radio. Les documents audio du *Nouvel Édito B1* proviennent de la radio francophone, appliquez donc ces stratégies à tous les exercices de compréhension orale.

ENTRE NOUS...

« Le verbe aimer est difficile à conjuguer : son passé n'est pas simple, son présent n'est qu'indicatif et son futur est toujours conditionnel. »

Jean Cocteau (poète)

Dossier 1 C'est de famille

A L'éducation à la française, un modèle outre-Atlantique

Dans un livre, une Américaine s'enthousiasme pour ces petits Français « si bien élevés ».

Le livre de la journaliste Pamela Druckerman intitulé *French Children Don't Throw Food* (*Les enfants français ne jettent pas leur nourriture*) paru ce mois-ci suscite moult[1] commentaires et controverses dans les journaux anglo-saxons.

Dans ce livre, déjà parmi les meilleures ventes sur Amazon en Angleterre, cette mère de trois enfants vivant à Paris se demande comment les Français réussissent à aussi bien élever leur progéniture, contrairement à ses compatriotes qu'elle juge « laxistes[2] » : pourquoi les enfants français mangent-ils avec obéissance ce que l'on met dans leur assiette ? La journaliste s'émerveille de ce qu'ils disent « bonjour » aux adultes même inconnus qu'on leur présente et de ce qu'ils ne font de scandale ni dans les restaurants ni au supermarché. Comment donc les mères font-elles pour discuter avec leurs amies alors que leurs chérubins jouent tranquillement sans se disputer ? Et comment font-elles pour avoir l'air si sexy et paisibles[3] malgré leurs maternités ?

Pour Pamela Druckerman, la clé du succès de l'éducation à la française, c'est une combinaison de règles rigoureuses concernant la nourriture, les horaires des repas et l'heure du coucher. À l'inverse des parents américains attentifs, selon elles, au moindre désir de leurs enfants, elle estime que les Français ne répondent pas immédiatement à leurs demandes et leur apprennent ainsi la frustration et l'autodiscipline.

Bref, l'herbe est toujours plus verte ailleurs…

Le livre de Pamela Druckerman s'inscrit dans un débat prolifique ; l'an dernier, c'était l'Américaine d'origine chinoise Amy Chua qui prônait[4] une éducation extrêmement stricte « à la chinoise » comme le nec plus ultra : chez elle pas de télévision ou de jeux vidéo et surtout du travail, du travail et encore du travail.

Reste que le livre de Pamela Druckerman n'est pas celui d'une sociologue. L'hebdomadaire *The Economist* estime que « ça sonne trop bien pour être vrai ». Il la soupçonne de se cantonner[5] aux familles françaises aisées de Paris. Et de lui conseiller d'aller visiter « la banlieue française » pour y vérifier si les « bonjour Madame » y sont vraiment pratiqués. La journaliste, elle, affirme que ses observations sont basées sur des témoignages et observations émanant de tous les milieux.

Marie-Estelle Pech, *Le Figaro*, 23 janvier 2012.

1 De nombreux. 2 Trop tolérants. 3 Tranquilles. 4 Recommander. 5 Se limiter.

COMPRÉHENSION ÉCRITE

Entrée en matière

1 Lisez le titre de l'article. Où l'éducation à la française est-elle présentée comme un modèle ?

1re lecture (en entier)

2 Le livre de Pamela Druckerman a-t-il été bien accueilli par la presse et le public ?

3 Quelle image son livre donne-t-il des enfants français et de leur mère ? Justifiez votre réponse avec cinq exemples.

2e lecture (en entier)

4 Quelles sont les différences entre l'éducation à la française, à l'américaine et à la chinoise ?

5 Pourquoi ce livre est-il si critiqué ?

Vocabulaire

6 Cherchez deux synonymes du mot « *enfants* » dans le 2e paragraphe.

7 Que signifie l'expression « *L'herbe est toujours plus verte ailleurs* » (ligne 32) ?

PRODUCTION ORALE

8 Selon vous, quels sont les avantages et les inconvénients des trois modèles éducatifs présentés ?

9 L'éducation des enfants dans votre pays est-elle très différente ?

PRODUCTION ÉCRITE >>>>DELF

10 Écrivez une lettre au courrier des lecteurs du *Figaro*. Vous donnerez votre opinion sur l'article. Vous parlerez aussi de l'éducation que vous avez reçue et présenterez votre vision de l'éducation idéale.

B La journée de la femme

COMPRÉHENSION ÉCRITE

1 À quelle occasion ce dessin a-t-il été publié ?
2 Décrivez la scène.
3 Imaginez ce que pense cette mère de famille.

PRODUCTION ORALE

4 Qui s'occupe généralement des enfants dans votre pays ? Le père ? La mère ? Les grands-parents ? Une autre personne ?
5 Chaque parent a-t-il un rôle précis ? Lequel ?
6 Y a-t-il eu une évolution du rôle du père et de la mère ces dernières années ?

C

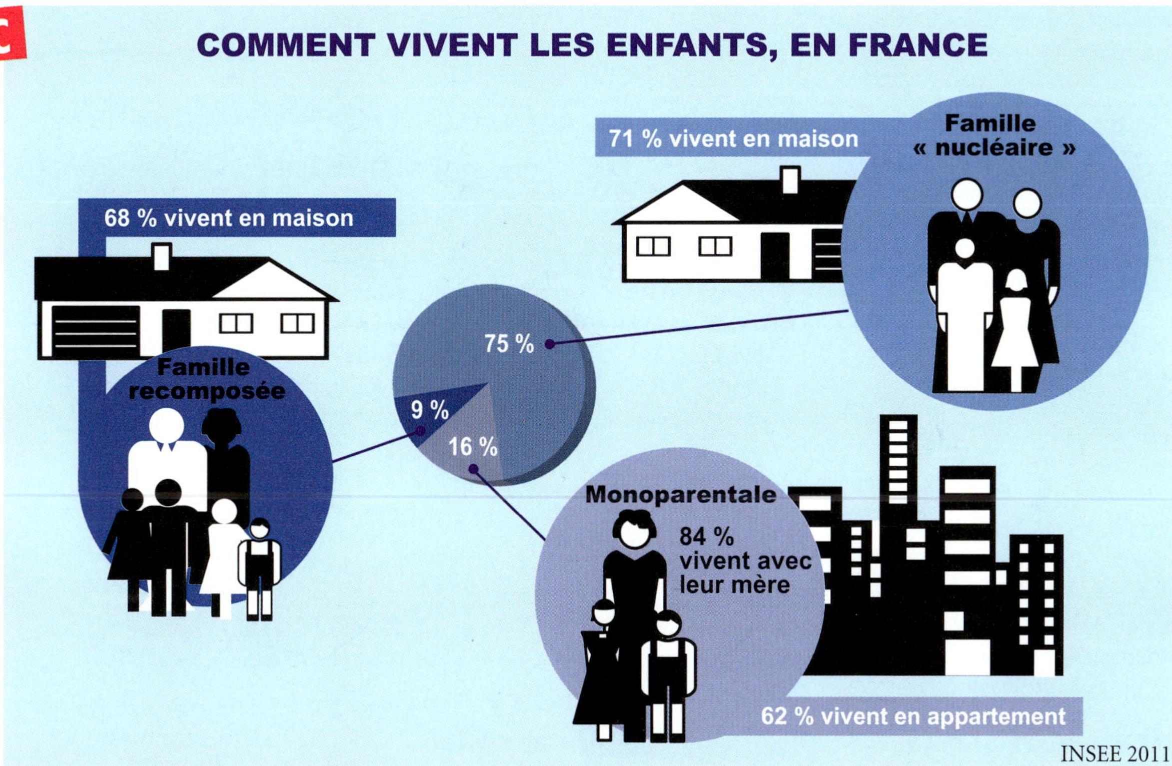

INSEE 2011.

COMPRÉHENSION ÉCRITE

Entrée en matière

1 Quel est le sens du mot « famille » pour vous ?

Lecture

2 Donnez les définitions de ces trois modèles familiaux :
a une famille « *nucléaire* »
b une famille recomposée
c une famille monoparentale
3 Ces trois modèles sont-ils également représentatifs de votre pays ?
4 Quel est l'habitat de prédilection des familles en France ?
5 À votre avis, pourquoi les enfants de famille monoparentale vivent-ils majoritairement en appartement ?

PRODUCTION ORALE

6 Quel type de relation avez-vous avec votre famille ?
7 Pensez-vous que vous ayez les mêmes qualités et défauts que les membres de votre famille ?

VOCABULAIRE

> la famille

Cahier d'exercices unité 4

LES MEMBRES DE LA FAMILLE

La famille proche

le/la conjoint(e)
les enfants
le frère/la sœur
les grands-parents/les petits-enfants
les parents biologiques/adoptifs

La famille éloignée

le/la cousin(e)
le neveu/la nièce
l'oncle/la tante

La famille recomposée

le beau-père/la belle-mère
le demi-frère/la demi-sœur

1 Les relations entre membres de la famille sont parfois complexes. Qu'est-ce qui les unit ou désunit le plus souvent : le respect – la jalousie – la confidence – la complicité – la rivalité.
Ex. : *les petits-enfants et leurs grands-parents : le respect, la confidence et la complicité.*
a | la mère et sa fille : .....
b | le père et sa fille : .....
c | les frères et sœurs : .....

LES RYTHMES DE LA VIE

la naissance
l'enfance *(f.)*
l'adolescence *(f.)*
l'âge adulte *(m.)*
le troisième âge
le quatrième âge

2 Dites quelles tranches d'âges couvrent ces périodes de la vie : l'enfance, l'adolescence, l'âge adulte, les troisième et quatrième âges.
Ex. : *l'enfance : de 2 ans à 10-12 ans.*

DIFFÉRENTS MOMENTS DE LA VIE

l'apprentissage *(m.)*
la connaissance de soi
la disparition
l'épanouissement *(m.)*
l'éveil *(m.)*
la « force de l'âge »
l'innocence *(f.)*
la maturité
la puberté
la plénitude
la sagesse

3 Quelles différentes étapes caractérisent la jeunesse et la vieillesse ? Dites si elles sont positives ou négatives.

LES RITES *(M.)* ET TRADITIONS FAMILIALES *(F.)*

l'anniversaire *(m.)*
le baptême/la circoncision
le deuil, être en deuil
les funérailles *(f.)*
le mariage
Noël
Pâques
Ramadan

4 Intonation cd 24
a | Écoutez les phrases et dites comment les personnes répondent aux demandes et aux propositions :
a | en acceptant : phrases *1* et .....
b | en acceptant avec des réserves : phrases .....
c | en refusant : phrases ..... , ... et .....
d | par une autre proposition : phrases ..... et .....
b | Répétez les phrases.

> la santé

LA CONSULTATION MÉDICALE

le cabinet médical
le diagnostic
l'examen clinique *(m.)*
le médicament
l'ordonnance *(f.)*
palper le ventre
prendre la tension/le pouls/la température
la salle d'attente
le symptôme
le traitement

5 Placez les mots manquants.
médicaments – ventre – pouls – consultation – cabinet médical – ordonnance – symptômes – tension – salle d'attente – température
Le médecin vient vous chercher dans la ..... . Vous entrez ensuite ensemble dans son ..... . Pour faire un premier diagnostic, il vous pose différentes questions sur vos ..... . Ensuite, il vous examine. Selon votre problème de santé, le médecin prend votre ....., votre ..... et peut-être votre ..... . Il écoute aussi votre respiration. Il palpe votre ..... . Enfin, il vous prescrit une ..... en vous expliquant la posologie de votre traitement. À la fin de la ....., vous présentez votre carte vitale et payez 22 euros. Vous allez finalement à la pharmacie pour acheter des ..... .

LES MALADIES

l'allergie *(f.)*, être allergique à
l'asthme *(m.)*, être asthmatique
attraper la grippe, être grippé
avoir un (gros) rhume, être enrhumé
la bronchite
l'otite *(f.)*
tomber malade
la varicelle

Quelques symptômes *(m.)*

avoir de la fièvre
avoir un bouton/une rougeur
avoir le nez qui coule
avoir les yeux rouges
avoir un malaise
avoir mal à la tête/au ventre/à la gorge/à l'estomac *(m.)*...

PRODUCTION ORALE >>>>DELF

6 Vous consultez le Docteur Boulhat pour la première fois sur recommandation de votre cousin. Vous avez très mal à l'estomac depuis plusieurs jours. Comme vous avez beaucoup de travail en ce moment, vous n'avez pas le temps de cuisiner et mangez des plats préparés. De plus, vous faites des repas d'affaires deux ou trois fois par semaine. Le médecin vous pose des questions, vous examine et fait son diagnostic. Il tente de vous faire changer vos habitudes alimentaires.
Un étudiant joue le rôle du patient et un autre le rôle du médecin.

POUR VOUS AIDER

L'expression de la douleur, de la souffrance	Le questionnement médical
• Je ne suis pas en forme. • Je me sens mal/faible/fébrile. • J'ai mal à la tête/à l'estomac/au foie/aux yeux... • Je souffre du dos/des pieds... • Je suis fiévreux(-euse).	• Où avez-vous mal ? • Depuis combien de temps ? • Quels sont vos antécédents familiaux ? • Quelles sont vos habitudes alimentaires ? • Consommez-vous de l'alcool/du tabac ?

DOCUMENTS

Françoise en 1950, Élodie en 2011

Le géographe Gérard-François Dumont dresse un portrait de deux jeunes Françaises type, Françoise en 1950 et Élodie en 2011.

Françoise naît dans une famille de trois enfants et connaît le décès d'un nourrisson[1] parmi la vingtaine de personnes de sa parenté. Élodie n'a qu'un frère ou une sœur et tous ses cousin(e)s sont en bonne santé. La mortalité infantile est en effet 14 fois plus faible aujourd'hui qu'en 1950.

Françoise n'a plus que deux de ses grands-parents. Dans son quartier, elle connaît des personnes qui ont soigné leur tuberculose en sanatorium[2], des enfants souffrant de la poliomyélite[3], des personnes mortes d'une infection. Élodie a encore ses quatre grands-parents et un arrière-grand-parent. Beaucoup de maladies incurables ont disparu et la poliomyélite est éradiquée[4].

Une fois par semaine, Françoise se rend aux bains douches car son logement ne comporte qu'une salle d'eau tandis qu'Élodie passe le temps qu'elle veut dans son bain. Contrairement à Élodie, à chaque fois qu'elle va faire des courses ou veut passer un coup de fil, Françoise prend l'escalier car son logement n'a ni ascenseur, ni téléphone. Chaque soir, elle remonte des boulets de charbon[5] dans un seau pour alimenter la cuisinière ou le poêle, seules sources de chaleur car l'immeuble n'a pas le chauffage central.

Elle conserve ses biens alimentaires dans une glacière ou un garde-manger suspendu, moins pratiques et sûrs que le réfrigérateur. Elle ne possède pas non plus d'aspirateur.

Pour dresser ces portraits, l'auteur s'est inspiré de la méthode de Jean Fourastié qui comparait 150 ans d'évolutions sociales. En choisissant deux périodes rapprochées, le géographe a voulu que son analyse parle à des générations encore en vie.

Benoît Richard, *Sciences Humaines*, avril 2011.

1 Bébé. 2 Hôpital. 3 Maladie qui provoque une paralysie. 4 N'existe plus. 5 Combustible noir.

COMPRÉHENSION ÉCRITE

Entrée en matière

1 Combien d'années séparent ces deux photos ?
2 À votre avis, quel est l'âge des deux jeunes femmes ?
3 Décrivez-les.

Lecture

4 D'où provient cet article ? D'après vous, de quel type de magazine s'agit-il ?
5 Quel est l'objectif de ce texte ?
6 Quelle est l'attitude de l'auteur ?
a | critique
b | ironique
c | neutre
7 En quoi les modes de vie de Françoise en 1950 et celui d'Élodie en 2011 sont-ils différents ? Comparez ces éléments :
a | la taille et la composition de leur famille
b | les conditions de santé et les maladies
c | l'équipement et le confort de leur logement

PRODUCTION ORALE

8 Quelles sont les principales raisons d'un tel changement ?
9 Votre mode de vie ressemble-t-il à celui d'Élodie ? Quels sont les points communs et les différences ?
10 La jeunesse de vos parents ou grands-parents présente-elle des similitudes avec celle de Françoise dans les années 1950 ?
11 Existe-il, dans votre pays, des prénoms emblématiques d'une époque, comme « Françoise » pour les années 1950 et « Élodie » pour les années 2000 en France ?
12 Connaissez-vous l'origine de votre prénom ? Présentez-la à la classe.

PRODUCTION ÉCRITE

13 Comparez votre mode de vie actuel à celui de vos parents quand ils avaient le même âge que vous.

GRAMMAIRE

> le comparatif et le superlatif

Cahier unité 4 d'exercices

> ÉCHAUFFEMENT

1 Observez ces phrases. Quelles sont les expressions de comparaison ?

a | La mortalité infantile est 14 fois plus faible aujourd'hui qu'en 1950.
b | Une glacière ou un garde-manger suspendu sont moins pratiques et sûrs qu'un réfrigérateur.
c | Les parents américains sont attentifs au moindre désir de leurs enfants.

> FONCTIONNEMENT

2 Qu'allez-vous utiliser pour exprimer une comparaison ?

- Le comparatif : phrases *a* et .....
- Le superlatif : phrase .....

Le comparatif

Structures :

- avec l'adjectif ou l'adverbe → **moins/aussi/plus** + adjectif/adverbe + **que**
- avec le verbe → verbe + **moins/autant/plus** + **que**
- avec le nom → **moins de/autant de/plus de** + nom + **que**

Le superlatif

Structures :

- avec l'adjectif → **le/la/les plus – le/la/les moins** + adjectif + **de**
- avec l'adverbe → **le plus/le moins** + adverbe + **de**
- avec le verbe → verbe + **le plus/le moins** + **de**
- avec le nom → **le plus de/le moins de** + nom

CAS PARTICULIERS

Adjectif	Comparatif	Superlatif
• bon(ne)(s) • mauvais(e)(s) • petit(e)(s)	meilleur(e)(s) plus mauvais(e)(s) ou pire(s) plus petit(e)(s) ou moindre(s)	le/la/les meilleur(e)(s) le/la/les plus mauvais(e)(s) ou le/la/les pire(s) le/la/les plus petit(e)(s) ou le/la/les moindre(s)
• bien • mal • peu	mieux plus mal, pire moins	le mieux le plus mal, le pire le moins

> ENTRAÎNEMENT

3 Mettez les mots entre parenthèses au comparatif ou au superlatif. Complétez le dialogue et faites les accords.

– J'ai découvert un petit théâtre qui propose (beau) ..... spectacles pour enfants de Paris.
– Impossible. Cela ne peut pas être (sympa) ..... que les marionnettes au jardin du Luxembourg.
– Si, je t'assure. Je crois qu'il y a (peu) ..... de spectacles mais ils sont beaucoup (amusant) ..... Et l'entrée est (cher) ..... !
– Les bons spectacles n'ont pas de prix. Je préfère payer (cher) ..... pour avoir de la qualité.
– Quelle snob !

4 Mettez les adjectifs *meilleur(s)* et *meilleure(s)* ainsi que l'adverbe *mieux* au comparatif ou au superlatif. Ajoutez *le/la/les* selon le cas.

a | J'aime les chocolats belges. Je les trouve ..... que les autres.
b | Mamie Louise est ..... cuisinière de la famille. C'est elle qui cuisine .....
c | Cette semaine, j'ai trouvé Germaine en ..... forme que d'habitude. Elle m'a dit qu'elle dormait .....
d | Ma tante prépare ..... couscous du monde !

> l'opposition et la concession

> ÉCHAUFFEMENT

1 Observez ces phrases. Qu'expriment-elles ?

a | À l'inverse des parents américains, les Français ne répondent pas immédiatement aux demandes de leurs enfants.
b | Les mères discutent avec leurs amies alors que leurs enfants jouent tranquillement.
c | Comment font-elles pour avoir l'air si sexy malgré leurs maternités ?

> FONCTIONNEMENT

2 Qu'est-ce qui suit les locutions suivantes ? Reliez les éléments.

a | à l'inverse de
b | malgré
c | alors que

1 | une phrase
2 | un groupe nominal

	Valeur	Locutions
• **Prépositions**	opposition	**Contrairement à**, **à l'inverse de**, **à l'opposé de** + nom
	concession	**Malgré**, **en dépit de** + nom
• **Conjonctions**	opposition	**Alors que**, **tandis que** + indicatif
	concession	**Bien que** + subjonctif **Même si** + indicatif
• **Mots de liaison**	opposition	**Mais**, **au contraire**, **par contre**, **en revanche**
	concession	**Mais**, **pourtant**, **cependant**, **quand même** (placé après le verbe)

REMARQUE

La concession permet d'exprimer une contradiction : *Il pleut **mais** je me promène **quand même**.*

> ENTRAÎNEMENT

3 Complétez les phrases avec *bien que*, *même si*, *malgré* ou *alors que*.

a | On célèbre Noël en famille ..... le 31 décembre se fête entre amis.
b | J'aime la fête des Mères ..... son aspect commercial.
c | ..... il soit adolescent, il apprécie les vacances en famille.
d | Je ne te pardonnerai jamais d'avoir oublié mon anniversaire ..... tu m'offres un cadeau somptueux.

4 Terminez les phrases.

a | Diego et Frida vont se marier bien que...
b | Il aime les repas de famille contrairement à...
c | Max est roux tandis que...
d | Elle est malade. Pourtant...

PRODUCTION ORALE

5 Ressemblances et différences : comparez plusieurs membres de votre famille (le physique, le caractère, les goûts...).

Exprimer la comparaison avec...

• **un nom : la ressemblance (de... avec...)**, **la similitude (entre...)**, **la différence (entre...)**
La ressemblance de *cette fille* ***avec*** *sa mère est incroyable.*
• **une préposition : en comparaison de**, **contrairement à**
Contrairement à *son frère, il est très sportif.*
• **un adjectif : même**, **identique (à)**, **différent (de)**, **semblable (à)**, **pareil (à)**
Ces jumelles ont la ***même*** *coiffure.*
• **des expressions verbales : ressembler à**, **se ressembler**, **avoir le/la/les... de...**, **se confondre (avec)**, **faire penser à**
Maloé ***a les*** *yeux* ***de*** *son père !*

DOCUMENTS

A Les sœurs modèles

cd 25

« Ces deux femmes vivent dans le cocon de la vie bourgeoise de l'époque. »

Pierre-Auguste Renoir, *Yvonne et Christine Lerolle au piano*, 1897.

COMPRÉHENSION ORALE

Entrée en matière

Regardez ce tableau.

1 Connaissez-vous le peintre qui l'a réalisé ? Pouvez-vous le présenter ?

2 Où et à quelle époque se situe la scène ? Décrivez les deux femmes.

3 Lisez la phrase entre guillemets. À votre avis, en quoi la vie bourgeoise de l'époque est-elle un cocon ?

1re écoute (en entier)

4 Pourquoi Dominique Bona a-t-elle écrit un livre sur la vie des sœurs Rouart ?

5 Qui était Henri Lerolle ?

6 Pourquoi les artistes impressionnistes fréquentaient-ils Henri, Yvonne et Christine ?

2e écoute (en entier)

7 Qu'apprend-on sur la personnalité des deux sœurs ?

8 S'entendaient-elles bien ? Justifiez votre réponse.

9 Leur vie bourgeoise est comparée à un cocon doré mais aussi à une prison. Expliquez ce paradoxe.

10 Leur mariage aux frères Rouart a-t-il été heureux ? Pourquoi ?

PRODUCTION ÉCRITE

11 Imaginez la suite de ce récit : continuez la biographie de ces deux sœurs à partir de leur mariage aux frères Rouart.
Ont-elles eu des enfants ? Ont-elles divorcé ? Ont-elles eu une carrière artistique : chanteuse ou pianiste ? À vous de décider. Vous écrirez un texte de 100 mots.

B Familles d'hier et d'aujourd'hui

PRODUCTION ORALE

1 Aimez-vous faire des photos de famille ? Sont-elles généralement posées ou spontanées ?

2 En quoi les familles Marottoli et Guéguin se ressemblent-elles et sont-elles différentes ?
Par groupe, comparez les points suivants :
a | la composition de la famille
b | leurs vêtements
c | leurs goûts et loisirs

La famille Guégin, 1942.

La famille Marottoli, 2011.

CIVILISATION

A Fêtes et traditions familiales

– Une galette des rois pour 8 personnes, sans la fève, je vous prie.

COMPRÉHENSION ÉCRITE

Entrée en matière

1 Observez le dessin et décrivez la situation : où se passe la scène ? Qui voyez-vous ? Quel est l'effet comique ?

PRODUCTION ORALE

2 Quelle fête, célébrée le 6 janvier, est liée à la galette des rois ?

3 À votre avis, pourquoi un roi est-il représenté sur le dessin ?

4 Savez-vous comment on célèbre cette fête en France ?

5 Cette tradition existe-elle dans votre pays ?

6 Que pensez-vous de l'aspect commercial que prennent certaines fêtes traditionnelles aujourd'hui ?

B QUIZ : *quelques traditions…*

Testez vos connaissances sur quelques traditions populaires en France.

1 Que mange-t-on traditionnellement le lundi de Pâques ?

a | Un gigot d'agneau avec des flageolets.
b | Un croque-monsieur avec une salade verte.
c | Une dinde aux marrons.

2 Qui a inspiré le personnage du père Noël ?

a | Napoléon.
b | Saint Nicolas.
c | Le premier pape.

3 Que font les Musulmans pendant la période du Ramadan ?

a | Le jeûne (s'abstenir d'aliments et de boissons du lever au coucher du soleil).
b | Du sport.
c | Des cadeaux à leurs enfants.

4 Quelle coutume est liée à la fête du Mardi gras ?

a | La préparation d'un repas gastronomique.
b | La dégustation de crêpes.
c | La possibilité de ne pas travailler.

5 Quelle fête a lieu le dernier dimanche du mois de mai ?

a | La fête du Travail.
b | La fête des Morts.
c | La fête des Mères.

6 Les noces d'or célèbrent combien d'années de mariage ?

a | 30 ans.
b | 40 ans.
c | 50 ans.

Réponses : *1 a – 2 b – 3 a – 4 b – 5 c – 6 c*

Dossier 2 Affaires de cœur

A Les différentes formes d'union en France

Le mariage civil est la forme traditionnelle d'union entre un homme et une femme. Il donne lieu à de nombreux droits et obligations. Les Français se marient en moyenne à l'âge de 31 ans(données INSEE - 2010).

Le concubinage (ou union libre) n'a rien d'officiel. Il naît d'une vie commune stable, mais n'apporte que peu de droits et protection aux concubins.

Le pacs est moins codifié que le mariage civil, mais plus protecteur que le concubinage. Il est accessible aux personnes de même sexe (même si actuellement plus de 75 % des pacsés sont des couples hétérosexuels).

COMPRÉHENSION ÉCRITE

Entrée en matière

1 Observez le dessin et décrivez le couple. Qu'ont-ils écrit sur l'arbre ? Pourquoi, selon vous ?

Lecture

2 Quelles sont les différentes formes d'union évoquées dans le texte ?

3 Ces formes d'union sont-elles différentes dans votre pays ?

B Pensez-vous que le mariage soit la plus belle preuve d'amour ?

Totophe : Il me semble que c'est surtout un choix personnel.

Gros Chat : Au début, entre mon mari et moi, c'était PAS DE MARIAGE ! Et puis notre fils est né, donc on a décidé de se marier. Mais je ne crois pas que ce soit indispensable...

Yanou : Le mariage, ça tient du rêve avant tout.
Si ça peut faire plaisir à ma copine, il est possible que je le fasse un jour.

Polo : Je ne suis pas sûr que la question du mariage soit importante, mais ce dont je suis sûr, c'est qu'il vaut mieux ne pas se précipiter et profiter de la vie avant de s'engager !

Angélique : Le mariage ? Je sais très bien que c'est la plus grosse bêtise que j'ai pu faire jusqu'ici. Mais ça, c'est une autre histoire.

Bachir : Moi, je pense que le mariage est une belle preuve d'amour : une manière de dire « c'est toi et personne d'autre » !

COMPRÉHENSION ÉCRITE

1 Lisez les commentaires laissés sur ce forum. Quelle est la position de chaque internaute par rapport au mariage : Pour ? Contre ? Autre opinion ? Justifiez votre réponse.

PRODUCTION ÉCRITE >>>>DELF

2 Vous venez de consulter ce forum sur Internet. Vous vous posez des questions sur la nécessité de se marier ou non. Vous donnerez votre opinion sur le sujet (160 à 180 mots). Aidez-vous des conseils page 84.

C Qui vit seul et qui vit en couple ? cd 26

« Le nombre de célibataires a explosé. »

COMPRÉHENSION ORALE

Entrée en matière

1 D'où provient cet enregistrement ?

1re écoute (en entier)

2 Le nombre de célibataires en France est-il en augmentation ou en baisse ?

3 Est-ce un phénomène récent ? Justifiez votre réponse.

4 Le célibat concerne-t-il principalement les femmes ou les hommes ? Précisez la répartition.

2e écoute (en entier)

5 Quel est le profil des hommes et des femmes vivant seuls ?

a | tranches d'âge

b | professions

6 Où vit-on le plus seul en France ? Pourquoi ?

7 Dans quelle région compte-on le plus grand nombre de séniors célibataires ?

D

Marjane Satrapi, *Broderies*,
Éditions L'Association, 2003.

COMPRÉHENSION ÉCRITE

Entrée en matière

Regardez les personnages de la bande dessinée.

1 Décrivez la scène : combien de femmes voyez-vous ? Où sont-elles et que font-elles ?

2 À votre avis, quels types de liens les unissent ?

Lecture

3 Quel est le sujet de leur conversation ?

4 À qui ces femmes donnent-elles des conseils et selon vous, pour quelles raisons ?

5 Partagent-elles la même opinion ?

GRAMMAIRE
> l'expression de l'opinion

Cahier d'exercices unité 4

> ÉCHAUFFEMENT

1 Quelles phrases relèvent d'une opinion certaine ou d'un doute ?

a | Moi, je pense que le mariage est une belle preuve d'amour.
b | Il me semble que c'est surtout un choix personnel.
c | Je ne crois pas que ce soit indispensable.
d | Je ne suis pas sûr que la question du mariage soit importante.
e | Je sais très bien que c'est la plus grosse bêtise que j'ai faite.
f | Il est possible que je le fasse un jour.

> FONCTIONNEMENT

2 L'indicatif ou le subjonctif ? Qu'allez-vous utiliser pour exprimer :

- la certitude : phrases ....., ..., ...
- l'incertitude : phrases ....., ..., ...

Exprimer différents degrés de certitude

• **La certitude**	• **Je suis sûr(e)/certaine(e) que** • **Je sais que** • **C'est/Il est certain/évident/sûr que** • **Je trouve/pense/crois que** / me doute que	+ indicatif	***Je suis sûr qu'****elle* ***est*** *célibataire.*
• **Le doute**	• **Je doute que** • **Je ne suis pas sûr(e)/certaine(e) que** • **Je ne pense/crois pas que**	+ subjonctif	***Je ne pense pas qu'****elle* ***soit*** *amoureuse de lui.*
• **La probabilité**	• **J'ai l'impression que** • **Il est probable/vraisemblable que** • **Il paraît que**	+ indicatif	***J'ai l'impression qu'****il* ***va*** *venir à la fête.*
• **La possibilité**	• **C'est/Il est possible que** • **Il se peut que** • **Il semble que**	+ subjonctif	***Il est possible qu'****il* ***vienne*** *ce soir.*

REMARQUES

- **Il me semble que** est suivi de l'indicatif mais **il semble que** est suivi du subjonctif :
Il me semble que *le mariage* ***est*** *un choix personnel. = Je pense que...*
Il semble qu'il *y* ***ait*** *de la neige dans le Nord. = Il est possible que...*
- **Je doute que** est suivi de l'indicatif mais **je me doute que** est suivi du subjonctif :
Je doute qu'*ils* ***fassent*** *un voyage de noces à Tahiti. = Je ne pense pas que...*
Je me doute bien qu'*un voyage de noces à Tahiti* ***coûtera*** *trop cher. = Je sais bien que...*
- Les verbes d'opinion sont suivis du subjonctif quand ils sont à la forme interrogative inversée :
Croyez-vous *qu'ils* ***veuillent*** *se marier ?* mais ***Vous croyez*** *qu'ils* ***veulent*** *se marier ?*

> ENTRAÎNEMENT

3 Indicatif ou subjonctif ? Mettez les verbes entre parenthèses au mode qui convient.

a | Il semblerait que le mariage ..... bien plus protecteur que le pacs. (être)
b | Penses-tu qu'ils ..... des projets de mariage ? (faire)
c | Je crois que Rita et Gérard ..... officialiser leur union. (vouloir)
d | Il est possible que nous ..... d'ici la fin de l'année. (se séparer)
e | Il me semble que Mario ..... obtenir la nationalité française après trois ans de mariage. (pouvoir)

f | Je trouve que le pacs ..... un intermédiaire intéressant, un juste milieu entre le mariage et le concubinage. (être)
g | Il se peut qu'il y ..... plus de célibataires à Paris qu'en province. (avoir)
h | Je doute que Sofia ..... la garde alternée de ses enfants si elle divorce. (obtenir)

4 Transformez les phrases suivantes selon le modèle.

Exemple : *Il pourra venir à la fête. (Je doute)* → *Je doute qu'il puisse venir à la fête.*
a | Elle veut se marier. (Je ne pense pas)
b | Ils finiront par divorcer. (Je suppose)
c | Il vit une belle histoire d'amour. (Je ne suis pas sûr)
d | Manon est la confidente de Lila. (Il semble)
e | Les couples mariés peuvent signer ou non un contrat de mariage. (Il paraît)
f | Ça me fait plaisir de vivre avec lui. (Il doute)
g | Nous nous disputons régulièrement. (Tout le monde sait)

5 a | Écoutez les phrases et dites ce qu'elles expriment. cd 27
a | la certitude : phrases *2* et .....
b | la perplexité : phrases ..... et .....
c | l'évidence : phrases ..... et .....
d | la possibilité : phrase s..... et .....
b | **Répétez les phrases.**

PRODUCTION ORALE

6 À votre avis, ces idées reçues sur l'amour sont-elles vraies, douteuses ou fausses ?

a | L'amour dure trois ans.
b | Les histoires d'amour finissent mal, en général.
c | L'amour n'a pas d'âge.
d | L'amour-passion est destructeur.
e | Loin des yeux, loin du cœur.
f | L'amour rend aveugle.

Exprimer son opinion

Exprimer son point de vue	Exprimer son accord	Exprimer son désaccord
• Pour moi,...	• Tout à fait d'accord.	• C'est absolument faux !
• À mon avis,...	• C'est vrai ce que tu dis/vous dites.	• Tu te trompes./Vous vous trompez.
• D'après moi,...	• C'est bien probable.	• C'est ridicule !
• Selon moi,...	• D'accord,/C'est juste mais...	• Je n'en suis pas sûr(e).
• Personnellement,...	• Oui, en effet./Effectivement.	• Non, je ne trouve pas.
• En ce qui me concerne,...	• Je suis de ton/votre avis.	• Quelle drôle d'idée !

DOCUMENTS

A Parlez-moi d'amour

cd 28

COMPRÉHENSION ORALE

Entrée en matière

1 Quelle est la nature de ce document ?
2 Quel en est le sujet ?

1re écoute (en entier)

3 Où et quand Amélie a-t-elle vu Peter pour la première fois ?
4 D'où vient Peter et quelles langues parle-t-il ?
5 Décrivez sa personnalité et son physique.
6 Quels sont les sentiments de Amélie envers lui ?

2e écoute (en entier)

7 Remettez dans l'ordre chronologique les différentes étapes de leur rencontre.
1 b…

« Une drôle de magie commence à opérer. »

a | Ils échangent quelques mots.
b | Amélie croise le regard de Peter.
c | Il s'approche d'elle.
d | Elle est follement amoureuse.
e | Amélie est hypnotisée par la beauté et l'âme de Peter.
f | Il l'accompagne dans sa promenade.

PRODUCTION ORALE

8 Par groupes de deux ou trois, racontez l'histoire d'une rencontre amoureuse (la vôtre ou celle d'une personne que vous connaissez). Précisez où et quand la rencontre a eu lieu sans oublier de mentionner les différentes étapes.

B Ami Ami

A. M. V. H.

Alfred de Musset

Victor Hugo

Il faut, dans ce bas monde, aimer beaucoup de choses,
Pour savoir, après tout, ce qu'on aime le mieux,
Les bonbons, l'océan, le jeu, l'azur des cieux,
Les femmes, les chevaux, les lauriers et les roses.

Il faut fouler aux pieds[1] des fleurs à peine écloses[2] ;
Il faut beaucoup pleurer, dire beaucoup d'adieux.
Puis le cœur s'aperçoit qu'il est devenu vieux,
Et l'effet qui s'en va nous découvre les causes.

De ces biens passagers que l'on goûte à demi,
Le meilleur qui nous reste est un ancien ami.
On se brouille[3], on se fuit[4]. Qu'un hasard nous rassemble,

On s'approche, on sourit, la main touche la main,
Et nous nous souvenons que nous marchions ensemble,
Que l'âme est immortelle, et qu'hier c'est demain.

Alfred de Musset (1810-1857),
Poésies nouvelles, 1850.

1 Marcher sur. 2 Ouvertes. 3 Se disputer. 4 S'éviter.

COMPRÉHENSION ÉCRITE

Entrée en matière

1 Observez le titre du poème. Ce sonnet d'Alfred de Musset (A.M.) est dédié à Victor Hugo (V. H.). Connaissez-vous ces deux écrivains ?

Lecture

2 Quel est le thème de ce sonnet : la nature, l'amitié ou la vieillesse ?
3 Quels sont les plaisirs et les malheurs qui rythment la vie selon l'auteur ?
4 Que reste-il de plus précieux après avoir expérimenté tout cela ? Pourquoi ?
5 Les deux hommes ont-ils toujours été en contact durant leur vie ?

PRODUCTION ORALE

6 Selon vous, quelle doit être la qualité principale d'un(e) ami(e) ?
7 Une amitié entre un homme et une femme est-elle possible ?
8 Peut-on tomber amoureux d'un(e) ami(e) ? Pourquoi ?

PRODUCTION ÉCRITE

9 Faites le portrait d'un(e) ami(e) proche. Expliquez qui est cette personne, où vous vous êtes rencontrés, quelles activités vous partagez et ce que cette relation signifie pour vous.

VOCABULAIRE
> les sentiments ; l'amitié et l'amour

Cahier d'exercices unité 4

LES SENTIMENTS, LES ÉTATS
éprouver/ressentir un sentiment
l'amitié *(f.)*
l'amour *(m.)*
le dégoût
l'estime *(f.)*
la haine
l'indifférence *(f.)*
la passion
la sympathie
la tendresse

1 Reliez chaque sentiment ou état à un synonyme.

a | l'indifférence	**1** | la passion
b | l'attachement	**2** | la tendresse
c | l'amour	**3** | la considération
d | l'amitié	**4** | l'affection
e | l'estime	**5** | le détachement

L'AMITIÉ
apprécier qqn
cultiver/entretenir une amitié
s'entendre bien/mal avec qqn
estimer qqn
rendre visite à qqn

LES LIENS
la complicité
la compréhension
la confiance
la simplicité
la sincérité
la sympathie
la tolérance

2 Trouvez l'adjectif qui correspond au nom.
Exemple :
la complicité → être complice
a | la compréhension **c** | la sympathie
b | la sincérité **d** | la tolérance

LES QUALITÉS D'UN(E) AMI(E)
chaleureux(-euse)
dévoué(e)
généreux(-euse)
gentil(le)
respectueux(-euse)

3 Trouvez le nom qui correspond à l'adjectif.
Exemple : *dévoué → la dévotion*
a | gentil
b | généreux
c | respectueux

LA SÉDUCTION
avoir un regard de braise
écrire une lettre d'amour
envoyer des fleurs
faire une déclaration
faire un baiser
faire un clin d'œil
se faire beau/belle
offrir un cadeau
se rapprocher

L'AMOUR HEUREUX
aimer, chérir qqn
être/tomber amoureux(-euse) de
s'embrasser
plaire à qqn
la Saint-Valentin
sortir avec quelqu'un
sourire à qqn
vivre le grand amour

4 Complétez le dialogue avec les mots manquants. Conjuguez les verbes au passé composé.
a | rencontrer
b | grand amour
c | s'embrasser
d | coup de foudre
e | déclaration

– Où as-tu connu Isabelle ?
– En boîte ! Un vrai ..... ! J'ai dansé avec elle et puis nous ..... . Et voilà comment tout a commencé. Et toi, pour Paula ?
– Moi, j'..... Paula sur le site « amourpourtoujours ». Elle vivait en Italie. On s'est vus pour de vrai en mai 2012 et je lui ai fait une ..... à la Roméo et Juliette ! Depuis on vit le ..... .

Expressions
avoir un cœur d'artichaut
avoir le coup de foudre
être fleur bleue

5 Reliez chaque expression à sa signification.
a | être romantique
b | être changeant en amour
c | être pris d'une passion soudaine

1 | avoir un cœur d'artichaut
2 | avoir le coup de foudre
3 | être fleur bleue

L'ÊTRE AIMÉ
le copain/la copine
le compagnon/la compagne
l'époux/l'épouse
le/la fiancé(e)
le mari/la femme

LES PETITS NOMS
mon amour
mon canard
(mon)/(ma) chéri(e)
mon (petit) cœur
mon (petit) poussin
ma (petite) puce/pupuce
mon trésor

6 Intonation cd 29
a | Dites si les personnes expriment leur joie ou leur tristesse.
b | Répétez les phrases.

L'AMOUR DÉÇU
avoir le cœur brisé
détester/haïr qqn
le chagrin
la dispute
divorcer
la haine
l'infidélité *(f.)*
la jalousie
le mensonge
la peine de cœur
les pleurs *(m.)*
la rupture, la séparation
la scène de ménage

7 Trouvez les contraires des comportements ou sentiments suivants.
Exemple : *l'amour → la haine*
a | l'amour
b | la fidélité
c | la vérité
d | la vie à deux
e | l'entente
f | la joie
g | les rires

CIVILISATION

A Marie-Antoinette

dvd 4

COMPRÉHENSION AUDIOVISUELLE

Entrée en matière

1 Observez la photo. À votre avis, qui est dans ce carrosse ?

2 À quelle époque la scène se passe-t-elle ?

1er visionnage (sans le son)

3 Quelle est la nature de ce document ?

4 Identifiez les lieux et les personnages.

5 Décrivez les costumes.

2e visionnage (avec le son)

6 Quel est le sujet de cette scène ?

7 De quel pays vient la jeune fille ?

8 Décrivez la personnalité des futurs époux.

9 Qualifiez l'attitude des deux femmes avec leur chien.

10 Vers quelle demeure se dirige le couple à la fin de l'extrait ?

11 Par qui sont-ils attendus ?

PRODUCTION ORALE

12 À votre avis, quelle est la raison de cette rencontre ?

B QUIZ : *destins de reines*

Complots, tromperies, tragédies... La vie de château n'est pas un long fleuve tranquille. Ces reines ont connu un événement marquant. Saurez-vous retrouver lequel ?

a | Elle est proclamée reine quelques jours après sa naissance.

b | Elle a été mariée à trois rois différents.

c | Elle s'est fait couronner « roi » et non reine.

d | Retenue prisonnière par son fils, une nuit, elle a réussi à s'enfuir du château.

e | Elle a donné naissance à trois rois de France.

f | Elle s'est fait « vacciner » contre la variole pour donner l'exemple.

1 Catherine II de Russie
Princesse Prussienne, très aimée des Russes, elle réussit à faire détrôner son époux et à prendre le pouvoir à sa place en 1762.

2 Christine de Suède
Après avoir renoncé au trône, elle voyage dans toute l'Europe. Elle s'installe à Rome en 1668 où elle fonde un musée.

3 Marie de Médicis
Elle épouse Henri IV en 1600. À la mort de celui-ci, elle assure la régence au nom de son fils Louis XIII.

4 Marie Stuart
Reine d'Écosse et de France, elle fut emprisonnée en Angleterre par sa cousine et condamnée à mort pour trahison.

5 Anne de Bretagne
Elle a participé aux négociations qui ont permis le rattachement de la Bretagne au royaume de France.

6 Catherine de Médicis
Après la mort de son fils aîné François II, elle exerce la régence jusqu'à la majorité de Charles IX, son deuxième fils.

Réponses : *a4 – b5 – c2 – d3 – e6 – f1*

ATELIERS

1 FAIRE UNE ENQUÊTE

Vous allez faire une enquête sur le thème de la famille, de l'amour ou de la santé.

Démarche

Formez des groupes de trois ou quatre.

1 Préparation

• Chaque groupe choisit le thème de son enquête : la famille, l'amour ou la santé.

• Vous faites une liste de questions à poser sur le sujet afin d'élaborer un questionnaire d'enquête. Vous en sélectionnez une dizaine.

Pensez à des questions d'opinions et de comportements. Commencez par des questions générales pour aller vers des questions plus personnelles.

• Vous décidez du nombre de personnes que vous allez interroger.

Pour que vos résultats soient représentatifs, déterminez un profil-type (le sexe, l'âge, la profession, etc.)

2 Réalisation

• Vous rédigez votre questionnaire d'enquête en privilégiant les questions proposant des réponses à options (4 ou 5 maximum).

Cette phase de rédaction est essentielle dans la réussite de votre projet. En effet, les résultats seront plus faciles à analyser si votre questionnaire est présenté sous la forme de QCM (questions à choix multiples).

• Vous interrogez les étudiants de la classe, de l'école ou encore des personnes extérieures.

Interrogez-les oralement, sans leur faire lire les questions !

• En groupe, vous faites la mise en commun des réponses obtenues, vous les analysez puis vous rédigez les résultats de l'enquête (textes accompagnés de statistiques, de graphiques) que vous écrirez sur une grande affiche.

3 Présentation

Présentez les conclusions de votre enquête à la classe et ouvrez le débat !

2 CÉLÉBRER LA JOURNÉE DE L'AMITIÉ

Pour marquer la Journée internationale de l'amitié, vous allez faire une programmation culturelle francophone et présenter un spectacle original : poèmes, sketches, chansons...

Démarche

Formez des groupes de trois ou quatre.

1 Préparation

• Dans chaque groupe, vous réfléchissez à une programmation culturelle francophone pour fêter cette journée. Le spectacle que vous proposerez devra être lié au thème de l'amitié. Afin de le préparer, parlez de vos goûts en matière de musique, littérature et cinéma francophones. Évoquez également vos talents de chanteur, de comédien, de poète ou autre et participez vous-même !

• Vous préparez un petit discours d'ouverture afin de présenter votre initiative.

2 Réalisation

• Vous faites une programmation :

- Vous sélectionnez des sketches, des textes (poèmes, extraits littéraires, BD...) et chansons francophones sur le thème de l'amitié.

Faites des recherches sur Internet ou à la bibliothèque.

- En fonction des talents de chacun dans le groupe, vous interprétez vous-même une chanson, vous créez vos propres poèmes, sketches et dessins.

Répartissez-vous les rôles : qui va lire tel texte, jouer tel sketch, chanter... Faites les répétitions et établissez l'ordre de passage de chacun.

• Vous rédigez votre discours d'ouverture. Il sera court et vous permettra d'introduire le thème de l'amitié et d'annoncer votre programmation.

Pour introduire ce thème, vous pouvez par exemple donner quelques citations d'auteurs célèbres sur l'amitié.

3 Présentation

Après un petit discours d'ouverture, chaque groupe présente à la classe son spectacle. Finalement, échangez vos impressions autour d'un verre de l'amitié !

STRATÉGIES

Construire un plan synthétique/argumentatif

LE PLAN

Les Français sont habitués à construire un plan synthétique dans leurs essais écrits ou dans leurs exposés oraux. On suit généralement l'un des deux plans suivants :

Plan 1	Plan 2
1 Introduction (présentation du sujet)	1 Introduction (présentation du sujet)
2 Thèse (*pour*/avantages)	2 Thèse (Thème 1 – avantages/*pour* et inconvénients/*contre*)
3 Antithèse (*contre*/inconvénients)	3 Antithèse (Thème 2 – avantages/*pour* et inconvénients/*contre*)
4 Opinion et conclusion	4 Opinion et conclusion

L'ÉLABORATION DE LA RÉDACTION

Pour construire votre essai, suivez les étapes suivantes dans l'ordre :

1 Préparation	2 Rédaction
a | Faites la liste de vos idées pour et contre.	**a** | Écrivez votre développement en reliant chaque partie avec une transition ou un connecteur.
b | Classez-les et ordonnez-les dans chaque partie.	**b** | Écrivez la conclusion.
c | Élaborez votre problématique qui va encadrer votre propos.	**c** | Écrivez l'introduction.
d | Reliez chaque partie avec un connecteur.	**d** | Rédigez au propre.
e | Trouvez un exemple pour illustrer chacune de vos idées.	**e** | Relisez votre devoir pour repérer les fautes.

Commencer et terminer le devoir : la première et la dernière impression

L'introduction
- Contextualisez la question posée.
- Problématisez : reformulez la question dans le contexte posé.
- Annoncez le plan (outils : *Dans un premier temps, je vous présenterai..., ensuite, nous verrons...*)

La conclusion
- Donnez votre opinion.
- Résumez votre propos.

Modèle plan 1 :

Peut-on se faire de vrais amis sur Internet ?

De nos jours, les nouvelles technologies nous permettent d'entrer en contact avec des gens du monde entier en un clic. Or un ami, c'est quelqu'un en qui on peut avoir confiance et la confiance se construit, elle n'est pas instantanée. On peut donc se demander quels types de liens on tisse sur la toile. Nous verrons donc dans quelle mesure Internet permet de se faire des amis. Dans un premier temps, nous évoquerons les limites d'Internet dans les relations humaines et dans un second temps, nous en verrons les avantages.

D'un côté, il est plus facile de mentir sur Internet que dans la vie réelle : on peut truquer ses photos, raconter des mensonges sur sa vie personnelle ou professionnelle... Il est donc plus difficile de se faire confiance. Par ailleurs, un ami, on peut l'appeler à l'aide dans des mauvais moments. Mais peut-on appeler quelqu'un qu'on ne connaît que par le biais de Facebook en cas de problème ?

D'un autre côté, Internet permet à des gens qui ont les mêmes passions, de se connaître et de tisser des liens très forts. Ne pas être en présence de ses interlocuteurs fait que l'on est moins timide, on se confie peut-être plus facilement. Le film *The Shop around the Corner* de Lubitsch illustre ce phénomène.

Il me semble qu'Internet a révolutionné notre façon de communiquer. Mais même si on peut faire des rencontres intéressantes et enrichissantes, je pense qu'une relation d'amitié doit passer par l'étape d'une rencontre dans le monde réel pour se construire. Internet est un formidable outil mais ne nous sortira pas de la solitude.

À L'HORIZON

« Le véritable voyage de découverte ne consiste pas à chercher de nouveaux paysages mais à avoir de nouveaux yeux. »
Marcel Proust (écrivain)

Bon voyage !

A Visiter Paris en 2CV

« À gauche, Notre-Dame. À droite, le pont Neuf. » À Paris, rien ne ressemble plus à une visite guidée qu'une autre visite guidée ? Pas avec « 4 roues sous 1 parapluie », qui offre des virées commentées de la Ville lumière dans un véhicule on ne peut plus emblématique : une deux-chevaux.

Conduites par des Parisiens pur beurre, les « deudeuches » permettent de découvrir la ville par les pavés moins fréquentés, cheveux au vent sous le toit rétracté.

La 2CV qui me cueille à l'hôtel porte le numéro 8 et est orange comme la grosse Orange Julep du boulevard Décarie*. Son nom : Cassandre. Son âge : 36 ans (elle est sortie de l'usine Citroën en 1974). Mon guide, lui, se prénomme Jérémie, porte la casquette de chauffeur et a étudié l'architecture et l'histoire de l'art à la Sorbonne.

Pendant trois heures, Jérémie manœuvre habilement notre boîte de sardines roulante dans la dense circulation parisienne. Nous passons devant les grands classiques (Louvre, Conciergerie, tour Eiffel et tutti quanti), mais traversons aussi des quartiers moins touristiques. Au volant, Jérémie mêle anecdotes architecturales, détails historiques, informations automobiles (fascinantes, ces 2CV), mais aussi bonnes adresses pour sortir et manger, expositions à l'affiche, événements à ne pas manquer.

Outre le plaisir de se balader dans une bagnole mythique qui attire tous les regards (même Dupont et Dupond en conduisaient une !), l'intérêt des visites guidées de « 4 roues sous 1 parapluie » réside dans la conversation avec le chauffeur.

Dans un autobus à impériale où le guide récite son monologue appris par cœur, on ne peut pas changer le trajet à l'improviste, poser des questions sur un bâtiment intrigant ou échanger sur l'actualité. Dans une 2CV, oui. Le chauffeur-guide peut varier le parcours (et les commentaires selon les intérêts de ses clients).

L'entreprise propose d'ailleurs différents circuits à découvrir à bord d'une des 31 « deudeuches » de leur parc : Paris méconnu, Paris cinéma (dont un parcours Amélie Poulain), Paris jardins, mais aussi Versailles, Saint-Germain-en-Laye...

Créée en 2003, « 4 roues sous 1 parapluie » espère recevoir sous peu les permis pour faire circuler dans Paris la première 2CV à moteur électrique. Une option moins polluante que l'actuel moteur à essence au plomb, mais qui, selon Jérémie, privera les passagers d'un des plaisirs de la balade : le ronron du moteur.

La durée des visites varie de 30 minutes à 4 heures. Les prix ? De 19 à 358 € (de 25,50 à 480 $ CAN) par personne, selon la durée du voyage et le nombre de passagers. Chaque voiture peut accueillir trois personnes en plus du chauffeur.

Stéphanie MORIN, *La Presse*, 13 décembre 2010.

* *Boulevard qui se trouve à Montréal.*

COMPRÉHENSION ÉCRITE

Entrée en matière

1 Lisez le titre et regardez la photo : à votre avis, quel sera le sujet de l'article ?

1re lecture

2 Quels sites et aspects de la capitale ce mode de visite permet-il de découvrir ?

3 Quels avantages est-ce que cela représente d'avoir un chauffeur particulier ?

2e lecture

4 Quelle nouveauté devrait bientôt voir le jour ?

5 Qu'est-ce qui indique que l'auteur s'adresse prioritairement à un public canadien ?

Vocabulaire

6 Quels mots et expressions sont employés pour désigner la 2CV ?

7 Reformulez les trois énoncés suivants :

a des virées commentées (ligne 4)

b des Parisiens pur beurre (ligne 7)

c la 2CV qui me cueille à l'hôtel (ligne 11)

PRODUCTION ORALE

8 Préféreriez-vous faire une visite guidée de Paris à bord d'un autobus à impériale ou à bord d'une 2CV ?

9 Dans votre pays, par quoi la 2CV serait-elle remplacée ?

10 En général, comment aimez-vous découvrir une ville ?

B Les touristes étrangers sont de retour

dvd 5

COMPRÉHENSION AUDIOVISUELLE

Entrée en matière

1 Regardez l'image extraite de la vidéo. Que vous permet-elle d'apprendre sur cette personne ?

1er visionnage (du début jusqu'à 0'32'', sans le son)

2 À votre avis, de quel type de document s'agit-il ?

3 Quel sujet sera abordé ? Quels éléments vous permettent de le dire ?

2e visionnage (en entier, avec le son)

4 Quelle est la clientèle qui fait vivre le secteur dont il est question ?

5 Comment se porte ce secteur ?

6 Où vit Jean-Paul ? Que va-t-il faire pendant son séjour ?

7 Pour Liliane, quels sont les avantages de ce mode d'hébergement ?

8 Pour Marie, qu'est-ce qui explique le succès de ce mode d'hébergement ?

Vocabulaire

9 Reformulez les trois énoncés suivants :

a une ancienne grange du XVe siècle (0'46'')

b c'est une façon de recréer son cocon familial (1'30'')

c depuis 2008, la fréquentation des gîtes augmente (2'08'')

C STAN, ALPHONE ET LE TOURISME

COMPRÉHENSION ÉCRITE

1 De quel type de document s'agit-il ?

2 Lisez les définitions de « *touriste* » et de « *voyageur* ». Lequel de ces termes est ici péjoratif ? Pourquoi ?

3 Partagez-vous ce jugement ?

PRODUCTION ORALE

4 Quels sont les avantages et les inconvénients de faire du tourisme avec un guide de voyage ?

VOCABULAIRE
> le voyage

Cahier d'exercices unité 5

VOYAGER
l'agence *(f.)* de voyage
voyager en basse saison
voyager en haute saison
le circuit
faire une croisière
l'excursion *(f.)*
suivre un itinéraire *(m.)*
le séjour
participer à un voyage organisé

LES DÉPENSES
le bon plan
les frais de vaccins
les frais de visa
l'offre *(f.)* de dernière minute

LES PERSONNES
le campeur
le groupe
le guide
le réceptionniste
le routard
le touriste
le voyageur

1 Complétez le récit avec les mots suivants : voyage organisé – réservation – basse saison – agence de voyage – offre de dernière minute – croisière.
Pour notre anniversaire de mariage, nous avons fait un ..... . Je m'étais chargé de la ..... auprès d'une ..... .Vu que l'on voyageait à la ....., on a pu bénéficier d'une ..... vraiment intéressante pour une ..... sur la Loire.

LES LIEUX TOURISTIQUES
le centre historique
le monument
le musée
le parc d'attractions
le parc national
le site archéologique
la station balnéaire
le zoo

LES ACTIVITÉS
camper, faire du camping
découvrir une ville/un restaurant…
pique-niquer, faire un pique-nique
se balader, faire une balade
visiter un site/un musée…

2 Voici le contenu des bagages de quatre voyageurs. Imaginez leur destination et leurs activités.
a | voyageur 1 : des lunettes de soleil, un maillot de bain, un roman.
b | voyageur 2 : des chaussures de marche, un pull bien chaud, de la crème solaire.
c | voyageur 3 : un chapeau de soleil, une canne à pêche, une tente.
d | voyageur 4 : des jumelles, un sac à dos, une boussole.

L'HÉBERGEMENT
l'auberge *(f.)* de jeunesse
la chambre d'hôte
le club de vacances
le gîte
l'hôtel *(m.)*
le refuge

LES CONDITIONS D'HÉBERGEMENT
la pension complète
la demi-pension

L'ORGANISATION DU SÉJOUR
réserver une chambre
confirmer une réservation
régler la note
annuler un voyage

LE CAMPING
le bungalow
le camping-car
la caravane
l'emplacement *(m.)*
le sac à dos
la tente

3 Qu'allez-vous faire dans ces circonstances ? Associez chaque situation à une action.
a | Vous avez gagné au loto.
b | Vous avez une grosse grippe, vous ne pouvez plus voyager.
c | Vous avez envie de prendre le petit déjeuner et le dîner à l'hôtel.
d | Vous voyagez seul(e) et avez envie de rencontrer d'autres touristes.
e | Vous voulez loger chez l'habitant.

1 | Vous annulez votre voyage.
2 | Vous réservez dans une chambre d'hôte.
3 | Vous choisissez une formule en demi-pension.
4 | Vous dormez dans un cinq étoiles.
5 | Vous allez dans un club de vacances.

CARACTÉRISER UN HÔTEL
bruyant/calme
complet
confortable
convivial
libre
tranquille
typique

4 Écoutez les réactions de ces clients d'hôtel et associez-les à la situation dans lesquelles elles ont été formulées. cd 30
a | L'hôtel a un spa.
b | L'hôtel est bruyant.
c | L'hôtel est hors de prix.
d | L'hôtel est calme et confortable.
e | L'hôtel accepte les chiens.
f | L'hôtel est complet.

LES VACANCES EN PLEIN AIR
le bord de mer
la campagne
la côte
le désert
le fleuve
la forêt
l'île *(f.)*
le lac
la montagne
la plage
la rivière
le sommet
la vallée

LE CLIMAT
désertique
tropical
continental
méditerranéen

5 Associez chaque définition à un type de climat.
a | Il ne fait jamais moins de 18° C, il y a deux saisons, l'une sèche, l'autre humide.
b | Les étés sont chauds et secs, les hivers sont doux.
c | Les hivers sont froids, même très froids et les étés sont chauds.
d | Le manque d'eau limite le développement de la vie animale et végétale.

PRODUCTION ORALE
6 En scène ! Organisez un voyage réunissant une personne qui aime les musées, une autre qui veut faire du sport et la dernière qui a envie de se reposer au soleil. En groupe, choisissez une destination qui convienne à tous. Vous indiquerez les activités que chacun pourra faire.

DOCUMENTS

A J'ai testé la nuit à la belle étoile dans les calanques

Comme j'avais beaucoup travaillé pendant la semaine, vendredi soir je suis partie pour Marseille avec deux copines. On n'avait rien organisé à l'avance mais dans le TGV, j'ai repéré un hôtel dans *Le guide du Routard* que j'avais acheté avant le départ. Bon, je ne vous le recommande pas, c'était hors de prix et vraiment bruyant :-(
Par contre, en se baladant le soir dans les rues de Marseille, on est tombé par hasard sur un bar à tapas que je vous conseille cette fois-ci : www.lacaravelle-marseille.fr. Essayez les calamars farcis, vous m'en direz des nouvelles !
Le lendemain, à l'aube, départ pour les calanques.
Pour s'y rendre, il suffit de prendre le bus depuis le centre-ville jusqu'à Luminy (ligne 21). N'oubliez pas d'acheter de quoi pique-niquer avant de monter dans le bus (pensez aussi aux bouteilles d'eau). Après une bonne heure de marche, vous arriverez à la calanque de Sugiton. Paradisiaque !
Mais le clou de notre journée, c'était de dormir au bord de l'eau : on a nettement mieux dormi que la nuit précédente et c'était un vrai bonheur de se réveiller en pleine nature !
Si ça vous tente, n'oubliez pas de vous renseigner sur les horaires d'ouverture la veille de votre marche. En été, l'accès aux calanques est réglementé car il y a des risques d'incendie.
Si vous aussi, vous avez vécu cette expérience, laissez-moi un commentaire, votre avis m'intéresse !

www.leblogdenina.com

COMPRÉHENSION ÉCRITE

Entrée en matière

1 Regardez la photo. À votre avis, quel va être le sujet de cet article ?

1re lecture

2 Quels lieux l'auteure a-t-elle visités ?
3 Pourquoi a-t-elle décidé de partir en week-end ?
4 Comment a-t-elle préparé son voyage ?
5 A-t-elle passé les deux nuits de son séjour au même endroit ? Justifiez votre réponse.

2e lecture

6 Quels conseils l'auteure donne-t-elle aux randonneurs se rendant dans les calanques ?
7 Pourquoi l'accès aux espaces naturels est-il réglementé ?

PRODUCTION ÉCRITE

8 Racontez votre pire souvenir de vacances.

B Destination Ajaccio

cd 31

« Nous avons une journée de libre à Ajaccio. »

COMPRÉHENSION ORALE

Entrée en matière

1 Lorsque vous partez en voyage, comment préparez-vous votre séjour ?

1re écoute (du début à 1'29'')

2 Qui sont Michèle, Jade et Jean-Sébastien ?
3 De quelle île parlent-ils ?
4 Comment y sont les maisons et les plages ?
5 Quel est l'intérêt du village de Coti-Chiavari ?
6 À quelle période de l'année Michèle a-t-elle prévu de partir ?

2e écoute (de 1'29'' à la fin)

7 Quelle description donne-t-on de la ville d'Ajaccio ?
8 Quels sites, en lien avec Napoléon, peut-on visiter à Ajaccio ?

GRAMMAIRE
> le plus-que-parfait

Cahier d'exercices unité 5

> ÉCHAUFFEMENT

1 Observez les phrases suivantes. Quels temps sont employés ?

a | Comme j'**avais** beaucoup **travaillé** pendant la semaine, vendredi soir je **suis partie** pour Marseille.
b | J'**ai repéré** un hôtel dans *Le guide du Routard* que j'**avais acheté** avant le départ.

> FONCTIONNEMENT

2 Que marque le plus-que-parfait par rapport au passé composé : l'antériorité ou la postérité ?

Formation du plus-que-parfait

travailler	**aller**	**se promener**
j'avais travaillé	j'étais allé(e)	je m'étais promené(e)
tu avais travaillé	tu étais allé(e)	tu t'étais promené(e)
il/elle avait travaillé	il/elle était allé(e)	il/elle s'était promené(e)
nous avions travaillé	nous étions allé(e)s	nous nous étions promené(e)(s)
vous aviez travaillé	vous étiez allé(e)(s)	vous vous étiez promené(e)(s)
ils/elles avaient travaillé	ils/elles étaient allé(e)s	ils/elles s'étaient promené(e)s

REMARQUE

Le choix de l'auxiliaire s'effectue de la même façon que pour le passé composé.

> ENTRAÎNEMENT

3 Conjuguez les verbes suivants au plus-que-parfait.

a | J'ai retrouvé le sac que tu ..... hier. (perdre)
b | Vous avez bu le café qu'elles ..... ce matin. (préparer)
c | Nous avons visité les pays où vous ..... l'an passé. (aller)
d | Il a mangé la pomme que je ..... pour toi. (cueillir)
e | Elles ont trouvé la maison où il ..... . (se cacher)

4 Complétez avec du plus-que-parfait comme dans l'exemple.

Exemple : *Il s'est couché. Avant, il s'était brossé les dents.*
a | À midi, elle a acheté son billet d'avion. Le matin, elle...
b | Il a pris le train ce soir. L'après-midi, il...
c | Elle s'est mariée cet après-midi. Le matin, elle...
d | J'ai dormi douze heures d'affilée. Avant, je...

PRODUCTION ÉCRITE

5 Vous êtes en vacances mais vous ne pouvez pas vous détendre parce que vous avez oublié de faire plein de choses importantes avant de partir. Vous écrivez à votre colocataire français(e) pour lui dire tout ce que vous avez oublié de faire.

Exemple : *Je ne me souviens pas d'avoir éteint le gaz.*

Exprimer le fait d'avoir oublié

- **Je ne me rappelle pas/plus.**
- **Je ne me souviens pas/plus.**
- **J'ai oublié.**
- **J'ai oublié de** + infinitif
- **Je ne me souviens pas de** + nom
- **Je ne me souviens pas de** + proposition infinitive (= Je ne me souviens pas d'avoir mangé des frites à Bruxelles.)
- **Je ne sais pas si** + proposition
- **Je ne sais plus pourquoi** + proposition
- **Je ne sais pas quand** + proposition

> les indicateurs de temps (1)

> ÉCHAUFFEMENT

1 Observez les expressions de temps. À votre avis, que signifient-elles ?

a | **Le lendemain**, samedi 8 mai, nous sommes allées dans les calanques.
b | **La veille** de notre marche nous étions encore à Paris.

Les indicateurs de temps

Par rapport au présent	Par rapport au passé
• La semaine dernière	• La semaine précédente
• Avant-hier	• L'avant-veille
• Hier	• La veille
• Aujourd'hui	• Ce jour-là
• Demain	• Le lendemain
• Après-demain	• Le surlendemain
• La semaine prochaine	• La semaine suivante

> FONCTIONNEMENT

2 Pourquoi utilise-t-on ces adverbes de temps ?

• Pour parler d'un événement qui s'est passé le jour d'avant : phrase .....
• Pour parler d'un événement qui s'est passé le jour d'après : phrase .....

REMARQUES

• À l'oral, on utilise généralement :
– **La semaine d'avant** au lieu de la semaine précédente.
– **La semaine d'après** au lieu de la semaine suivante.
• Lorsque dans un récit on évoque un moment futur, on utilise les mêmes expressions de temps que pour le passé :
Le 20 mars, j'aurai 18 ans. ***Ce jour-là****, je pourrai voter.*

> ENTRAÎNEMENT

3 Complétez avec *hier, demain, la veille, le lendemain, aujourd'hui, le mois suivant, l'année précédente*.

a | ..... nous sommes le 31 décembre, ... c'est une nouvelle année qui commence.
b | En 2010, il a eu son bac. ....., il l'avait raté.
c | Ce jour-là, il était stressé parce qu'il prenait l'avion ..... .
d | ..... j'ai pris le train, ... j'avais fait mes bagages.
e | Le 1er juillet, je commencerai mon régime. ....., je pèserai normalement 5 kilos de moins.

PRODUCTION ÉCRITE

4 Vous souhaitez convaincre un(e) ami(e) français(e) de venir passer une semaine de vacances dans votre pays. Vous lui écrivez un mail pour lui parler de tout ce qui pourra lui plaire et de tout ce que vous pourrez faire.

POUR VOUS AIDER

Convaincre quelqu'un
• **Tu dois absolument** + verbe à l'infinitif
• **Il faut que tu voies** + nom
• **Viens me rendre visite !** (Impératif)

DOCUMENTS

A Voyager utile

cd 32

« *Ce n'était pas vraiment des vacances.* »

COMPRÉHENSION ORALE

Entrée en matière

1 Lisez le titre et la phrase entre guillemets. À votre avis, de quel type de voyage va-t-on parler ?

1re écoute (en entier)

2 Comment s'appelle ce type de vacances ?
3 Cela consiste en quoi ?
4 Où le volontaire est-il parti ?
5 Qu'a-t-il fait principalement pendant son voyage ?
6 Où était-il logé ?

2e écoute (en entier)

7 Quel partenariat permet à ces congés d'exister ?
8 Qui finance ces congés ?

PRODUCTION ORALE

9 À votre avis, pourquoi les entreprises sont-elles intéressées par cette formule ?
10 Selon vous, pourquoi les volontaires souhaitent-ils passer leurs vacances de cette façon ?
11 Et vous, seriez-vous tenté(e) par ce type d'expérience ?

B Combines pour voyager fauché

À court d'argent en ces temps de crise ? Inutile de disposer de moyens faramineux* pour vivre un voyage formidable. Voici quelques tuyaux...

Économies sur les transports
Le train est un mode de transport reposant et plein de charme, parfait pour profiter des paysages en réduisant votre empreinte carbonique et vos dépenses. Pour vos déplacements en avion, vous obtiendrez les meilleurs tarifs en réservant onze mois à l'avance ou au contraire à la dernière minute.

Voyage sur canapé : le couchsurfing
Site Internet comptant près de 900 000 membres, CouchSurfing.com permet aux voyageurs d'entrer en contact avec des particuliers des quatre coins de la planète qui leur prêtent leur canapé.

Rien ne vaut la basse saison
Voyager à la mi-saison ou en basse saison est un bon moyen d'économiser sur l'ensemble du séjour. Ainsi, les stations balnéaires du sud de l'Italie ou du Portugal sont très agréables en juin, septembre et même octobre, lorsque les foules ont quitté les lieux et que les hôtels cassent les prix. Vérifiez les dates de votre séjour : votre destination peut être autant prise d'assaut lors d'une fête locale qu'en plein été.

Un petit boulot
Fauché mais mourant d'envie de voyager ? Un petit boulot à l'étranger, voilà ce qu'il vous faut. Travailler au cours de votre voyage soulagera votre porte-monnaie et vous permettra de voir une autre facette du pays visité. Les ressortissants de l'Union européenne peuvent travailler dans tous les États membres sans permis.

Voyager autrement, Dix combines pour voyager fauché, Lonely Planet, 2010.

* Importants.

COMPRÉHENSION ÉCRITE

Entrée en matière

1 Regardez la photo puis lisez le titre et le chapeau. À votre avis, quel sera le sujet de l'article ?

Lecture

2 Comment peut-on faire des économies en voyage ?
3 Quel risque peut-on courir lorsque l'on voyage en basse saison ?
4 Pourquoi peut-il être intéressant de travailler lorsque l'on voyage ?

PRODUCTION ORALE

5 Quelle est votre combine personnelle pour « *voyager fauché* » ?

PRODUCTION ÉCRITE >>>>DELF

6 On dit que « les voyages forment la jeunesse ». À votre avis, quels voyages peuvent être formateurs ? Et comment participent-ils de la formation de chacun ? Vous donnerez votre opinion sur ce sujet dans un texte construit et cohérent (160 à 180 mots). Aidez-vous des conseils page 102.

CIVILISATION

TEST : *ce qui vous pousse à voyager...*

La découverte culturelle, les sensations fortes, le farniente... Qu'est-ce qui motive votre envie de voyager ? Découvrez-le avec ce questionnaire.

1 Vous partez à New York. C'est pour ?
a | Marcher dans les pas de Paul Auster.
b | Ressentir la montée d'adrénaline.
c | Faire plaisir à quelqu'un.
d | Rendre visite à un ami.
e | Prendre votre pied, seul face à Big Apple !

2 Que rapportez-vous de votre voyage ?
a | Un objet rare et authentique.
b | Une photo de votre plus bel exploit sportif.
c | Rien du tout !
d | De nouvelles adresses dans votre carnet.
e | Un seul caillou trouvé sur le chemin.

3 Le voyage dont vous rêvez...
a | La descente du Nil, du Caire à Assouan.
b | Le pôle Nord à ski et en traîneau.
c | Farniente total au bord d'un somptueux lagon.
d | Une gigantesque réunion de famille dans un gîte rural.
e | Un pélerinage à Saint-Jacques de Compostelle.

4 Avec qui aimez-vous partir ?
a | Un guide culturel.
b | Avec des gens qui partagent votre goût de l'aventure.
c | Avec votre conjoint.
d | En tribu, avec votre famille et vos amis.
e | Vous trouvez vos compagnons de voyage en chemin.

5 Vos préparatifs...
a | Vous achetez plusieurs guides et vous faites des recherches sur Internet.
b | Jogging trois fois par semaine et rando le week-end.
c | Vous choisissez quelques « souvenirs de chez vous ».
d | Vous rapellez une dernière fois vos copains.
e | Jamais sans vos cartes IGN.

Vous avez une majorité de *a* : la culture
La littérature, l'histoire, la musique (...) sont les pierres angulaires de votre imaginaire de voyage. C'est votre culture qui détermine le choix de vos destinations : Manhattan à New York pour retrouver l'ambiance des films de Woody Allen, Tahiti sur les traces de Paul Gauguin.

Vous avez une majorité de *b* : l'extrême
Petit, vous rêviez d'être explorateur ou aventurier. Pour vous, le voyage est synonyme de rupture. Vous voulez compenser un quotidien que vous jugez trop monotone et sans risque. Pour cela, vous choisissez des expéditions dans les catalogues des voyagistes de l'extrême : rafting au Costa Rica, canyoning à la Réunion et trekking sur les volcans islandais.

Vous avez une majorité de *c* : l'immobilité
Ce qu'il vous faut, c'est du repos. Assurément, vous ne faites pas partie de ces citadins en mal d'aventure et vous ne ressentez pas le besoin de vous dépayser. Vos vacances préférées : une semaine à la montagne dans un gros chalet avec des copains ou bien sur une belle plage avec un transat et une pile de bouquins. Adepte du farniente, vous ne refusez pas de faire un peu de sport. À condition de ne pas trop suer.

Vous avez une majorité de *d* : le partage
Voyager seul ? Quelle horreur ! Petit, vous adoriez partir en colonie. Aujourd'hui, votre style de vacances passe par une grande maison où vous pouvez réunir toute votre tribu (famille, amis). Célibataire, vous optez pour une formule club ou pour un stage sportif, afin de ne pas rester seul(e). Vous faites facilement connaissance et comptez sûrement parmi vos relations des rencontres de vacances.

Vous avez une majorité de *e* : l'autonomie
En vacances, vous voulez être libre : décider de votre itinéraire, de vos repas, de vos activités. Pas question de confier l'organisation de vos journées à un club de vacances ! Vous aimez construire vos itinéraires, vous perdre hors des sentiers battus et vous retrouver le soir au refuge ou au bivouac. Ces vacances autonomes sont l'occasion d'un tête à tête avec vous-même. Une ébauche de thérapie.

Test d'après Psychologies.com.

Dossier 2 Bonne route !

A Sur la route des trains de légende

Des voyages différents bercés par les cahots[1] des rails ; une vie à part, coupée du monde : un autre regard sur des paysages cent fois renouvelés... Tour du monde des lignes mythiques aux quatre coins du globe.

Outeniqua Choo-Tjoe (Afrique du Sud)

En service depuis 1928, ce train au nom imprononçable progresse en prenant son temps. Partant de Knysna, il promène son gentil tchou-tchou le long des côtes de l'océan Indien, passe la ville de Wilderness et ses immenses plages et franchit le pont sur la Kaaimans, avant de haleter[2] pour remonter de profondes gorges[3] jusqu'à George. L'aller-retour prend environ 7 heures 30, dans des paysages époustouflants qui confirment une évidence : ce qui compte, c'est le voyage, pas la destination.

Des locomotives diesel sont parfois utilisées pour éviter les risques d'incendie. Réservez au moins 24 heures à l'avance.

Alandalus Express (Espagne)

Ce luxueux train géré par une compagnie privée est tout sauf un train express. Il met 6 jours à faire l'aller et retour entre Séville et Grenade, mais il offre à ses passagers des vacances de luxe sur rail, avec des compartiments couchettes très confortables, des wagons-restaurants servant une cuisine raffinée et des vins fins, ainsi qu'un bar et un salon. Le tout se déroule dans un cadre Belle Époque[4] impeccable à base de cuir et de lampes en verre.

Le forfait standard pour un voyage aller-retour de 6 jours coûte environ 2 700 €. Plus d'infos sur http://granada.costasur.com/en/al-andalus-expresso.html.

Train de la Barranca del Cobre (Mexique)

Le Ferrocarril Chihuahua al Pacifico (« El Chepe » de son petit nom) emprunte 36 ponts et 97 tunnels au cours d'un périple de 655 km. Reliant les terres montagneuses arides du nord du Mexique à la côte pacifique, cette ligne serpente entre canyons vertigineux, cascades et déserts d'altitude. Deux trains circulent sur l'itinéraire Los Mochis-Chihuahua : le *primera express* (première classe) offre restaurant, bar et sièges inclinables et s'arrête moins souvent que le *clase económica* (classe économique).

Canyon Travel (www.canyontravel.com) propose un wagon privé avec plate-forme extérieure pour profiter du spectacle.

Voyager autrement, Sur la route des trains, Lonely Planet, 2010.

1 Secousses. 2 Respirer avec difficulté. 3 Vallée étroite. 4 Période historique située entre 1890 et 1914.

COMPRÉHENSION ÉCRITE

Entrée en matière

1 Lisez le titre et les sous-titres. Quel va être le sujet de cet article ?

1re lecture

2 À bord de quel train voyagerez-vous si :

a | vous recherchez un séjour de luxe ?
b | vous voulez traverser le désert ?
c | vous rêvez de longer l'océan Indien ?

2e lecture

3 Combien de trains circulent sur l'itinéraire de la Barranca del Cobre ? Qu'est-ce qui les distingue ?

4 D'après cet article, quels trains offrent un service de restauration ?

5 Pour lequel de ces trains est-il conseillé de réserver son voyage à l'avance ?

Vocabulaire

6 Reformulez les trois énoncés suivants :

a | aux quatre coins du globe (ligne 3)
b | en prenant son temps (ligne 6)
c | c'est tout sauf un train express (ligne 20)
d | faire l'aller et retour (ligne 21)

PRODUCTION ORALE

7 À bord de quel train aimeriez-vous voyager ? Pourquoi ?

8 Connaissez-vous d'autres « *trains de légende* » ?

PRODUCTION ÉCRITE

9 Quels avantages présentent les voyages en train selon vous ? Vous vous exprimerez dans un texte de 150 mots environ.

B

Jovon NIAS, ceciestmonsite.canalblog.com

COMPRÉHENSION ÉCRITE

Entrée en matière

1 « *Le voyage c'est aussi le trajet* ». Expliquez ce slogan.

Lecture

2 De quelle manière la jeune femme voyage-t-elle ?
3 Quel élément sur le dessin symbolise la lenteur ?
4 Quels sont les arguments avancés pour inciter les voyageurs à prendre leur temps ?

PRODUCTION ORALE

5 Lorsque vous voyagez, quel moyen de locomotion privilégiez-vous ? Pourquoi ?
6 Et dans la vie quotidienne ? Comment vous déplacez-vous ?
7 La pollution émise par les voitures est-elle une de vos préoccupations ?

C

Le Tour du monde en quatre-vingts jours

Nous sommes en 1872. Phileas Fogg, un gentleman anglais, a parié qu'il ferait le tour du monde en quatre-vingts jours. Vingt mille livres sont en jeu et chaque minute est comptée. Il est accompagné de Passepartout, son serviteur français, et poursuivi durant tout son voyage par l'inspecteur Fix qui le soupçonne d'avoir dévalisé une banque.

— Monsieur Fix, répondit Passepartout. Enchanté de vous retrouver à bord. Et où allez-vous donc ?
— Mais, ainsi que vous, à Bombay.
— C'est au mieux ! Est-ce que vous avez déjà fait ce voyage ?
— Plusieurs fois, répondit Fix. Je suis un agent de la compagnie péninsulaire.
— Alors vous connaissez l'Inde ?
— Mais... oui..., répondit Fix, qui ne voulait pas trop s'avancer.
— Et c'est curieux, cette Inde-là ?
— Très curieux ! Des mosquées, des minarets, des temples, des fakirs, des pagodes, des tigres, des serpents, des bayadères* ! Mais il faut espérer que vous aurez le temps de visiter le pays ?
— Je l'espère, monsieur Fix. Vous comprenez bien qu'il n'est pas permis à un homme sain d'esprit de passer sa vie à sauter d'un paquebot dans un chemin de fer et d'un chemin de fer dans un paquebot, sous prétexte de faire le tour du monde en quatre-vingts jours ! Non. Toute cette gymnastique cessera à Bombay, n'en doutez pas.
— Et il se porte bien, Mr Fogg ? demanda Fix du ton le plus naturel.
— Très bien, monsieur Fix. Moi aussi, d'ailleurs. Je mange comme un ogre qui serait à jeun. C'est l'air de la mer.
— Et votre maître, je ne le vois jamais sur le pont.
— Jamais. Il n'est pas curieux.
— Savez-vous, monsieur Passepartout, que ce prétendu voyage en quatre-vingts jours pourrait bien cacher quelque mission secrète... une mission diplomatique, par exemple !

Jules VERNE, *Le Tour du monde en quatre-vingts jours*,
Pierre-Jules Hetzel, 1873.

* *Danseuses indiennes.*

COMPRÉHENSION ÉCRITE

Entrée en matière

1 Lisez le chapeau. Qui sont les trois personnages principaux de ce roman de Jules Verne ?
2 Quel est le pari dont il est question ?

Lecture

3 Où Fix et Passepartout se trouvent-ils ? Vers où se dirigent-ils ?
4 Pour qui Fix se fait-il passer ? Pourquoi ?
5 Pourquoi Fogg n'est-il pas avec eux ?
6 Que pense Fix du voyage qu'a entrepris Fogg ?

PRODUCTION ORALE

7 Vous allez faire un tour du monde. Par quels pays passerez-vous absolument ? Pourquoi ?

GRAMMAIRE
> les indicateurs de temps (2)

Cahier d'exercices unité 5

> ÉCHAUFFEMENT

1 Observez les phrases suivantes. Expriment-elles un moment ou une durée ?

a | Ce train est en service **depuis** 1928.
b | Il est resté dans le train **pendant** sept heures trente.
c | Il a fait l'aller-retour **en** six jours.
d | Il est parti **pour** trois mois.
e | Le train est passé **il y a** dix minutes.
f | Le prochain va passer **dans** dix minutes.

> FONCTIONNEMENT

2 Dans quelle phrase indique-t-on :

• une durée limitée située dans le passé : phrase .....
• une durée commencée dans le passé et qui continue dans le présent : phrase .....
• une durée prévue : phrase .....
• une durée de réalisation : phrase .....
• un moment dans le futur : phrase .....
• un moment du passé où l'action a eu lieu : phrase .....

Exprimer la durée

• **Depuis**, **il y a ... que**, **ça fait ... que** indiquent une durée dont l'origine est dans le passé et qui continue jusqu'au moment présent.	*Ils voyagent **depuis** trois semaines.* ***Ça fait** trois semaines **qu'**ils voyagent.* ***Il y a trois** semaines **qu'**ils voyagent.*
• **Pour** indique une durée prévue dont l'origine est maintenant et qui continue dans le futur.	*Ils sont à Londres **pour** une semaine.*
• **Pendant** indique une durée terminée qui a eu lieu dans le passé.	*Ils sont restés en Angleterre **pendant** deux semaines.*
• **En** indique la quantité de temps utilisée pour faire quelque chose.	*Ils ont fait le tour du monde **en** 80 jours.*

Indiquer un moment

• **Il y a** indique le moment du passé où l'action a eu lieu.	*Ils sont arrivés en Inde **il y a** trois jours.*
• **Dans** indique le moment du futur où l'action aura lieu.	*Ils partiront **dans** deux mois.*

> ENTRAÎNEMENT

3 Complétez le récit suivant avec *depuis, pour, pendant, en*.

Quand il est arrivé en France, il s'est fait des amis ..... deux jours. Par contre, il a cherché un appartement ..... des semaines. Son séjour était prévu ..... un an seulement mais il a finalement étudié ..... plusieurs années. Il a trouvé du travail ..... un mois mais ensuite, il s'est fait licencier. ..... trois semaines, il est au chômage. Il cherche activement du travail. Aujourd'hui, il a appris qu'il allait avoir un entretien d'embauche. ..... qu'il sait cela, il est de bonne humeur.

4 Choisissez la bonne réponse.

a | Lundi, il partira *pour* / *dans* trois mois.
b | Ils se sont mariés *pendant* / *il y a* une semaine.
c | Elle va accoucher *pour* / *dans* un mois.
d | Il attend *depuis* / *il y a* dix minutes.

> l'antériorité, la simultanéité et la postériorité

> ÉCHAUFFEMENT

1 Observez les phrases suivantes. Quelles expressions de temps permettent d'exprimer un rapport de simultanéité, d'antériorité ou de postériorité ?

a | Il est monté dans l'avion avant qu'il fasse nuit.
b | Il s'est endormi aussitôt que l'avion a décollé.
c | Il y a eu des turbulences pendant que l'avion survolait l'Himalaya.
d | Il s'est réveillé après que l'avion a atterri.

> FONCTIONNEMENT

2 De quel mode sont suivies ces expressions ?

- Indicatif : phrases ....., ... et .....
- Subjonctif : phrase .....

Exprimer l'antériorité, la simultanéité et la postériorité

- L'antériorité : **avant que**, **en attendant que**, **jusqu'à ce que** + **subjonctif**
*J'ai lu un magazine **en attendant qu'**il **sorte** de la salle de bains.*
- La simultanéité : **pendant que**, **au moment où** + **indicatif**
*Il est sorti **au moment où** le téléphone **a sonné**.*
- La postériorité : **après que**, **une fois que**, **aussitôt que**, **dès que** + **indicatif**
*Nous sommes partis **une fois qu'**il **a raccroché**.*

REMARQUE

Aussitôt que et **dès que** indiquent une postériorité immédiate.

> ENTRAÎNEMENT

3 Complétez les phrases en utilisant *avant que, dès que, en attendant que* ou *pendant que*.

a | Mon fils jouait avec son train électrique ..... je préparais les bagages.
b | Le steward a vérifié ma carte d'embarquement ..... je monte dans l'avion.
c | J'ai regardé un film ..... l'hôtesse de l'air m'apporte le repas.
d | Je me suis levé de mon siège ..... l'avion a atterri.

4 Continuez ces phrases.

a | Je suis monté dans l'avion après que l'hôtesse de l'air...
b | Les grévistes bloquent l'accès aux trains en attendant que la SNCF...
c | Les voyageurs ont patienté en salle d'embarquement jusqu'à ce que le steward...
d | J'achèterai une voiture dès que je...

PRODUCTION ÉCRITE

5 Écoutez les bruits suivants et identifiez-les. cd 33

Vous avez fait un voyage en train très mouvementé. À votre arrivée, vous envoyez un mail à votre ami(e) français(e) pour lui raconter ce qui s'est passé dans le train. Vous intégrerez dans votre récit les bruits que vous avez entendus.

PRODUCTION ORALE

6 Vous racontez à un(e) ami(e) la mésaventure qui vous est arrivée sur le chemin du cours de français. Dans votre récit, vous utiliserez les mots suivants : *aveugle – voleur – chien – pizza – glisser*.

POUR VOUS AIDER

Raconter une histoire, une anecdote
Introduire :
- **Écoute/Écoutez...**
- **Alors, voilà...**
- **Je te/vous ai dit que j'allais partir au Québec ?**
- **Je te/vous raconte.**
- **Il faut que je te raconte mon voyage.**

Conclure :
- **Voilà, ce sont mes aventures.**
- **Bref, on s'est bien amusés.**

DOCUMENTS

A Choisir son voisin dans l'avion en fonction de son « profil »

Arrivée du vol prévue dans une douzaine d'heures. Pas de chance, le joli poupon* assis entre vous et sa maman n'a manifestement pas l'intention de vous laisser dormir... Si seulement vous aviez pu vous retrouver assis(e) à côté de la belle brune, deux rangées plus loin, plongée dans la lecture du dernier polar de James Ellroy, votre auteur favori...
À partir de 2012, cette « loterie » du placement à l'intérieur de la cabine – qui peut, si le sort vous est défavorable, transformer le voyage en calvaire – pourrait n'être qu'un lointain souvenir.
Ainsi, la compagnie néerlandaise KLM, après avoir proposé, il y a quelques mois, de choisir son repas jusqu'à 48 heures avant le départ, prévoit d'offrir à ses clients la possibilité de sélectionner son compagnon de voyage. Le projet, baptisé « Meet and seat » (qu'on peut traduire par « se rencontrer avant de s'asseoir ») est bien avancé. Ce futur service doit permettre de choisir son siège en fonction d'intérêts communs ou de relations d'affaires, en regardant le profil des voyageurs sur un réseau social de type Facebook ou Linkedin.
Les voyageurs les plus joueurs pourront déplorer l'absence de hasard dans la rencontre, un facteur qui fait, entre autres, la richesse des voyages... D'autres ne manqueront pas de pointer que le système, qui prend en compte l'apparence physique des gens (à l'exception de ceux qui ne s'affichent pas en photo) peut donner lieu à des comportements discriminatoires.

François Bostnavaron, *Le Monde*, 28 décembre 2011.

* *Bébé.*

COMPRÉHENSION ÉCRITE

Entrée en matière

1 Lisez le titre. Que signifie ici le mot « *profil* » ?

Lecture

2 Que permet le service présenté ?

3 Comment peut-on faire connaissance avec les autres voyageurs avant de monter à bord ?

4 Quels sont les deux reproches formulés par l'auteur ?

Vocabulaire

5 Relevez tous les mots en relation avec l'avion.

PRODUCTION ORALE

6 Quel serait le profil de la personne à côté de laquelle vous souhaiteriez faire un voyage de douze heures ?

B Humour aérien

cd 34

« Le transporteur sud-africain fait souffler un vent de fraîcheur dans l'espace aérien. »

COMPRÉHENSION ORALE

Entrée en matière

1 Regardez la photo. Cet avion vous semble-t-il original ? Justifiez votre réponse.

1re écoute (du début jusqu'à 0'51'')

2 De quel pays est originaire la compagnie Kulula ?

3 Quelle est sa particularité ?

4 Quel est l'objectif de sa politique commerciale ?

2e écoute (de 0'51'' jusqu'à la fin)

5 Cette compagnie est-elle la seule à proposer de tels tarifs ? Justifiez votre réponse.

6 En détendant les passagers, que souhaite-t-on leur faire oublier ?

7 La compagnie se porte-t-elle bien ? Justifiez votre réponse.

8 À quelles difficultés la compagnie va-t-elle devoir faire face ?

VOCABULAIRE
> les transports

Cahier d'exercices unité 5

CONDUIRE
accélérer/freiner
s'arrêter
démarrer
dépasser/doubler
se garer
ralentir
reculer
tourner

LA VITESSE
faire du 100 km/h
rouler doucement/lentement/vite

SE DÉPLACER
en voiture électrique
en camping-car
en paquebot
à scooter
à vélo

1 Dites si les phrases suivantes sont vraies ou fausses.
a | Au feu rouge, je dois m'arrêter puis reculer.
b | Je dois mettre ma ceinture de sécurité avant de démarrer.
c | Quand je dépasse une voiture, je dois freiner.
d | Je dois mettre mon clignotant avant de tourner.
e | Je dois ouvrir la portière avant de monter sur mon scooter.

LES PROBLÈMES
avoir un accident
crever
tomber en panne

L'ASSISTANCE
dépanner, la dépanneuse
réparer, la réparation
trouver un garage

À LA STATION SERVICE
changer la batterie/un pneu
faire le plein
mettre de l'essence *(f.)* sans plomb
vérifier le niveau d'huile *(f.)*

2 Remettez le récit dans l'ordre.
J'ai appelé le garagiste…
a | puis il a réparé ma voiture.
b | Le lendemain, j'ai repris ma voiture
c | Le surlendemain, on a crevé les quatre pneus.
d | parce que j'avais eu un accident.
e | Il a fait venir une dépanneuse
f | je l'ai garée dans la rue.

LES VOIES
l'autoroute *(f.)*
la route départementale/nationale
la rue piétonne
la piste cyclable
les rails

3 Sur quelles voies un vélo, une voiture et un train circulent-ils ?

LA SIGNALISATION
le panneau
le sens interdit
le sens unique
le feu rouge

LE CONTRÔLE DE POLICE
l'amende *(f.)*
la contravention
contrôler
le permis de conduire
vérifier

4 Complétez le texte avec les mots suivants : conduire – départementales – sens interdit – contrôler – piéton – autoroute – permis de conduire – amende.
Je n'aime pas beaucoup ..... et lorsque c'est possible j'évite de prendre l'..... . Je préfère emprunter les petites ..... . Mais l'aventure qui m'est arrivée samedi dernier m'a fait changer d'avis. Je me suis fait ..... par un policier qui m'a demandé mon ..... . Il m'a ensuite accusé d'avoir pris un ..... et il m'a mis une ..... . J'étais très énervé et en repartant, j'ai failli renverser un ..... .

LE TRAIN
l'arrêt *(m.)*
le compartiment
la couchette
l'express *(m.)*
la gare
la locomotive
le quai
le terminus
la voie
le wagon-restaurant

L'AVION
l'aéroport *(m.)*
l'aterrissage *(m.)*
le décollage
le terminal
le vol

LES BAGAGES
mettre à la consigne
l'enregistrement *(m.)*
le retrait des bagages
payer un supplément

LE TITRE DE TRANSPORT
l'aller-retour *(m.)*
le billet de train/d'avion
la 1re/2e classe
composter, valider
échanger
le tarif
le ticket de bus/de métro

5 Dites si ces actions s'effectuent lorsque l'on prend l'avion, le train ou les deux.
a | Choisir un siège côté couloir.
b | Enregistrer ses bagages.
c | S'asseoir à la rangée K.
d | Descendre au terminus.
e | Déjeuner au wagon-restaurant.
f | Changer de terminal.
g | S'asseoir dans le compartiment.
h | Tendre son billet au contrôleur.
i | Réserver une couchette.

LE PANNEAU D'AFFICHAGE
la correspondance
la destination
la direction
l'heure d'arrivée/de départ
l'horaire *(m.)*
la provenance
le retard

6 Intonation cd 35
Écoutez ces énoncés. Dites dans quel lieu ils sont prononcés et précisez si la situation est problématique ou inattendue. Répétez les phrases.

LES PERSONNES
le chauffeur
le conducteur
le douanier
le garagiste
l'hôtesse *(f.)* de l'air
le passager
le pilote
le steward

7 En quoi consiste le métier de ces personnes ?
a | le steward
b | le douanier
c | le pilote
d | le garagiste

CIVILISATION

Le tour du monde des panneaux

1 Regardez ces panneaux de signalisation et associez chacun d'entre eux au pays dans lequel on peut le trouver et à sa signification.

a | Allemagne
b | Maroc
c | Norvège
d | Espagne
e | Australie
f | États-Unis
g | Namibie
h | Vietnam

1 | Cédez le passage
2 | Voie réservée aux vélos
3 | Attention aux éléphants
4 | Stop
5 | Voie interdite aux cyclo-pousses
6 | Obligation de tourner à gauche
7 | Attention aux ours polaires
8 | Attention aux kangourous

2 Peut-on trouver ces panneaux dans votre pays ?

PRODUCTION ORALE >>>>DELF

3 Vous passez des vacances en France et vous avez loué une voiture pour pouvoir vous promener en toute liberté. Vous vous faites arrêter par un policier : il veut vous mettre une contravention parce que vous avez brûlé un feu rouge. Vous discutez avec le policier pour ne pas avoir à payer une amende.

POUR VOUS AIDER

S'excuser
- **Je suis vraiment désolé(e).**
- **Je vous prie de m'excuser.**
- **Veuillez m'excuser, je vais vous expliquer.**

ATELIERS

1 RÉALISER UN DÉPLIANT TOURISTIQUE

Vous allez réaliser un dépliant touristique.

Démarche

Formez des groupes de trois ou quatre.

1 Préparation

• Vous choisissez le sujet de votre dépliant : une ville, un village, un quartier, un site naturel, un site archéologique, un musée, un parc d'attractions, etc. Cela peut être un site que vous avez déjà visité.
Renseignez-vous en consultant des documents à la bibliothèque et sur Internet. Faites aussi une sélection de photos et de plans.

2 Réalisation

• Vous organisez les informations que vous avez recueillies en différentes catégories : les lieux à visiter, les monuments à ne pas manquer, les itinéraires à suivre, les activités principales, les endroits où manger, les endroits où dormir, les souvenirs à emporter, etc.
• Vous sélectionnez pour chaque catégorie quelques informations seulement.
Votre dépliant doit être aéré, il ne doit pas présenter tous les aspects du site mais donner aux lecteurs l'envie de venir le découvrir.
• Vous réalisez votre dépliant sur une feuille de format A4 que vous plierez de façon à former trois volets et que vous utiliserez sur le recto ainsi que sur le verso.

3 Présentation

Vous présenterez votre brochure à la classe. Vous expliquerez également pourquoi vous avez choisi ce site et ce qui, selon vous, fait son intérêt majeur.

2 RÉALISER UN PANNEAU

Vous allez effectuer une recherche sur le thème des transports puis réaliser un panneau pour présenter vos résultats.

Démarche

Formez des groupes de trois ou quatre.

1 Préparation

• Vous choisissez le sujet de votre recherche : un moyen de transport que l'on n'utilise plus, un moyen de transport que l'on trouve partout dans le monde, etc.
Renseignez-vous sur ce moyen de transport en consultant des documents à la bibliothèque et sur Internet.
Pensez à sélectionner des illustrations attrayantes. Selon le sujet que vous avez choisi, vous pouvez prévoir de concevoir un questionnaire pour réaliser un sondage auprès de la classe ou de votre entourage.

2 Réalisation

• Vous retenez l'essentiel de votre recherche : vous sélectionnez les textes et les illustrations. La dominante du panneau peut être le texte ou l'illustration. Le panneau doit être aéré et attractif. Chaque texte, chaque illustration contiendra des informations différentes : évitez les répétitions.
– *Les textes peuvent être des explications, des documents historiques, des légendes, etc. Ils doivent être brefs et lisibles : un panneau est fait pour être lu à distance !*
– *Les illustrations peuvent être des photos, des peintures, des frises, des graphiques, des schémas, des tableaux, etc. Elles doivent avoir un caractère esthétique.*
– *Si vous avez effectué un sondage, vous pourrez présenter vos résultats sous forme de diagramme en bâtons, de camembert, etc.*
• Vous réalisez d'abord une maquette de votre panneau, puis votre panneau.

3 Présentation

Vous organisez une exposition dans votre classe : vous disposez votre panneau et vous le présentez à votre classe. Soyez prêt(e) à répondre aux questions qu'on vous posera.

Produire un texte

Ces stratégies vous seront utiles pour réussir au mieux les activités de production écrite du livre et pour préparer l'épreuve du DELF B1 (cf. DELF, épreuve blanche, page 175).

L'épreuve dure 45 minutes Vous devrez produire un texte de 160 à 180 mots (un essai, une lettre ou un article de journal). On vous demandera de décrire, de raconter des événements ou des expériences, d'exprimer vos émotions, vos sentiments et votre opinion.
Lisez bien la consigne pour savoir à qui vous vous adressez. Par exemple, dans le cas d'une lettre, vous ne vous adresserez pas de la même manière à un ami (*Salut, tu...*) ou à un inconnu (*Madame, Monsieur, vous...*).

Quelques conseils d'organisation

• Variez votre vocabulaire, n'employez pas toujours les mêmes mots.
• En fonction du sujet, vous devrez conjuguer les verbes aux temps (présent, passé, futur) et aux modes (indicatif, subjonctif, conditionnel) appropriés. Vous devez faire attention à l'orthographe, aux accords notamment, ainsi qu'à la ponctuation.
• Pensez à faire un brouillon avant de rédiger : écrivez toutes vos idées et classez-les. Pensez à associer chaque idée à un exemple. Vous devez ensuite organiser vos idées dans un plan et les relier entre elles en utilisant des connecteurs logiques :
– *Pour commencer, tout d'abord, premièrement...*
– *De plus, puis, par ailleurs, deuxièmement...*
– *Enfin, pour finir, pour terminer...*
• Rédigez au brouillon l'introduction et la conclusion.

Quelques conseils de rédaction

• Faites des paragraphes.
• Écrivez lisiblement.

Comment organiser son temps pendant l'épreuve ?

• Lire et analyser le sujet (5 minutes environ).
• Préparer son brouillon (15 minutes environ).
• Rédiger (20 minutes environ).
• Relire sa production (5 minutes environ).

Comment s'entraîner à ce type d'exercice ?

• Écrivez sur des forums, tenez un journal et lisez régulièrement en français.
• Entraînez-vous à faire vos rédactions en conditions d'examen (respectez le temps donné et le nombre de mots demandés).

DU NÉCESSAIRE au superflu

« La société de consommation a privilégié l'avoir au détriment de l'être. »
Jacques DELORS (homme politique)

Consommer et jeter

A Un Angliche à la chasse aux anchois

Qu'y a-t-il de pire, pour un Britannique, que d'être dépêché[1] dans un supermarché français pour débusquer[2] l'ingrédient phare[3] de la salade niçoise ?

Même aujourd'hui, après quarante-cinq années sur cette planète, il subsiste un mystère dont les profondeurs insondables me donnent encore le vertige : dans quel rayon du supermarché les Français peuvent-ils bien planquer les anchois ?

À Carrefour aujourd'hui, que je sois damné toutefois si j'arrive à mettre la main sur les anchois. J'ai pourtant fouillé toutes les planques possibles : sous la glace pilée du comptoir poissonnerie, au rayon des conserves. J'ai poursuivi ma chasse entre les bocaux d'olives, de cornichons et de câpres, puis me suis perdu au rayon des cassoulets et des confits. J'ai même tenté ma chance à la nourriture pour chats. En vain. Rien.

Pour finir, au moment où je m'apprête à baisser les bras et à abandonner ma quête d'anchois, j'aperçois le vendeur du rayon fruits et légumes. Les cheveux gris avant l'âge, il est tellement serviable que je le suspecte d'être un Américain clandestin. Une chose est sûre, cet homme est l'exception qui confirme la règle. « Savez-vous où je peux trouver des anchois ? » lui demandé-je, confus de le déranger dans son travail. Il me regarde d'un air perplexe. « Bonjour », me répond-il. « Ah, oui, bonjour », me reprends-je rapidement. « Pouvez-vous me dire où trouver des anchois ? » « Bien sûr, dans le troisième rayon sur votre gauche. »

Les petits salauds[4] étaient donc là, dans le comptoir réfrigéré, aux côtés du saumon fumé, du tarama et des blinis.

J'ai amplement le temps de méditer cette leçon de vie – sur l'importance de dire bonjour – en faisant la queue à la caisse, où deux Anglais viennent me rejoindre. « Bonjour, messieurs », pépie[5] gaiement la caissière à leur intention alors qu'elle enregistre mes achats. Elle renouvelle son adresse. Toujours pas de réponse. Les deux jeunes hommes n'ont probablement même pas remarqué qu'elle voulait les saluer. Nous, les Anglais, nous disons « *hello* » ou « *hi* » plusieurs fois par jour dès que nous nous trouvons à nouveau dans la même pièce que quelqu'un. Or, en France, un seul bonjour par jour et par personne est la norme. Dire deux fois bonjour à quelqu'un dans la même journée suggère que vous faites si peu de cas de la personne que vous ne l'aviez même pas remarquée la première fois. C'est pourquoi le bonjour initial est si important. Il est plus qu'une simple salutation : il signale qu'un canal de communication a été ouvert entre les personnes et qu'il le restera pour la journée.

Michael Wright, *Courrier International*, 15 septembre 2011.

1 Envoyer. 2 Chasser. 3 Principal. 4 Malins. 5 Chanter pour un oiseau.

COMPRÉHENSION ÉCRITE

Entrée en matière

1 À votre avis, qu'est-ce qu'un « *Angliche* » pour un Français ?

Lecture

2 Lisez le titre de l'article. À votre avis, quel en est le thème ?

3 Quel est le problème de l'auteur ?

4 Selon l'auteur de l'article, les Français ont-ils la réputation d'être aimables dans les commerces ? Justifiez votre réponse en citant le texte.

5 L'auteur décrit une situation d'incompréhension entre les Anglais et la caissière française. De quoi s'agit-il ?

6 Pourquoi le « bonjour » initial est-il si important en France ?

Vocabulaire

7 Trouvez dans le texte des équivalents aux mots suivants :

a cacher
b maudit
c chercher
d essayer
e recherche
f aimable

PRODUCTION ORALE

8 Quels rituels de politesse devez-vous suivre quand vous achetez quelque chose dans votre pays ?

PRODUCTION ORALE >>>>DELF

9 Vous avez vécu une situation d'incompréhension culturelle sur votre blog. Racontez ce qui s'est passé, décrivez vos sentiments.

B Faites le plein !

COMPRÉHENSION ÉCRITE

Entrée en matière

1 Regardez la couverture ci-contre. Décrivez l'image.
2 Où le personnage pourrait-il se trouver ?

Lecture

3 Selon vous, le personnage est-il heureux ? Pourquoi ?
4 Expliquez le titre : « *La peur du vide* ».

PRODUCTION ORALE

5 À votre avis, que dénonce cette illustration ? Qu'en pensez-vous ?

Extrait de la couverture du journal *La Décroissance*, n° 72, septembre 2010.

C Le conso'battant

cd 36

« *Obsédé par les prix.* »

COMPRÉHENSION ORALE

Entrée en matière

1 À votre avis, qu'est-ce qu'un « *conso'battant* » ? Comment ce mot a-t-il été formé ?

1re écoute (du début à 0'41'')

2 Quel est le thème de l'enquête dont parle la journaliste ?
3 Où les Français font-ils 15 % de leurs achats alimentaires ?
4 Faites le portrait du conso'battant.

2e écoute (de 0'42'' à la fin)

5 Que doivent offrir les marques pour le conso'battant ?
6 Pourquoi les hypermarchés ne correspondent-ils plus aux attentes des Français ? Comment réagissent les consommateurs ?
7 Qu'est-ce que la consommation éthique ?
8 Le consommateur français privilégie-t-il le prix ou le produit éthique ?

PRODUCTION ORALE

9 Et vous, où faites-vous vos achats ? Au supermarché ou dans les petits commerces ? Pourquoi ?

10 Êtes-vous un(e) consommateur(-trice) responsable ? Êtes-vous attentif(-ve) à la provenance des produits et à leur mode de production ? Lisez-vous les étiquettes des produits avant d'acheter ?

11 **En scène !** Une chaîne de grandes surfaces a pour projet d'ouvrir un hypermarché dans votre ville, mais une partie de la population n'est pas d'accord. Une association de voisins invite tous les habitants à participer à un débat pour ou contre l'ouverture de ce supermarché géant. Vous vous y rendez pour exprimer votre point de vue.

POUR VOUS AIDER

Prendre la parole et la garder
- Laissez-moi terminer, s'il vous plaît.
- Ne me coupez pas la parole !
- Vous êtes de mauvaise foi.
- Je voudrais simplement préciser/ajouter que…
- Excusez-moi, mais vous évitez le problème.
- Nous devons aborder la question de…
- Je voudrais revenir au thème précédent.
- Je ne suis pas d'accord avec vous, car…

VOCABULAIRE
> la consommation, l'argent

Cahier d'exercices unité 6

VIE ÉCONOMIQUE ET SOCIALE
le/la consommateur(-trice)
la consommation
la croissance
les déchets *(m.)*
le développement durable
l'économie *(f.)*
exporter
la finance
le pouvoir d'achat
le/la producteur(-trice)
la production
le progrès
le recyclage
la richesse
le troc

1 Trouvez dans la liste les contraires des mots suivants :
a | importer
b | la décroissance
c | la régression
d | la pauvreté
e | l'épargne

AU SUPERMARCHÉ
le centre commercial
le chariot
faire la queue à la caisse
la grande distribution/surface
l'hypermarché *(m.)*
le panier
le rayon
le sac en plastique
le service après-vente
le ticket

2 Complétez avec des mots de la liste ci-dessus.
Les ..... ont fait beaucoup d'efforts pour s'adapter à leur clientèle ces dernières années. D'abord, les ..... des magasins sont plus larges et mieux organisés. Ensuite, les ..... sont plus maniables qu'avant et il y en a même pour les enfants. Des caisses « moins de 10 articles » ont fait leur apparition pour que les consommateurs n'aient pas à ..... . N'oublions pas les ..... qui sont devenus payants pour protéger l'environnement. Enfin, les ..... sont beaucoup plus efficaces, sauf si vous avez perdu votre ..... : aucun espoir de vous faire rembourser.

LES COMMERCES
l'épicerie *(f.)*
le marché
le magasin, la boutique
le petit commerce

Expressions
faire du lèche-vitrine
faire une bonne affaire

VENTE ET ACHAT
acheter à crédit
l'acheteur(-euse)
le/la client(e)
la clientèle
le/la commerçant(e)
coûter
dépenser
la facture
la livraison
l'offre *(f.)* spéciale
le paiement, le règlement
le prix
la promotion, la réduction
les soldes *(m.)*
la TVA (taxe sur la valeur ajoutée)
le/la vendeur(-euse)

cd 37

3 Intonation
a | Écoutez les phrases suivantes enregistrées dans des magasins. Dites si la personne qui parle vend ou achète quelque chose.
b | Répétez les phrases.

L'ARGENT
avoir des dettes *(f.)*
le billet
la carte bancaire/de crédit/bleue
cher/pas cher
le distributeur automatique de billets (DAB)
échanger
emprunter, faire un emprunt
les espèces, le liquide
faire un chèque
gratuit
payant
la pièce
le porte-monnaie
rembourser
rendre la monnaie
retirer du liquide

PRODUCTION ORALE
4 Quels moyens de paiement sont les plus répandus dans votre pays ? En général, avez-vous de l'argent liquide sur vous ?

L'argent en langage familier
le blé
le flouze
le fric
l'oseille
le pognon
la thune

5 Dans la liste ci-dessus, retrouvez les mots dont l'origine est discutée et ceux qui font référence à :
a | un végétal
b | un mot étranger
c | une partie du corps

Expressions
blanchir de l'argent
coûter les yeux de la tête
être dans la dèche
être fauché
être friqué
être plein aux as
être riche comme Crésus
jeter l'argent par les fenêtres
l'argent n'a pas d'odeur
l'argent ne fait pas le bonheur
les bons comptes font les bons amis
le temps, c'est de l'argent
ne pas arriver à joindre les deux bouts
pierre qui roule n'amasse pas mousse
un sou est un sou

6 Retrouvez les expressions de la liste qui signifient « être riche » et celles qui signifient « être pauvre ».

7 Choisissez une autre expression dans la liste et expliquez-la.

PRODUCTION ORALE
8 En scène ! Préparez un petit dialogue avec un(e) autre étudiant(e). Vous devrez y intégrer au moins deux expressions de la liste ci-dessus. Présentez votre saynète devant la classe.

9 Pensez-vous qu'un monde sans argent est possible ?

10 Pensez-vous que l'on puisse complètement remplacer l'argent par le troc ?

PRODUCTION ÉCRITE
11 Dans votre pays, le salaire minimum existe-t-il ? Pensez-vous qu'un salaire maximum devrait être instauré ?

DOCUMENTS

A

COMPRÉHENSION ÉCRITE

Entrée en matière

1 De quel type de document s'agit-il ?
2 Décrivez l'image.

Lecture

3 Que représente le liquide dans le presse-orange ?
4 Pourquoi le liquide déborde-t-il ?
5 À votre avis, de quoi parle le livre et quel est le point de vue de l'auteur ?

PRODUCTION ÉCRITE

6 Imaginez un résumé du livre pour la quatrième de couverture.

B

L'empreinte écologique, c'est quoi ?

C'est une mesure de la surface de Nature qui est nécessaire pour subvenir à nos besoins et absorber nos déchets. En divisant la surface de la Terre par la population du globe (6 milliards et des poussières), on obtient... 2,2 hectares* par personne.

Si votre empreinte écologique est supérieure à 2,2 hectares, cela signifie que si tout le monde vivait comme vous, la planète ne pourrait subvenir aux besoins de tous.

* *Hectare : unité de superficie équivalent à 10 000 m².*

Quelques repères pour le début du XXIe siècle :

– La moyenne mondiale de l'empreinte écologique est de 2,5 ha par personne.

– Un Européen a besoin de 5 ha pour maintenir son niveau de vie. Si tout le monde consommait autant qu'un Européen, il faudrait l'équivalent de deux planètes supplémentaires.

– Un Américain du Nord a besoin du double d'un Européen pour maintenir son niveau de vie. Si tout le monde consommait comme un Américain, il faudrait cinq planètes supplémentaires.

– En Asie, l'empreinte écologique était encore au-dessous du niveau de la capacité biologique de la Terre il y a quelques années. Mais c'est en Asie que l'on trouve les populations les plus importantes, et les plus forts taux de croissance, notamment en Chine et en Inde. Comme ces pays commencent à adopter un mode de vie occidental, avec une utilisation massive d'énergies fossiles et de matières premières, surtout en Chine et en Asie du Sud-Est, cela peut représenter un danger global.

http://ecofrancisation.webs.com/empreintecologique.htm

COMPRÉHENSION ÉCRITE

Entrée en matière

1 Pouvez-vous expliquer l'expression « *laisser ses empreintes* » ?

Lecture

2 Quelle empreinte écologique la planète peut-elle assumer pour chaque être humain ?
3 À quoi cela sert-il de calculer notre empreinte écologique ?
4 Pourquoi la consommation de l'Asie pourrait représenter un danger global ?

PRODUCTION ORALE

5 Selon vous, quelles sont les solutions pour que les pays riches consomment moins ?
6 **En scène !** Une radio locale organise un débat sur l'avenir de la planète. Des écologistes, des entrepreneurs, des scientifiques... vont y participer. Mettez-vous dans la peau d'un de ces personnages et défendez votre opinion.

POUR VOUS AIDER

Mener le débat
- **C'est à vous, madame/monsieur.**
- **Vous avez la parole./La parole est à...**

GRAMMAIRE
> le futur, le conditionnel

Cahier d'exercices unité 6

> ÉCHAUFFEMENT

1 Observez les phrases suivantes. À quels temps les verbes sont-ils conjugués ?

a | Demain, j'irai au marché bio.
b | Le résultat pourrait vous troubler.
c | Ils auraient aimé être riches.

> FONCTIONNEMENT

2 Qu'exprime chacun de ces temps verbaux ?

- Une éventualité : phrase .....
- Un projet : phrase .....
- Un regret : phrase .....

Rappel : le futur et le conditionnel présent

Verbe à l'infinitif
(on supprime le **-e** des verbes qui finissent en **-re** + **terminaisons**)

Futur	Conditionnel
Vendre	**Dépenser**
je vendr**ai**	je dépenser**ais**
tu vendr**as**	tu dépenser**ais**
il/elle vendr**a**	il/elle dépenser**ait**
nous vendr**ons**	nous dépenser**ions**
vous vendr**ez**	vous dépenser**iez**
ils/elles vendr**ont**	ils/elles dépenser**aient**

REMARQUE

Pour former le conditionnel, on prend le radical du futur et on y ajoute les terminaisons de l'imparfait.

> ENTRAÎNEMENT

3 Retrouvez les radicaux de ces verbes irréguliers afin de les conjuguer au futur avec *je* et au conditionnel avec *nous*.

Exemple : *aller – j'irai* → *nous irions*

a | devoir
b | avoir
c | être
d | faire
e | pouvoir
f | savoir
g | venir
h | voir

Le conditionnel passé

L'auxiliaire **avoir** ou **être** conjugué au conditionnel présent
+ **le participe passé** :
*J'**aurais préféré** voir le dernier film de Luc Besson.* (1)
*Elle **se serait mariée** en secret.* (2)
On utilise le conditionnel passé pour exprimer un regret (1) ou pour donner une information dont on n'est pas certain (2).

REMARQUE

La règle de l'accord du participe passé s'applique comme au passé composé.

4 Complétez les phrases suivantes en employant un verbe conjugué au conditionnel passé.

a | Je ne pensais pas que les soldes étaient déjà passés, sinon...
b | Je n'imaginais pas qu'il ferait aussi froid, sinon...
c | C'était une mauvaise idée d'aller la voir, tu...
d | Mon retard est inexcusable, je...

PRODUCTION ORALE

5 Racontez une rumeur dont vous avez entendu parler récemment.

POUR VOUS AIDER

Répandre la rumeur
- **Il/Elle serait/aurait** + participe passé
- **Il paraît que** + indicatif
- **Les gens disent que** + indicatif
- **J'ai entendu dire que** + indicatif

> la condition, l'hypothèse

> ÉCHAUFFEMENT

1 Observez les phrases suivantes. À quels temps les verbes sont-ils conjugués ?

a | Si vous ne l'avez pas déjà fait, je vous propose de calculer votre empreinte écologique personnelle.
b | Si nous faisons des efforts, nous deviendrons des consommateurs responsables.
c | Si tout le monde consommait autant qu'un Européen, il faudrait l'équivalent de deux planètes supplémentaires.
d | S'ils avaient été riches, ils auraient su s'habiller comme des gens riches.

> FONCTIONNEMENT

2 Qu'exprime chacune de ces phrases ?

- Une hypothèse irréalisable : phrase .....
- Une hypothèse réalisable : phrase .....
- Une condition : phrases ..... et .....

La condition	**Si** + **présent** + **présent** ***Si*** *je* ***vais*** *au supermarché, je* ***trouve*** *tout ce dont j'ai besoin.*
	Si + **présent** + **futur** ***Si*** *tu* ***gagnes*** *au loto demain, tu m'****inviteras*** *au restaurant*
	Si + **présent** + **impératif** ***Si*** *vous* ***voulez*** *consommer mieux,* ***organisez****-vous !*
L'hypothèse réalisable	**Si** + **imparfait** + **conditionnel présent** ***Si*** *tu* ***achetais*** *moins, tu* ***économiserais*** *plus.*
L'hypothèse irréalisable	Conséquence dans le présent : **Si** + **plus-que-parfait** + **conditionnel présent** ***Si*** *j'****étais né*** *en France, je* ***parlerais*** *parfaitement le français.*
	Conséquence dans le passé : **Si** + **plus-que-parfait** + **conditionnel passé** *J'****aurais*** *moins* ***dépensé****,* ***si*** *j'****avais fait*** *plus attention aux prix.*

REMARQUE

Si n'est jamais suivi d'un verbe conjugué au futur ou au conditionnel.

> ENTRAÎNEMENT

3 Conjuguez correctement les verbes dans les phrases suivantes.

a | Si nous en avions eu les moyens, nous ..... propriétaires. (devenir)
b | Si j'étais à votre place, je ..... mes billets de train tout de suite. (acheter)
c | Si tu avais pris un crédit, tu ..... très endetté maintenant. (être)

PRODUCTION ORALE

4 Que feriez-vous si vous étiez la personne la plus riche du monde ?

5 En scène ! Votre fils/fille veut sortir le soir. Vous acceptez sous certaines conditions.

PRODUCTION ÉCRITE

6 Un(e) ami(e) français(e) vient vous rendre visite dans votre pays. Vous lui écrivez un mail pour lui expliquer comment venir chez vous. Donnez-lui des détails et prenez en compte des problèmes possibles.

Exemples : *retard de l'avion ou du train, pluie, grève, embouteillages...*

POUR VOUS AIDER

Poser des conditions
- **Seulement si** + indicatif
- **À condition que** + subjonctif
- **À moins que** + *ne* (restriction) + subjonctif
- **À condition de** + infinitif

Prévoir
- **En cas de** + nom
- **En supposant que** + subjonctif
- **Au cas où** + conditionnel
- **À moins de** + infinitif ou nom

DOCUMENTS

A Les compacteurs, la chasse au gaspillage

Ils « compactent » leur vie pour ne plus gaspiller.

Ils sont de véritables spécialistes des brocantes, marchés aux puces, magasins « d'occase » ou « recycleries »... Ils évitent d'acheter neuf, sauf quand il n'y a pas moyen de faire autrement. Compact est l'un des derniers-nés dans les mouvements de « simplicité volontaire », fondé à San Francisco, en 2006, autour du concept de décroissance.

Il y a une question fondamentale à laquelle doit répondre tout bon « compacteur » avant d'acheter quelque chose : est-ce que j'en ai vraiment besoin ? Si la réponse est oui, c'est le début d'une longue course au matériel d'occasion.

Et la recherche peut se corser : comment se procurer des médicaments, du savon, du dentifrice, ou de la viande « d'occasion » ? Les « compacteurs » ont donc établi des exceptions dans trois domaines : l'alimentation, l'hygiène et la santé. Mais il reste à s'habiller, communiquer, se déplacer et se cultiver avec du matériel usagé...

Julie Marceau, *Ils « compactent » leur vie pour ne plus gaspiller*, Rue89, 10 juin 2009.

COMPRÉHENSION ÉCRITE

Entrée en matière

1 Faites-vous votre possible pour éviter le gaspillage ?

Lecture

2 Qu'est-ce qu'un « *compacteur* » ?

3 Quelle question doit se poser un compacteur avant d'acheter quelque chose ?

4 Quels sont les domaines d'exception des compacteurs ?

5 À votre avis, où les compacteurs trouvent-ils du matériel « *usagé* » pour s'habiller, communiquer, se déplacer et se cultiver ?

Vocabulaire

6 Retrouvez dans le texte les synonymes des mots suivants :

a | se compliquer

b | obtenir

c | de seconde main

PRODUCTION ORALE

7 Quels produits seriez-vous prêts à recycler pour consommer moins ?

PRODUCTION ÉCRITE

8 Vous aimeriez devenir un « compacteur ». Imaginez votre quotidien.

POUR VOUS AIDER

- **Si je devenais compacteur...**
- **Le plus difficile, c'est...**
- **L'avantage du compactage, c'est que...**
- **Il est plus compliqué de...**
- **L'inconvénient/L'avantage serait...**

B La Ruche qui dit Oui

dvd 6

COMPRÉHENSION AUDIOVISUELLE

Entrée en matière

1 Savez-vous ce qu'est « *une ruche* » ?

1er visionnage (sans le son)

2 Que voyez-vous à l'image ?

2e visionnage (avec le son)

3 Quels problèmes « *la Ruche qui dit Oui* » veut-elle résoudre ?

4 Que fait « *la Ruche qui dit Oui* » ?

5 Comment peut-on en créer une ?

6 Comment fonctionne « *la Ruche* » ? Quels avantages offre-t-elle ?

PRODUCTION ORALE

7 Que pensez-vous du système de « *la Ruche qui dit Oui* » ? Aimeriez-vous y participer ?

CIVILISATION

A

1er numéro de *Que choisir ?*

COMPRÉHENSION ÉCRITE

Entrée en matière

1 Regardez l'image : de quoi s'agit-il ? De quand date-t-elle ?

Lecture

2 Décrivez la femme sur la photo. Où se trouve-t-elle ? Que fait-elle ?

3 Quel est l'objectif du magazine ? À quel public est-il destiné ?

PRODUCTION ORALE

4 Vous informez-vous avant d'acheter un produit ?

5 Existe-t-il une union des consommateurs dans votre pays ? Est-elle efficace pour défendre les consommateurs ?

B *Le mirage de la consommation*

Ils auraient aimé être riches. Ils croyaient qu'ils auraient su l'être. Ils auraient su s'habiller, regarder, sourire comme des gens riches. Ils auraient eu le tact, la discrétion nécessaire. Ils auraient oublié leur richesse, auraient su ne pas l'étaler. Ils ne s'en seraient pas glorifiés. Ils l'auraient respirée. Leurs plaisirs auraient été intenses. Ils auraient aimé marcher, flâner[1], choisir, apprécier. Ils auraient aimé vivre. Leur vie aurait été un art de vivre.

Ces choses-là ne sont pas faciles, au contraire. Pour ce jeune couple, qui n'était pas riche, mais qui désirait l'être, simplement parce qu'il n'était pas pauvre, il n'existait pas de situation plus inconfortable. Ils n'avaient pas ce qu'ils méritaient d'avoir. Ils étaient renvoyés, alors que déjà ils rêvaient d'espace, de lumière, de silence, à la réalité, même pas sinistre, mais simplement rétrécie – et c'était peut-être pire – de leur logement exigu, de leurs repas quotidiens, de leurs vacances chétives[2]. C'était ce qui correspondait à leur situation économique, à leur position sociale. C'était leur réalité et ils n'en avaient pas d'autre. Mais il existait, à côté d'eux, tout autour d'eux, tout au long des rues où ils ne pouvaient pas ne pas marcher, les offres fallacieuses[3], et si chaleureuses pourtant des antiquaires, des épiciers, des papetiers. Du Palais-Royal à Saint-Germain, du Champs-de-Mars à l'Étoile, du Luxembourg à Montparnasse, de l'Île-Saint-Louis au Marais, des Ternes à l'Opéra, de la Madeleine au parc Monceau, Paris entier était une perpétuelle tentation. Ils brûlaient d'y succomber, avec ivresse, tout de suite et à jamais. Mais l'horizon de leurs désirs étaient impitoyablement bouché ; leurs grandes rêveries impossibles n'appartenaient qu'à l'Utopie.

Georges Perec, *Les Choses*, Julliard, 1993.
(1re édition : 1965)

1 Se promener. 2 Pauvres, misérables. 3 Trompeuses.

COMPRÉHENSION ÉCRITE

Entrée en matière

1 À quoi vous fait penser le titre du roman *Les Choses* ?

Lecture

2 Le couple dont il est question est-il pauvre ?

3 Comment aurait été leur vie s'ils avaient été riches ?

4 Retrouvez dans le texte les adjectifs négatifs qui décrivent leur vie actuelle.

5 Que représente Paris à leurs yeux ?

6 Leur situation pourrait-elle s'améliorer ? Pourquoi ?

PRODUCTION ORALE

7 Pour vous, que veut dire « être riche » ?

Dossier 2 À loisirs

A Infographie

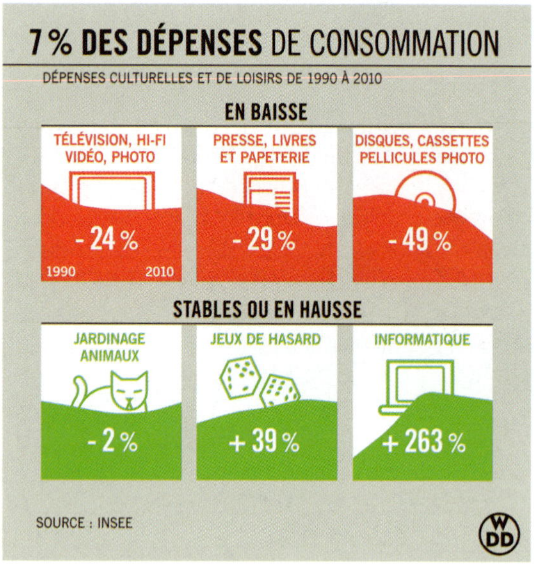

COMPRÉHENSION ÉCRITE

Entrée en matière

1 Formulez une définition du mot « *loisir* ». Connaissez-vous des synonymes de ce mot ?

Lecture

2 Observez le podium des loisirs. Selon vous, pourquoi les loisirs préférés des Français ne sont pas les mêmes que ceux qu'ils pratiquent ?

3 Comment expliquez-vous l'évolution des dépenses des Français en matière de loisirs de 1990 à 2000 ?

PRODUCTION ORALE

4 Quels sont vos trois loisirs préférés ? Les pratiquez-vous régulièrement ?

5 Quels sont les loisirs les plus populaires dans votre pays ?

B Le géocaching

cd 38

« *Tout a débuté le 1er mai 2000...* »

Entrée en matière

1 Avez-vous déjà entendu parler du géocaching ? À partir de quel préfixe le mot est-il formé ?

1re écoute (en entier)

2 En quoi consiste le géocaching ?

3 Faites la liste des mots commençant par « géo- » entendus dans le document et essayez de les définir.

2e écoute (en entier)

4 Où et comment est né le géocaching ?

5 Donnez un synonyme français du géocaching prononcé dans le document.

6 Comment Jean-Michel a-t-il découvert le géocaching ?

7 Quel est l'intérêt du géocaching selon Jean-Michel ?

8 Pourquoi a-t-il placé une cache au château d'Antoing ?

9 Que font les géocacheurs quand ils trouvent une cache ?

10 Pourquoi des micro-caches sont-elles prévues pour les zones urbaines ?

11 Complétez la phrase suivante : « *Plus ..... de caches sont répertoriées dans ..... pays.* »

PRODUCTION ORALE

12 Imaginez que vous êtes géocacheur. Vous avez décidé de placer une cache dans votre région. Dites où vous la cacheriez et pour signaler quoi. Votez pour la meilleure cache de votre classe.

C Qu'est-ce qu'on fait ce week end ?

Stage yoga et méditation dans les Côtes d'Armor
Le centre de yoga de Plougrescant organise des stages d'une journée chaque premier samedi du mois. Dans un environnement naturel et maritime, nous vous proposerons 2 cours de hata yoga et une session de méditation. Inscrivez-vous le plus vite possible pour y participer.

Exposition « microcosmos » à Lille
Le musée d'Histoire naturelle de Lille vous invite à venir découvrir une exposition exceptionnelle de macrophotographies qui vous transportent au cœur du peuple de l'herbe : fourmis, sauterelles, coccinelles géantes. N'hésitez pas à organiser un petit séjour à Lille pour l'occasion. Le musée se trouve en plein centre, à proximité de la gare, vous pourrez vous y rendre à pied.

Nuits blanches Bollywood à Toulouse
Dans le cadre de l'opération « Les nuits blanches du cinéma », la cinémathèque de la ville rose propose un festival Bollywood. L'événement sera inauguré avec le grand succès nominé aux Oscars *Lagaan*. De nombreux films seront présentés, vous pourrez en voir beaucoup si vous êtes des fans inconditionnels. Réservez vos places pour pouvoir en profiter.

Citiybreak à Lausanne
Tartiflette, fondue au fromage, rösti et bon chocolat ? Avouez, vous en rêvez. Alliez contemplation, nature et gastronomie sur les bords du lac Léman. Le canton de Vaud offre un large éventail d'activités nautiques ou alpines. Faites l'ascension du Plateau suisse, admirez les lumières changeantes du lac... Vous pourrez même vous y baigner si le cœur vous en dit. Été comme hiver : bienvenue en Suisse ! Vous en reviendrez enchantés.

Cross-escalade dans la forêt de Fontainebleau
Vous n'en pouvez plus de la folie citadine ? Vous aimez le grand air, la course ou la marche athlétique et l'escalade ? Qu'attendez-vous pour tenter votre chance au cross de Barbizon ? Une dizaine de compétitions sont organisées en parallèle et vous pourrez en choisir deux parmi le cross, le cross-escalade, le semi-marathon, le 20 km marche... Un grand pique-nique est organisé à partir de 12 h 30. Ambiance festive garantie, vous en garderez un souvenir mémorable !

COMPRÉHENSION ÉCRITE

Entrée en matière

1 Que faites-vous en général le week-end ?

Lecture

2 Selon vous, parmi ces propositions de sorties, lesquelles sont :

a | sportives
b | culturelles
c | culinaires
d | calmes

3 Parmi les cinq activités proposées dans l'article, laquelle proposeriez-vous aux personnes suivantes ? Justifiez votre choix.

a | Claudine est professeur de sciences et vie de la terre. Elle apprécie le tourisme urbain.

b | Omar et Hugo sont amis depuis le lycée. Ils passent la plupart de leurs week-ends ensemble. Ils aiment bien manger et ils ne sont pas très sportifs.

c | Naïma est danseuse. Elle adore la mer.

d | Romain est stressé à cause de son travail. Il profite de ses week-ends pour penser à autre chose. Il aime les expériences exotiques.

Vocabulaire

4 Trouvez dans le texte un synonyme pour chacun des mots suivants :

a | aller
b | nuit sans sommeil
c | proposer
d | associer
e | urbaine
f | essayer

PRODUCTION ORALE

5 Et vous, quelle sortie choisiriez-vous pour le week-end ? Pourquoi ?

6 **En scène !** Par groupe, vous allez simuler la conversation entre Claudine, Omar, Hugo, Naïma et Romain qui veulent faire quelque chose tous ensemble ce week-end. Ils doivent se mettre d'accord et organiser une des sorties proposées.

POUR VOUS AIDER

Proposer une sortie
- **Qu'est-ce que vous voulez faire ?**
- **Ça te dirait de** + infinitif
- **Tu aurais envie de** + infinitif
- **Nous pourrions/On pourrait** + infinitif
- **Et si** + imparfait
- **Je te/vous propose de** + infinitif

PRODUCTION ÉCRITE

7 Vous avez passé un week-end « d'enfer » et vous laissez un message sur le forum du site www.id2sortie.fr. Racontez votre sortie et recommandez aux internautes de découvrir, comme vous, cette région et/ou cette activité.

GRAMMAIRE
> le pronom *y*

Cahier d'exercices unité 6

> ÉCHAUFFEMENT

1 Observez les phrases suivantes. Pourquoi utilise-t-on le pronom *y* ?

a | Vous pourrez vous y rendre à pied.
b | Inscrivez-vous le plus vite possible pour y participer.
c | Le lac est très propre. Vous pouvez vous y baigner.

> FONCTIONNEMENT

2 Que remplace le pronom *y* ?

• une chose introduite par *à* : phrase .....
• un lieu : phrases ..... et .....

Le pronom *y*

Le pronom **y** peut remplacer :	
• un lieu où l'on se trouve	*Je suis **au gymnase**, j'**y** resterai jusqu'à 16 heures.*
• un lieu où l'on va	*J'adore **la Bretagne**. J'**y** vais chaque été.*
• le complément d'un verbe qui fonctionne avec la préposition **à**	*– Je me suis inscrit **au cours de peinture de la mairie**.* *– Comment as-tu fait pour t'**y** inscrire ? (s'inscrire à)*

REMARQUES

• Le pronom **y** se place toujours juste devant le verbe auquel il se rapporte sauf à l'impératif, le pronom **y** se place après le verbe :
*Vas-**y** !*
• On utilise les pronoms toniques pour désigner des personnes :
*– Je m'intéresse depuis longtemps **à ce peintre**.*
*– Pourquoi tu t'intéresses **à lui** ?*
• Avec les verbes de communication, on utilise les pronoms ***lui*** et ***leur*** :
*– Tu peux expliquer les règles du jeu **aux débutants**.*
*– Oui, je **leur** expliquerai les règles du jeu.*

Les expressions idiomatiques avec *y*

• **Je n'y peux rien.** (= Ce n'est pas de ma faute.)
• **Ça y est.** (= C'est terminé.)
• **Je m'y connais.** (= C'est mon domaine.)

> ENTRAÎNEMENT

3 Imaginez à quoi fait référence le pronom *y* dans les phrases suivantes.

a | On y passe trop de temps.
b | Nous y allons chaque week-end.
c | On n'y renonce pas facilement.
d | Il y fait très froid.
e | Je m'y intéresse beaucoup.

4 Répondez aux questions en utilisant un pronom.

Exemple : *– Tu vas à la piscine ?*
→ *– Non, finalement je n'y vais pas.*

a | Pour combien de temps partez-vous au Canada ?
b | Vas-tu participer à cet atelier ?
c | Est-ce que tu retourneras dans cette boutique ?
d | Quand est-ce que tu vas te mettre à faire de l'exercice ?

5 Jouez aux devinettes : pensez à un lieu et faites-le deviner à un(e) camarade.

Exemple : *On peut y aller en été ou en hiver, on peut s'y allonger pour bronzer, on peut s'y baigner, on peut y ramasser des coquillages, il est déconseillé d'y aller pendant les grosses tempêtes...*

> le pronom *en*

> ÉCHAUFFEMENT

1 Observez les phrases suivantes. Pourquoi utilise-t-on le pronom *en* ?

a | De nombreux films seront présentés, vous pourrez en voir beaucoup.
b | Un stage exceptionnel : réservez vos places pour pouvoir en profiter.
c | Des vacances ? Avouez, vous en rêvez.
d | Plusieurs compétitions auront lieu en parallèle et vous pourrez en choisir deux.
e | Bienvenue en Suisse ! Vous en repartirez enchanté.

> FONCTIONNEMENT

2 Que remplace le pronom *en* ?

• Un lieu : phrase .....
• Une quantité : phrase .....
• Une chose introduite par *de* : phrases ..... , ... et .....

Le pronom *en*

Le pronom **en** peut remplacer :	
• un lieu d'où l'on arrive	*Je ne vais pas repartir à **Lyon**, j'**en** reviens. (revenir de)*
• un élément dont la quantité n'est pas précisée (partitif)	***De la** viande ? Je n'**en** cuisine plus depuis longtemps.*
• un élément dont la quantité est précisée	***Un** prof de gym ? Il y **en** a **un** très bon au club municipal.* *Mon frère a **beaucoup d'**énergie. Moi, je n'**en** ai pas **autant**.*
• un complément dans les constructions avec la préposition **de**	*Son travail ? Il n'**en** parle jamais. (parler de)* *J'ai bien joué, j'**en** suis très fière. (être fier de)* *Rends-moi mon livre, j'**en** ai besoin. (avoir besoin de)*

REMARQUES

• Le pronom **en** se place comme le pronom ***y*** dans la phrase : avant le verbe, sauf à l'impératif.
• Le pronom **en** ne remplace généralement pas les noms de personne :
*– Qu'est-ce que tu penses de madame Rose ? / – Tu veux vraiment savoir ce que je pense **d'elle** ?*

> ENTRAÎNEMENT

3 Remplacez les mots soulignés par le pronom *en* dans les phrases suivantes.

a | Je ne pense pas avoir besoin de répétitions supplémentaires.
b | Je suis très contente de mon professeur de dessin.
c | J'ai réussi à acheter trois entrées pour le concert de Lady Gaga.
d | Je me souviens encore de ma première randonnée.

PRODUCTION ORALE

4 En scène ! Un(e) de vos camarades de classe rate souvent les cours et vient toujours vous demander vos notes. Vous êtes exaspéré(e) et vous le lui expliquez.

POUR VOUS AIDER

Exprimer son exaspération
• **J'en ai assez !**
• **J'en ai marre !**
• **J'en ai ras-le-bol !**
• **Je n'en peux plus !**
• **Ça ne peut plus continuer comme ça.**
• **Ça m'énerve !**
• **Ça suffit !**

DOCUMENTS

Demain

cd 39

Demain j'arrêterai, demain je m'y mettrai.
J' fous rien, je rêve à la fenêtre.
Un jour, faudrait que je m'y mette.
Mais il y a de la vie tous les soirs.
Y' a des filles dans les bars.
Allez viens, demain sera trop tard.
Il y a toujours une p'tite fête,
Promis demain j'arrête.
Mais ce soir, la nuit sera sans fin.

À l'été, à la vie, au soleil et aux filles,
Je veux lever mon verre à en rouler par terre.
Je rejoins l'imprévu, la folie et l'ivresse,
En chantant dans les rues, j'oublie toutes les promesses.

Demain j'arrêterai, demain je m'y mettrai.
J' fous rien au café en terrasse,
J' suis bien, j' regarde la vie qui passe.

Et pourquoi faire aujourd'hui, ce que je pourrai faire demain.
Vive la vie, qu'on prend comme elle vient.
Alors j'appelle mes potes.
Ça te dirait qu'on sorte ? C'est ce soir ;
Demain sera trop tard.

À l'amour, à la vie, au soleil et aux filles,
Je veux lever mon verre.
Allez viens voir mon frère.
C'est pas que le paradis n'a pas tout pour nous plaire.
J'ai plus chaud en enfer,
Entouré de mes amis.

Thomas Dutronc.

J' fais des économies.
J' prévois le reste de ma vie.
Mutuelle et petit bas de laine :
Mon Dieu que j'aime le système.

Demain sera merveilleux. J'aurai ma maison j' serai heureux,
Mais j' serai vieux. Et ça c'est ennuyeux.
Alors je te les laisse : ma place, mon chien, ma caisse.
Résolution : j' prends plus de résolution.

À l'été, à la vie, au soleil et aux filles,
Viens donc lever ton verre, renversons les barrières.
Demain on s' ra tous frères. Demain il y aura plus de guerre.
On mangera à sa faim. En attendant je m'en sers un.

À l'amour, à la vie, au soleil et aux filles,
Je veux lever mon verre et rêver devant la mer.

COMPRÉHENSION ORALE

Entrée en matière

1 Que pensez-vous de la phrase suivante : « *Et pourquoi faire aujourd'hui, ce que je pourrai faire demain* » ?

1re écoute (en entier)

2 Écoutez la chanson, puis décrivez la musique et le rythme. De quel style de musique s'agit-il ?
3 De quoi est-il question dans cette chanson ?

2e écoute (en entier)

4 « *Promis demain j'arrête* » : qu'arrêtera le chanteur ?

COMPRÉHENSION ÉCRITE

5 Quel changement d'attitude remarquez-vous chez le chanteur tout au long de la chanson ? Justifiez votre réponse en citant le texte.
6 Selon vous, quel est le message de la chanson ?

7 Retrouvez les équivalents des expressions suivantes en langage familier dans la chanson :
a | ami **b** | voiture

PRODUCTION ORALE >>>>DELF

8 Vous souhaitez organiser une fête d'anniversaire. Vous discutez de l'organisation avec votre ami(e), mais il/elle n'est pas d'accord avec vous. Votre ami(e) voudrait inviter beaucoup de personnes alors que vous préférez les soirées en petit comité. Essayez de le/la convaincre. (Aidez-vous des conseils p. 120).

POUR VOUS AIDER

Insister
- **Mais si…**
- **Je t'assure !**
- **Mais puisque je te dis que…**
- **Ce serait beaucoup mieux si** + plus-que-parfait

VOCABULAIRE
> le temps libre

Cahier d'exercices unité 6

LES LOISIRS *(M.)*
le bricolage
la collection
la couture
la cuisine
le jardinage
la lecture
la peinture
la promenade

1 Quels verbes correspondent aux noms suivants ?
a | la lecture
b | la peinture
c | la collection
d | la promenade
e | la couture

2 Intonation cd 40
a | Écoutez les phrases et dites de quelle activité on parle.
b | Répétez les phrases.

SORTIR
aller à un festival
aller en boîte
assister à une représentation
assister à un spectacle de danse
aller au musée
réserver une place de concert
se rendre à l'opéra *(m.)*
visiter une exposition
voir un film

3 Lisez les phrases suivantes issues du programme « Paris sorties » et retrouvez de quel type de spectacle il est question.
a | La chorégraphie n'est pas très innovante.
b | Je vous recommande ce spectacle pour la voix extraordinaire du ténor.
c | Les spectateurs ont longtemps applaudi à la fin de la séance.
d | Michel Piccoli est sur scène aux Bouffes du Nord.

SORTIE NATURE
la balade en forêt
la course d'orientation
la pêche à la ligne
le pique-nique
la randonnée (pédestre)

SE DÉTENDRE
dessiner
écrire
faire de la marche
faire du chant
faire la fête
faire la sieste
jouer d'un instrument
s'amuser
se distraire
s'intéresser à...
se passionner pour...

4 Citez des activités :
a | qui vous semblent distrayantes ;
b | qui sont, pour vous, passionnantes ;
c | qui vous détendent ;
d | que vous ne pratiquerez jamais.

Expressions
se la couler douce
prendre du bon temps
se changer les idées

5 Retrouvez la définition de chacune des expressions de la liste.
a | faire une activité pour penser à autre chose
b | passer un bon moment
c | ne rien faire

LES JEUX
les cartes *(f.)*
gagner/perdre
le/la joueur(-euse)
le jeu de société/de cartes
le jeu vidéo
le jeu de hasard/de stratégie
la partie
la règle du jeu
tricher

6 Parmi les jeux suivants, lesquels sont des jeux de dés, des jeux de cartes et des jeux de plateau ? Repérez l'intrus.
a | les échecs
b | le rami
c | le 421
d | les dames
e | les dominos
f | le jeu de go
g | le backgammon
h | le tarot
i | la belote

LE SPORT
le basket
la course
l'escalade *(f.)*/la grimpe
la natation

LES INFRASTRUCTURES
la piscine
la piste
le stade
le terrain

7 Rendez son matériel à chaque sportif.
a | le golfeur
b | le nageur
c | le footballeur
d | le basketteur
e | le joueur de tennis
f | le grimpeur
g | le coureur cycliste

1 | la raquette
2 | le club
3 | la corde
4 | le vélo
5 | le ballon
6 | le maillot de bain
7 | le panier

LA COMPÉTITION SPORTIVE
battre un joueur/une équipe
le/la champion(-ne)
le championnat
le club
l'entraîneur *(m.)*
faire match nul
la finale/demi-finale
le/la gagnant(e)
jouer contre
le match, la rencontre
le/la perdant(e)
la rencontre
le/la supporter

8 Complétez le texte suivant à l'aide des mots de la liste ci-dessus.
L'..... de France de hand-ball a fait ..... lors de la ..... contre la Croatie hier soir à Berlin. Les joueurs, dont l'..... est un ancien ..... du monde, n'ont pas réussi à ..... le club croate qui a gagné le dernier ..... d'Europe. Les Bleus ne sont donc pas qualifiés pour la ....., ce qui a sûrement déçu les ..... qui s'étaient déplacés pour assister au ..... .

PRODUCTION ORALE
9 Choisissez un jeu ou un sport et expliquez les règles à un(e) camarade. Il/Elle devra deviner de quel jeu ou sport il s'agit.

CIVILISATION

A Festival interculturel du conte

COMPRÉHENSION ÉCRITE

Entrée en matière

1 Par quelles formules les contes commencent et finissent-ils très souvent ?

2 De quoi parlent les contes que vous connaissez ?

Lecture

3 De quel type de document s'agit-il ?

4 Décrivez les dessins. Que vous évoquent-ils ?

5 Qui organise le festival et où a-t-il lieu ?

PRODUCTION ORALE

6 Selon vous, quel est l'intérêt d'organiser un festival de contes qui soit interculturel ?

B Les trois sâdhus et le disciple

cd 41

« Moi je peux rendre à cet être, quel qu'il soit, et sa peau, et sa chair et son sang ! »

COMPRÉHENSION ORALE

Entrée en matière

1 Lisez la phrase entre guillemets, expliquez-la et dites qui a pu la prononcer.

1re écoute (du début à 1'37'')

2 Comment sont décrits les personnages de cette histoire ?

3 Quel pouvoir a chacun des sâdhus ? Pourquoi veulent-ils les montrer ?

4 Pourquoi le disciple arrête-t-il le dernier sâdhu ? Que va-t-il se passer ensuite à votre avis ?

2e écoute (de1'38'' à la fin)

5 Que fait le disciple à la fin de l'histoire ?

6 Quelle est la morale de ce conte ? Qu'en pensez-vous ?

PRODUCTION ORALE

7 Cherchez un conte populaire et contez-le à votre classe. Soyez expressif et n'oubliez pas la morale de l'histoire.

ATELIERS

1 ENQUÊTER SUR LA FABRICATION D'UN PRODUIT

Vous allez enquêter sur la fabrication d'un produit alimentaire.

Démarche

En groupes de deux ou trois.

1 Préparation

• Vous faites la liste des produits alimentaires industriels que vous consommez régulièrement. Exemples : *de la moutarde, du chocolat, du yaourt, du soda...*

• Vous en discutez en groupe puis vous en choisissez un. Vous dites à votre professeur quel produit vous avez sélectionné. Vous allez enquêter sur sa composition.

2 Réalisation

• Vous étudiez la composition du produit.
Lisez bien l'étiquette comportant les ingrédients qui composent ce produit.

• Savez-vous à quoi correspondent chacun de ces ingrédients ? Vous enquêtez pour savoir d'où ils viennent, comment ils sont produits...
Vous faites des recherches sur Internet, vous contactez les entreprises qui fabriquent ces produits...
Souvent, les produits ont des noms de code comme E388, cherchez ce qui se cache derrière ces initiales.

3 Présentation

• Vous présentez votre étude à la classe.
Votre présentation doit permettre d'en savoir plus sur ce que nous mangeons. Soyez clair(e) et précis(e).

• Vous dites si votre regard a changé sur ce produit et vous engagez un débat avec votre public.

2 PRÉSENTER UN LOISIR INSOLITE

Vous allez présenter une activité inconnue ou peu courante à votre classe (un loisir créatif, un sport, un passe-temps, un divertissement...)

Démarche

Individuellement ou en groupe.

1 Préparation

• Vous faites des recherches pour trouver un loisir insolite et pour avoir le maximum de renseignements sur cette activité.

2 Réalisation

• Vous organisez les informations sur cette activité de manière structurée.
Par exemple, s'il s'agit d'un sport, expliquez son origine historique, le but du jeu, les règles du jeu, décrivez les joueurs, expliquez en quoi consiste un entraînement, parlez des différentes compétitions...
Pensez à exposer les bons et les mauvais côtés de la pratique de ce loisir.

• Vous vous préparez à présenter votre proposition à la classe.
Si vous en avez la possibilité, apportez des accessoires nécessaires à la pratique de ce loisir ou des photos pour illustrer votre exposé.
Entraînez-vous à faire votre exposé.

3 Présentation

• Vous présentez le loisir insolite.
Suscitez l'intérêt de vos camarades en mettant en valeur l'intérêt de la pratique de ce loisir.

• Vous votez pour le loisir le plus insolite.
Vous pouvez faire un vote à main levée ou à bulletin secret.

S'exprimer à l'oral (1)

Ces stratégies vous seront utiles pour réussir au mieux les exercices de production orale du livre et pour préparer l'épreuve du DELF B1 (cf. DELF, épreuve blanche, page 175).
L'épreuve de production orale du DELF B1 dure 15 minutes environ. Elle se déroule en trois étapes. Le niveau de difficulté va en augmentant.

ÉTAPE 1 – ENTRETIEN DIRIGÉ (2 À 3 MINUTES) SANS PRÉPARATION

Cette étape va vous permettre de prendre confiance en vous. En effet, l'examinateur va vous demander de vous présenter brièvement.
• Il va vous poser des questions sur vous, votre famille, votre travail, vos activités, vos loisirs :
– *Comment vous appelez-vous ? – Quelle est votre profession ? – Où habitez-vous ? – Pouvez-vous me parler de votre famille ? – Quel est votre sport favori ?* etc.
• Il va vous demander ce que vous faites mais également ce que vous avez fait :
– *Quelles études avez-vous faites ? – Ou êtes-vous allé(e) en vacances la dernière fois ?* etc.
• Il peut aussi vous poser des questions sur vos projets :
– *Quels sont vos projets professionnels ? – Vous allez faire quoi le week-end prochain ?* etc.
• Pour réussir, vous devez donc bien connaître les temps du passé notamment l'emploi du passé composé et de l'imparfait. Révisez aussi le futur proche et le futur simple.
Il est possible que l'on vous demande d'expliquer quelque chose :
– *Pourquoi étudiez-vous le français ? – Comment êtes-vous venu jusqu'ici ?*

ÉTAPE 2 - EXERCICE EN INTERACTION (3 À 4 MINUTES) SANS PRÉPARATION

Cet exercice est un jeu de rôle entre deux personnes.
Il est important que vous vous demandiez quelle est la relation entre ces deux personnes. En effet, si vous jouez le rôle d'un(e) employé(e) et que l'examinateur joue le rôle de votre patron, vous devrez lui dire *vous*. Si les deux personnages sont amis, vous vous direz *tu*.
Dans cette activité, vous vous trouverez dans une situation stressante. Vous devrez résoudre un problème au restaurant, dans votre entreprise, dans un hôtel, à la gare, dans votre école, etc.
Vous devrez réclamer, argumenter et convaincre.
Durant l'épreuve, n'oubliez jamais que, pour vous comme pour l'examinateur, c'est du théâtre !

Comment s'entraîner à ce type d'exercice ?

• Entraînez-vous le plus souvent possible avec un(e) camarade de votre classe à l'aide des exercices du livre. Improvisez à partir de situations de la vie quotidienne.
• Vous pouvez aussi préparer des fiches de vocabulaire ou d'expressions pour négocier, argumenter, contre-argumenter, faire des reproches, vous justifier, vous excuser, etc.

TOUS CITOYENS !

« Qu'est-ce qu'un citoyen qui doit faire la preuve, à chaque instant, de sa citoyenneté ? »
Pierre Bourdieu (sociologue)

Dossier 1 Engageons-nous !

A Maîtrise de la langue et de la culture françaises impérative

Que ce soit pour l'acquisition de la nationalité, renouveler son séjour ou faire un regroupement familial, les « valeurs de l'histoire française et de la République » devront être maîtrisées, ainsi que la langue française.

Il sera désormais plus difficile d'acquérir la nationalité française si le niveau de français du postulant est insuffisant. Jusqu'à présent, l'évaluation du niveau de connaissance du français du demandeur s'effectuait au cours d'un entretien avec un agent de la préfecture lors du dépôt du dossier. La loi en vigueur, depuis le 1er janvier 2012, durcit le processus.

Les personnes qui souhaitent acquérir la nationalité par naturalisation, réintégration ou déclaration à raison du mariage doivent pour cela fournir un diplôme ou une attestation délivrée par un organisme auquel le label « Français langue d'intégration » a été délivré. Les prétendants devront ainsi justifier d'un niveau de maîtrise du français équivalent à celui d'un élève de classe de 3e des collèges (que tous les Français n'ont pas !).

D'une part, le nouveau Français devra signer une « Charte des droits et devoirs du citoyen français ». Aux termes de la loi, la personne naturalisée devra connaître (et donc avoir appris) des notions « de l'histoire, de la culture et de la société française ». Il s'agit de démontrer son « adhésion aux principes et aux valeurs essentiels de la République ».

D'autre part, « lors de son acquisition de la nationalité française par décision de l'autorité publique ou par déclaration, l'intéressé indique à l'autorité compétente la ou les nationalités qu'il possède déjà, la ou les nationalités qu'il conserve en plus de la nationalité française, ainsi que la ou les nationalités auxquelles il entend renoncer ».

Enfin, ces règles sont aussi applicables au ressortissant étranger âgé de plus de seize ans et de moins de soixante-cinq ans ou au conjoint de Français qui sollicite le regroupement familial. Ils bénéficieront dans leur pays de résidence d'une évaluation de leur degré de connaissance de la langue et des valeurs de la République.

Walid MEBAREK, El Watan.com, 11 janvier 2012.

COMPRÉHENSION ÉCRITE

Entrée en matière

1 Lisez le titre et le chapeau. Quel est le thème de cet article ?

1re lecture

2 De quel journal francophone cet article provient-il ?

3 Dans quel ordre apparaissent les informations suivantes :

a | les personnes concernées
b | la question des autres nationalités
c | l'examen de français
d | la Charte des droits et des devoirs du citoyen

2e lecture

4 Quelles étaient les conditions linguistiques pour obtenir la nationalité française avant le 1er janvier 2012 ? Et depuis ?

5 Que doit faire une personne désirant acquérir la nationalité française pour montrer qu'elle est d'accord avec les principes et les valeurs de la République ?

6 Une personne qui devient française doit renoncer à sa nationalité. Vrai ou faux ?

7 Un jeune étranger de 17 ans qui veut rejoindre sa famille en France devra passer les tests de français et des valeurs de la République dès son arrivée sur le territoire français. Vrai ou faux ?

Vocabulaire

8 Dans le texte, les termes « *le postulant* », « *le prétendant* », « *l'intéressé* » désignent la même personne. Vrai ou faux ?

9 À votre avis que signifie dans ce contexte le terme « *réintégration* » ?

10 Trouvez dans le texte un synonyme de « *citoyen étranger* ».

B Questions pour un champion

cd 42

COMPRÉHENSION ORALE

Entrée en matière

1 Le titre « *Questions pour un champion* » est inspiré d'un jeu de culture générale. Étant donné la thématique de cette double page, de quoi va traiter ce document à votre avis ?

1re écoute

2 Dans quel ordre entend-on les éléments suivants ?

a | Les journalistes mentionnent des historiens et des experts.
b | Nancy est interviewée.
c | La journaliste parle des tests de naturalisation.
d | On entend trois étudiantes françaises.
e | Des Français donnent leur avis sur les questions.

2e écoute

3 Cochez les mots entendus.

a | ☐ ministère de la Culture
☐ ministère de l'Intérieur
b | ☐ Édith Piaf
☐ Édith Cresson
c | ☐ La Grande Arche
☐ L'Arc de Triomphe
d | ☐ Napoléon
☐ Louis XIV
☐ Jeanne d'Arc
☐ Le général de Gaulle
e | ☐ Les Champs-Élysées
☐ La tour Eiffel

3e écoute

4 Dites si les affirmations ci-dessous sont vraies ou fausses.

	Vrai	Faux
a | La culture, l'économie et la connaissance fine de la société française vont être introduites dans les tests de naturalisation.	☐	☐
b | Le test est composé de 50 questions à choix multiples.	☐	☐
c | Les trois étudiantes françaises n'ont pas trouvé la bonne réponse à la question posée.	☐	☐
d | L'un des Français interviewés trouve certaines questions stupides.	☐	☐
e | Nancy a été naturalisée française.	☐	☐
f | Pour Nancy, ce test n'est pas une bonne idée.	☐	☐
g | Ce test est élaboré (créé) par des historiens et des experts étrangers.	☐	☐

Vocabulaire

5 Lisez la transcription du document page 207 et expliquez les termes suivants : *soumettre un questionnaire, un aperçu, un taux, une épreuve, les tricheurs*.

PRODUCTION ORALE

6 Pour obtenir la nationalité, le niveau de français demandé à l'oral est B1 (votre niveau). Trouvez-vous cela approprié ou non ? Pourquoi ? Vous présenterez votre opinion sous la forme d'un court exposé (aidez-vous des conseils donnés p. 138).

PRODUCTION ÉCRITE

7 Vous venez de passer ce test avec succès. Votre ami(e) souhaite s'y préparer. Vous lui donnez des conseils pour le réussir et vous lui expliquez comment vous vous êtes familiarisé(e) avec les questions sur la langue, la culture et l'histoire françaises.

VOCABULAIRE
> la citoyenneté

Cahier unité 7 d'exercices

LES INSTITUTIONS *(F.)*

l'Assemblée *(f.)* nationale
la Constitution
la démocratie ≠ la dictature
l'État *(m.)*
la justice
la loi
le ministère
la Nation
le Parlement
le régime politique
la République
le Sénat

1 Complétez les phrases avec des mots de la liste ci-dessus.
a | En France, la ... a succédé à la monarchie.
b | Le Parlement est composé de ... et du ... .
c | Tout le monde doit respecter ... qui est la même pour tous.
d | En France, la ... manque de moyens financiers, c'est pourquoi les tribunaux ont du retard dans le traitement des dossiers.
e | Le président de la République est le chef de ... .

LES ACTEURS ET LEURS ACTIONS

le/la citoyen(ne)
le/la député(e)
l'élu(e)
le gouvernement
le/la ministre
le Premier ministre
le/la président(e)
le/la sénateur(-trice)
décider
élire
examiner
exiger
gouverner
manifester
réclamer
réformer
refuser
voter

2 Associez les acteurs et leurs actions puis créez des phrases à partir de ces éléments.
a | les citoyens
b | le gouvernement
c | les députés et les sénateurs
d | le président
e | les élus (grands électeurs)

1 | voter pour élire des sénateurs
2 | vouloir réformer
3 | examiner les lois
4 | manifester
5 | nommer le Premier ministre

LES DOCUMENTS *(M.)*

l'attestation de réussite *(f.)*
le bulletin de salaire/la fiche de paie
la carte d'électeur
la carte vitale
le certificat de naissance ≠ de décès
le diplôme
le justificatif (de domicile)
le livret de famille
les papiers *(m.)* =
les pièces d'identité *(f.)* : la carte d'identité, le passeport, le permis de séjour, le visa touristique

3 Complétez les dialogues ci-dessous.
a | Je vous déclare unis par le mariage. Je vais maintenant vous remettre un ..... sur lequel seront inscrits vos enfants au moment de leur naissance.
b | – Vos papiers, s'il vous plaît !
– Tenez, voici ma ..... .
c | – Voilà madame, c'est 23 € pour la consultation. Mais si vous avez votre ....., vous n'aurez pas besoin d'avancer l'argent.
– Tenez, docteur ! La voici.
d | – Nous sommes intéressés par votre appartement.
– Très bien mais pour vous le louer, il me faudrait des justificatifs, par exemple vos trois derniers ..... .
e | – Bonjour monsieur, je voudrais déposer un dossier pour obtenir un ..... .
– Oui. Quelle est votre situation actuelle ? Vous avez un visa touristique ?
– Exactement, mais j'ai trouvé un emploi et je voudrais donc pouvoir rester sur le territoire.

LES SYMBOLES *(M.)* ET LES VALEURS *(F.)*

la Déclaration des droits de l'homme et du citoyen
la devise nationale
le drapeau tricolore
le droit ≠ le devoir
l'égalité *(f.)*
la fraternité
l'hymne *(m.)* national
la laïcité
la liberté
Marianne
la solidarité
la tolérance

4 Complétez les phrases suivantes avec les mots de la liste ci-dessus.
a | « Liberté, égalité, fraternité » est ..... de la République française.
b | ..... est une figure féminine qui représente la République.
c | Tous les citoyens ont des droits et ..... .
d | La Marseillaise est ..... français.
e | Le ..... français est bleu, blanc, rouge.

PRODUCTION ORALE

5 En France, les citoyens manifestent souvent. Imaginez les raisons qui les y poussent et exposez-les à la classe. Puis créez des slogans pour chacune de ces situations et scandez-les !

6 Intonation
Écoutez ces slogans puis répétez-les. cd 43

PRODUCTION ÉCRITE

7 Décrivez les symboles et les valeurs de votre pays.

DOCUMENTS

Charte des droits et des devoirs du citoyen français présentée à la signature des demandeurs de la nationalité francaise

Vous souhaitez devenir Français. C'est une décision importante et réfléchie.
Devenir Français n'est pas une simple démarche administrative.
Afin de s'assurer de votre bonne compréhension des droits et devoirs de tout citoyen français, et en particulier de la loyauté* que chacun doit à la République française, il vous est demandé de prendre connaissance de la présente charte, puis, si vous y adhérez, de la signer. Votre signature qui est la marque de votre engagement, est une condition indispensable à l'obtention de la nationalité française.

Les droits et les devoirs du citoyen français
Être citoyen français exige de reconnaître que chaque être humain, sans distinction de race, de religion, ni de croyance, possède les droits inaliénables suivants :

Liberté
Les hommes et les femmes naissent et demeurent libres et égaux en droit.
Nul ne peut être inquiété pour ses opinions pourvu que leur manifestation ne trouble pas l'ordre public.
Tout citoyen peut parler, écrire, imprimer librement, sauf à répondre de l'abus de cette liberté.
Chacun a droit au respect de sa vie privée.
Personne ne peut être accusé, arrêté ni détenu que dans les cas et formes déterminés par la loi.
Tout citoyen français âgé de 18 ans accomplis est électeur. Chaque citoyen ayant la qualité d'électeur, peut faire acte de candidature et être élu. Voter est un droit, c'est aussi un devoir civique.

Égalité
Tous les citoyens sont égaux devant la loi, sans distinction de sexe, d'origine, de race ou de religion. La loi est la même pour tous, soit qu'elle protège, soit qu'elle punisse.
L'homme et la femme ont dans tous les domaines les mêmes droits.

Fraternité
Tout citoyen concourt à la défense et à la cohésion de la Nation.
Chacun a le devoir de contribuer, selon ses capacités financières, aux dépenses de la Nation par le versement d'impôts directs, indirects ou de cotisations sociales.
La Nation garantit à tous la protection de la santé, la sécurité matérielle et le droit à congés.

* *Sincérité, fiabilité.*

COMPRÉHENSION ÉCRITE

Entrée en matière

1 Lisez le titre du document. À quoi cela vous fait-il penser ?
2 À qui s'adresse ce document ?

1re lecture (Préambule)

3 Lisez le préambule. À quoi sert cette introduction ?
4 Est-il obligatoire de signer la Charte ? Justifiez votre réponse.

2e lecture (Les droits et les devoirs)

5 Trouvez une phrase qui indique que la liberté de la presse est garantie en France.
6 En France, on ne peut être arrêté que dans les cas et formes déterminés par la loi. Qu'est-ce que cela sous-entend ?
7 Un français de 16 ans peut se présenter à une élection. Justifiez votre réponse.
☐ Vrai. ☐ Faux. ☐ Non précisé.
8 Si cela est nécessaire, les citoyens français peuvent être amenés à participer à la défense du pays. Justifiez votre réponse.
☐ Vrai. ☐ Faux. ☐ Non précisé.
9 Concrètement, que signifie « *la Nation garantit à tous la protection de la santé* » ?

PRODUCTION ORALE

10 Vous venez de lire ces extraits de la Charte. Après en avoir dégagé le thème, vous présenterez votre opinion.

GRAMMAIRE
> les indéfinis

Cahier unité 7 d'exercices

INDIQUER UNE QUANTITÉ

> ÉCHAUFFEMENT

1 Observez les phrases ci-dessous. Lesquelles expriment une quantité = 0, une quantité = 1, la totalité, une quantité indéterminée ?

a | Chaque citoyen a droit au respect de la vie privée.
b | Chacun a droit au respect de la vie privée.
c | Tous les citoyens sont égaux devant la loi.
d | Tous sont égaux devant la loi.
e | Aucun citoyen ne peut être inquiété pour ses opinions.
f | Aucun ne peut être inquiété pour ses opinions.
g | Certains postulants à la nationalité suivent des cours de français.
h | Certains suivent des cours de français.
i | Quelques postulants ont 100 % de bonnes réponses au test.
j | Quelques-uns ont 100 % de bonnes réponses au test.

2 Puis, observez-les par paires (a-b / c-d / e-f / g-h / i-j). Que remarquez-vous ?

> FONCTIONNEMENT

3 Quelle phrase correspond à quelle situation ? Complétez le tableau comme dans l'exemple.

Quantité	Adjectifs indéfinis	Pronoms indéfinis
• 0	Phrase **e**	Phrase .....
• 1 (individualité)	Phrase	Phrase .....
• indéterminée	Phrases ..... et	Phrases ..... et .....
• totalité	Phrase	Phrase .....

Les indéfinis

- L'adjectif indéfini est suivi d'un nom.
- Le pronom indéfini s'emploie quand le nom n'est pas indiqué.
- adjectif indéfini + nom + verbe = pronom indéfini correspondant + verbe
- Les pronoms **chacun(e)** et **aucun(e)** s'emploient uniquement au singulier.
- Les pronoms **certain(e)s** et **quelques-un(e)s** s'emploient uniquement au pluriel.
- Les adjectifs **chaque** et **aucun(e)** sont toujours suivis d'un nom au singulier.
- Les adjectifs **quelques** et **certain(e)s** sont toujours suivis d'un nom au pluriel.
- Les adjectifs **tout**, **toute**, **tous** et **toutes** s'accordent avec le nom qui suit.

> ENTRAÎNEMENT

4 Complétez les dialogues en utilisant les adjectifs et pronoms indéfinis : *quelques*, *tous*, *toutes* (adjectif), *toutes* (pronom), *certaines*, *aucune*, *chacun* (2 fois).

a | – Tu trouves que ..... les questions du test pour devenir Français sont faciles ?
– Oui, ... n'est vraiment difficile. Le taux de réussite du test pilote était de 70 %.
b | – ..... les citoyens ont le droit de prendre des congés ?
– Oui. ..... y a droit.
c | – En France, les femmes ont les mêmes droits que les hommes. C'est valable dans tous les domaines ?
– Non, à compétences et à fonctions égales, les femmes ne gagnent pas ..... la même chose que leurs collègues masculins. En réalité, seules ..... sont dans ce cas.
d | – Dans le système judiciaire français, ... est présumé innocent jusqu'à ce qu'il ait été jugé coupable ?
– Oui. Malheureusement, il y a parfois des erreurs judiciaires et ..... innocents sont jugés coupables et inversement.

REMARQUES

- On ne prononce pas le « s » final de ***tous*** quand ***tous*** est un adjectif.
- On prononce le « s » final de ***tous*** quand ***tous*** est un pronom.

5 Comment prononcez-vous les phrases suivantes ?

a | On veut tous que le droit à la vie privée soit strictement respecté.
b | Tous les citoyens majeurs ont le droit de vote.
c | L'homme et la femme ont dans tous les domaines les mêmes droits.
d | Si on créait une association tous ensemble ?
e | – Tous les candidats de la liste ont été élus ?
– Non, pas tous.

EXPRIMER UNE QUANTITÉ

> ÉCHAUFFEMENT

6 Observez les phrases suivantes. Quels indéfinis s'y trouvent ?

a | J'ai demandé à deux collègues s'ils connaissaient le service civique mais aucun ne le connaissait.
b | Nul ne peut être inquiété en raison de ses convictions religieuses.
c | Personne ne peut être accusé arbitrairement.
d | Rien n'est plus important que d'aller voter.

> FONCTIONNEMENT

7 Ces propositions sont-elles vraies ou fausses ? Justifiez votre choix.

a | Dans ces quatre phrases, les indéfinis sont des adjectifs. ☐ Vrai ☐ Faux
b | *Nul*, *personne*, *aucun*, *rien* s'emploient toujours avec *ne*. ☐ Vrai ☐ Faux
c | Ils expriment différentes quantités. ☐ Vrai ☐ Faux
d | *Nul* fait partie du registre familier. ☐ Vrai ☐ Faux

La quantité

- **Nul**, **personne**, **aucun**, **rien** s'emploient toujours avec **ne**.
- **Nul**, **personne**, **aucun**, **rien** expriment la même quantité = 0.
- **Nul(le)** peut également être employé comme adjectif indéfini.
- **Nul(le)** s'emploie uniquement au singulier.

> ENTRAÎNEMENT

8 Répondez aux questions suivantes.

a | – Quelqu'un a déposé un dossier de naturalisation ce matin ?
– Non, ...
b | – Des modifications ont été apportées au projet de Charte ?
– Non, ...
c | – Tu as remarqué quelque chose d'inédit dans la Charte ?
– Non, ...

PRODUCTION ORALE

9 En scène ! Imaginez un dialogue entre deux personnes souhaitant être naturalisées françaises. L'une essaye d'expliquer pourquoi la Charte et le test sont une mauvaise idée. L'autre n'est pas d'accord et veut la convaincre du contraire.

Rejeter un thème, un sujet, une idée

- **Cette discussion ne nous mènera nulle part.**
- **Parlons plutôt d'autre chose.**
- **Ça n'a aucun intérêt !**
- **C'est vraiment n'importe quoi !**
- **Mais ça ne veut rien dire !**
- **La question n'est pas là.**
- **Ce n'est pas le problème.**

Nouveau système de volontariat pour les jeunes

Le service civique en 5 questions

Le service civique, qu'est-ce que c'est ?

Le service civique propose à un jeune de s'engager volontairement, de 6 mois à un an, dans une mission au service de la collectivité et de l'intérêt général. Le volontaire bénéficie d'une indemnité de 440 euros par mois financée par l'État.

À qui s'adresse-t-il ?

Tous les jeunes de 16 à 25 ans, quel que soit leur niveau d'études, peuvent déposer leur CV à l'Agence du service civique. Ils doivent être ressortissant de l'Union européenne, de nationalité française ou pouvant justifier d'un an de séjour continu.

Quelles sont les missions proposées ?

Solidarité, environnement, sport, culture, santé, citoyenneté : le service civique s'étend à de nombreux domaines, permettant à chacun de s'engager dans le secteur de son choix, dans une association, une ONG*, une fondation ou un organisme public. Venir en aide aux personnes âgées, participer à la lutte pour la protection de l'environnement, partager sa passion pour la lecture, le cinéma ou encore le sport, partir avec une ONG pour venir en aide aux populations démunies ou participer à des missions de prévention contre le sida, l'alcool ou les drogues, les possibilités sont multiples.

Comment s'engager ?

Pour s'engager il suffit de postuler directement auprès des associations et organismes agréés ou de postuler en ligne sur le site www.service-civique.gouv.fr. Pour les mineurs, à qui seront proposées des missions adaptées à leur âge, une autorisation parentale est indispensable.
Pour les organisations souhaitant accueillir de jeunes volontaires, une demande d'agrément auprès de l'Agence du service civique est nécessaire.

Combien de personnes seront concernées ?

Le service civique est un engagement citoyen qui concerne 10 000 jeunes pour l'année 2010. Le gouvernement espère ainsi en mobiliser 75 000 d'ici à 5 ans.

Laura Béheulière, lexpress.fr, 19 mai 2010.

* *Organisation non gouvernementale.*

COMPRÉHENSION ÉCRITE

Entrée en matière

1 Regardez la photo et lisez le titre. Selon vous, pourquoi les jeunes portent-ils tous un tee-shirt orange ?

Lecture

2 Dites si les affirmations suivantes sont vraies ou fausses. Justifiez votre réponse en citant un passage du texte.

a | La durée du service civique est fixe.

b | Faire un service civique, c'est s'engager au service des autres.

c | Pour faire un service civique, il faut avoir fait des études universitaires.

d | Un étranger non-européen ne peut pas faire de service civique.

e | L'Agence du service civique propose surtout des missions dans le domaine de la santé.

f | Il est possible de faire sa mission à l'étranger avec une organisation.

g | Un jeune peut déposer sa candidature au service civique sur Internet.

h | Les jeunes qui sont mineurs font les mêmes missions que les majeurs.

i | Le service civique est une initiative gouvernementale.

PRODUCTION ÉCRITE

3 Vous avez fait un service civique. Racontez cette expérience dans une lettre à *L'Express*.

CIVILISATION

QUIZ : *seriez-vous un bon candidat ?*

Voici quelques questions posées aux postulants à la nationalité française. Cochez la bonne réponse parmi les trois propositions.

1 À quoi servait la Bastille avant sa démolition ?
a | À un hôtel.
b | À une prison.
c | À un opéra.

2 Lequel de ces trois hommes n'a pas été président de la République ?
a | Valéry Giscard d'Estaing.
b | François Mitterrand.
c | Victor Hugo.

3 À quelle période de l'histoire se rattache la Déclaration des droits de l'homme et du citoyen ?
a | La libération de Paris.
b | La Révolution française.
c | La création de l'Europe.

4 Les femmes peuvent voter :
a | depuis la Révolution française.
b | depuis 1944.
c | depuis 2001.

5 Laquelle de ces îles n'est pas dans les Antilles françaises ?
a | Haïti.
b | La Martinique.
c | La Guadeloupe.

6 La Grande mosquée de Paris a été inaugurée :
a | entre les deux guerres.
b | avant la Révolution.
c | l'année dernière.

7 L'école en France est obligatoire à l'âge de :
a | trois ans.
b | six ans.
c | dix ans.

8 Quelle est la date de la fête nationale française ?
a | 4 juillet.
b | 14 juillet.
c | 4 août.

9 Le point culminant en France est :
a | le Mont Blanc.
b | le pic de Vignemale.
c | le Kilimandjaro.

10 De ces trois personnalités, laquelle n'est pas un chanteur ?
a | Claude François.
b | Michel Platini.
c | Charles Trénet.

11 Au palais de l'Élysée loge :
a | le ministre de la justice.
b | le siège d'un groupe hôtelier.
c | le président de la République.

12 Lequel de ces mots n'est pas dans la devise de la République ?
a | Égalité.
b | Liberté.
c | Indépendance.

Réponses : *1 b – 2 c – 3 b – 4 b – 5 a – 6 a – 7 b – 8 b – 9 a – 10 b – 11 c – 12 c.*

Dossier 2 Rendre justice

A Une sacrée enquête

COMPRÉHENSION ÉCRITE

Entrée en matière

1 Quels sont les points communs et les différences entre un inspecteur de police et un détective privé ? Connaissez-vous de célèbres détectives ?

Lecture

2 Décrivez l'image : de quoi s'agit-il ?
3 Comment s'appelle le personnage ?
4 D'après vous, qu'est-ce qu'une « *sacrée salade* » ?
a | une entrée légère
b | une affaire compliquée
5 À votre avis, qu'observe le personnage ?

B Les Petits Meurtres d'Agatha Christie

dvd 7

COMPRÉHENSION AUDIOVISUELLE

Entrée en matière

1 Connaissez-vous Agatha Christie ? Quel type de livres a-t-elle écrit ? Quels personnages célèbres a-t-elle inventés ?

1er visionnage (en entier)

2 Où se passent les différentes scènes ? Décrivez les décors.
3 Avez-vous reconnu les policiers ? Décrivez-les.

2e visionnage (du début à 0'54'')

4 Qui sont les personnages que vous voyez dans cette scène ?
5 D'après le commissaire, pourquoi la femme a-t-elle failli mourir brûlée vive ?
6 Le commissaire ne peut pas l'interroger. Pourquoi ?

3e visionnage (de 0'55'' à 1'55'')

7 Quelle question le commissaire pose-t-il à tout le monde ? Dans quel but ?
8 Pourquoi personne n'a pu entrer ou sortir de la maison à ce moment-là ?

4e visionnage (de 1'55'' à la fin)

9 Que faisait la femme interrogée le matin ?
10 Pour quelle raison le commissaire la soupçonne-t-il ?

PRODUCTION ORALE

11 Aimez-vous les films policiers ou les séries policières ? Pourquoi ?

C Le policier belge le plus célèbre de France

Jean Gabin, 1959. Bruno Cremer, 1991.
dans le rôle du commissaire Maigret

Le commissaire fouilla encore la pièce, par acquit de conscience, mais il ne trouva rien d'intéressant. Un peu plus tard, il était au premier étage, poussait la porte de la chambre 3, celle dont le balcon domine le port et la rade[1]. Le lit était fait, le plancher ciré. Il y avait des serviettes propres sur le broc[2].

L'inspecteur suivait des yeux son chef avec une curiosité mêlée de scepticisme. Maigret, d'autre part, sifflotait en regardant autour de lui, avisait une petite table de chêne posée devant la fenêtre et ornée d'un sous-main réclame et d'un cendrier. Dans le sous-main, il y avait du papier blanc à en-tête[3] de l'hôtel et une enveloppe bleue portant les mêmes mentions. Mais il y avait aussi deux grandes feuilles de papier buvard[4], l'une presque noire d'encre, l'autre à peine tachetée de caractères incomplets.

— Allez me chercher un miroir, vieux !

— Un grand ?

— Peu importe ! Un miroir que je puisse poser sur la table.

Quand l'inspecteur revint, il trouva Maigret campé sur le balcon, les doigts passés dans les entournures du gilet, fumant sa pipe avec une satisfaction évidente.

— Celui-ci conviendra ?...

La fenêtre fut refermée. Maigret posa le miroir debout sur la table et, à l'aide de deux chandeliers qu'il prit sur la cheminée, il dressa vis-à-vis la feuille de papier buvard.

Les caractères reflétés dans la glace étaient loin d'être d'une lecture facile. Des lettres, des mots entiers manquaient. Il fallait en deviner d'autres, trop déformés.

— J'ai compris ! dit Leroy d'un air malin.

— Bon ! Alors, allez demander au patron un carnet de comptes d'Emma... ou n'importe quoi écrit par elle...

Il transcrivit des mots, au crayon, sur une feuille de papier.

... te voir, heures... inhabitée... absolument...

Quand l'inspecteur revint, le commissaire, remplissant les vides avec approximation, reconstituait le billet suivant : [...]

1 Plan d'eau qui sépare le port de la pleine mer. 2 Récipient servant autrefois pour la toilette. 3 Formule imprimée en haut d'une lettre ou d'un document. 4 Papier qui absorbe l'encre fraîche quand on écrit à la plume.

COMPRÉHENSION ÉCRITE

Entrée en matière

1 Connaissez-vous le commissaire Maigret ? Connaissez-vous d'autres policiers célèbres de fiction ?

1re lecture

2 Où se passe la scène et qui est présent ?

3 Que fait Maigret ? Pourquoi à votre avis ?

2e lecture

4 Que trouve-t-il ?

5 Selon vous, pourquoi le commissaire demande-t-il à l'inspecteur d'apporter un miroir ?

6 Pourquoi Maigret est-il si satisfait de lui ?

7 Donnez un titre à cet extrait.

Vocabulaire

8 Retrouvez les équivalents des expressions et mots suivants :

a | par acquit de conscience (ligne 1)
b | ornée (ligne 10)
c | réclame (ligne 11)
d | chandelier (ligne 27)
e | dresser (ligne 28)
f | billet (ligne 43)

1 | publicité
2 | pour avoir l'esprit tranquille
3 | décorée
4 | message écrit
5 | poser de manière verticale
6 | objet qui porte des bougies

PRODUCTION ORALE

9 Reconstituez le billet incomplet.

GRAMMAIRE
> le participe présent

Cahier unité 7 d'exercices

> ÉCHAUFFEMENT

1 Observez ces phrases. Quel est l'infinitif des verbes en gras et à quelle forme sont-ils ?

a | Il y avait une enveloppe bleue **portant** le même nom.
b | Le crime **étant** presque parfait, l'inspecteur aura du mal à retrouver le coupable.

> FONCTIONNEMENT

2 Comment pourrait-on reformuler les phrases a et b ?

- Avec *comme* : phrase .....
- Avec *qui* : phrase .....

Le participe présent

Formation Radical de la 1re personne du pluriel du présent + **-ant** *Nous voyons* → ***voyant***	**Exceptions** *avoir* → **ayant** *être* → **étant** *savoir* → **sachant**
Utilisation • donner un renseignement sur quelque chose ou quelqu'un :	*Les accusés n'**ayant** pas pu venir au procès. (= Les accusés qui n'ont pas pu venir au procès.)*
• exprimer la cause :	*Le juge **étant** malade. (= Comme le juge était malade.)*

> ENTRAÎNEMENT

3 Mettez les verbes suivants au participe présent.

a | manger **b** | lire **c** | prendre **d** | vouloir **e** | dire **f** | acheter

> le gérondif

> ÉCHAUFFEMENT

1 Observez les phrases suivantes. Qu'expriment les expressions en gras par rapport à l'action principale ?

a | Maigret sifflotait **en regardant** autour de lui.
b | Il manipulait les indices **en faisant** très attention.
c | Vous trouverez des preuves **en enquêtant**.

> FONCTIONNEMENT

2 Qu'exprime le gérondif ?

- La condition : phrase .....
- La manière : phrase .....
- La simultanéité : phrases ..... et .....

Le gérondif

Le gérondif (**en** + **participe présent**) permet d'exprimer :

• la simultanéité	*Le procureur prend des notes **en écoutant** la plaidoirie de la défense.*
• la manière	*L'avocat a ému les jurés **en parlant** de l'enfance de son client.*
• la condition	*C'est **en cherchant** des indices que vous résoudrez l'énigme.*

> ENTRAÎNEMENT

3 Terminez les phrases suivantes.

a | Le coupable a assassiné la victime en...
b | Le prisonnier s'est échappé en...
c | Un avocat peut trouver des clients en...
d | Le policier parle à son collègue en...

> les pronoms relatifs composés

> ÉCHAUFFEMENT

1 Observez les phrases suivantes. Quel est le point commun entre les pronoms relatifs en gras ?

a | Noëlle Herrenschmidt s'installe dans les salles d'audience avec son gilet de travail **dans lequel** se trouve tout son matériel.
b | Le journal **pour lequel** elle travaille l'envoie faire des reportages au tribunal.
c | Elle rend accessible aux lecteurs **auxquels** elle s'adresse ce que personne ne voie.
d | Ses dessins complètent les chroniques judiciaires à côté **desquelles** ils sont publiés.

> FONCTIONNEMENT

2 Observez la différence entre les trois phrases ci-dessous. Que se passe-t-il quand le pronom relatif composé remplace une personne ?

- Ses dessins complètent les chroniques judiciaires à côté desquelles ils sont publiés.
- Elle dessine les juges à côté de qui elle se trouve.
- Elle dessine les juges à côté desquels elle se trouve.

Les pronoms relatifs composés

	Personne	Chose
Préposition ***à*** + **lequel**	• **à qui** *ou* • **auquel/à laquelle/auxquels/auxquelles** *Elle rend accessible aux lecteurs **auxquels/à qui** elle s'adresse ce que ni les journalistes ni le public ne voient.*	• **auquel/à laquelle/auxquels/auxquelles** *Les procès **auxquels** elle assiste sont parfois des procès d'assises.*
Locution prépositive contenant ***de*** (*à côté de, en face de, au lieu de...*) + **lequel**	• **de qui** *ou* • **duquel/de laquelle/desquels/desquelles** *Elle dessine les juges **à côté de qui/à côté desquels** elle se trouve.*	• **duquel/de laquelle/desquels/desquelles** *Ses dessins complètent merveilleusement les chroniques judiciaires **à côté desquelles** ils sont publiés.*
Autres prépositions : ***avec***, ***sur***, ***dans***... + **lequel**	• prép. + **qui** *ou* • prép. + **lequel/laquelle/lesquels/lesquelles** *La journaliste du Monde **avec qui/avec laquelle** Noëlle Herrenschmidt travaille souvent est chroniqueuse judiciaire.*	• prép. + **lequel/laquelle/lesquels/lesquelles** *La reporter-aquarelliste s'installe avec son gilet de travail **dans lequel** se trouve tout son matériel.*

REMARQUE

Tout pronom relatif composé s'accorde avec le **nom** (personne/chose) qu'il remplace :
*Elle dessine **les témoins** à la barre en face desquels elle se met pour capter leurs émotions.*

> ENTRAÎNEMENT

3 Reformulez les phrases suivantes en utilisant des pronoms relatifs composés.

a | Nous nous trouvons en face d'un bâtiment. Ce bâtiment est le palais de justice.
b | Les tribunaux sont des endroits particuliers. Les appareils photos ont interdits dans les tribunaux.
c | N. Herrenschmidt a un gilet 18 poches. Grâce à ce gilet, elle est complètement autonome pour réaliser ses aquarelles.
d | Les grands procès durent parfois plusieurs mois. La reporter-aquarelliste assiste à ces procès.

DOCUMENTS

A Noëlle Herrenschmidt, reporter-aquarelliste

Noëlle Herrenschmidt pour *Le Monde*.
Dessin d'audience pendant le procès Papon, Bordeaux, janvier 1998.

Noëlle Herrenschmidt est une habituée du tribunal. Elle s'installe dans les salles d'audience avec son gilet de travail à 18 poches dans lequel se trouve tout son matériel : crayons, pinceaux, aquarelles. En effet, le journal *Le Monde*, pour lequel elle travaille l'y envoie faire des reportages très particuliers. Se déplaçant durant les procès, elle dessine les juges à côté de qui elle se trouve, les avocats en train de plaider, les prévenus, les témoins à la barre en face desquels elle se met pour capter leurs émotions. Ainsi, elle rend accessible aux lecteurs auxquels elle s'adresse ce que ni les journalistes ni le public ne voient. Ses dessins viennent donc compléter merveilleusement les chroniques judiciaires à côté desquelles ils sont publiés.

COMPRÉHENSION ÉCRITE

Entrée en matière

1 Décrivez l'image. Où la scène se passe-t-elle ?

2 À votre avis, que dit l'homme habillé en marron ? Que pensent les autres personnes au même moment ?

Lecture

3 Où Noëlle Herrenschmidt travaille-t-elle ?

4 Qu'essaye-t-elle de transmettre avec ses aquarelles ?

PRODUCTION ORALE

5 Que pensez-vous de la phrase suivante :
« *Un bon avocat est avant tout un bon acteur.* »

B Le bus de la solidarité

cd 44

COMPRÉHENSION ORALE

Entrée en matière

1 Décrivez le bus sur la photo. À votre avis, à quoi sert-il ?

1re écoute (en entier)

2 Qu'est-ce que le bus de la solidarité ?

2e écoute (en entier)

3 Quel est le problème des personnes précaires face à la justice ? Que font les avocats pour les aider ?

4 Pourquoi les gens ont moins peur de monter dans le bus que d'aller au tribunal ?

5 Quelles branches du droit les consultations concernent-elles ?

6 Comment l'intérieur du bus est-il aménagé ?

7 Combien de personnes ont été reçues dans les bus depuis 2003 ? Pourquoi le public a-t-il changé ?

« *Si nul n'est censé ignoré la loi, chacun a droit à un avocat.* »

PRODUCTION ORALE >>>>DELF

8 Vous travaillez pour le bus de la solidarité et l'association a du mal à trouver des financements. Vous écrivez au maire de la ville afin de lui décrire votre action et lui demander des subventions.

VOCABULAIRE
> la police, la justice

Cahier d'exercices unité 7

LA POLICE

l'agent *(m.)* de police
l'arrestation *(f.)*
la bavure
le commissariat
le contrôle d'identité
faire une déclaration de vol
prendre une déposition
être entendu(e) par la police
la gendarmerie
la garde à vue
le procès-verbal
Expressions familières
le/la flic
le panier à salade
le polar

1 Retrouvez les définitions des expressions de la liste.
a | un livre policier
b | un policier en langage familier
c | une camionnette de police

L'ENQUÊTE *(F.)*

l'aveu *(m.)*
les empreintes digitales
la filature
l'indice *(m.)*
l'interrogatoire *(m.)*
le mobile du crime
la preuve
la scène du crime
le suspect
le témoin

2 Vous êtes inspecteur de la police judiciaire. Que faites-vous pour mener une enquête criminelle ? Complétez les phrases suivantes avec les mots de la liste.
a | relever .....
b | chercher .....
c | interroger .....
d | faire passer ..... aux aveux

LES CRIMES *(M.)* ET LES DÉLITS *(M.)*

l'agression *(f.)*
l'arnaque *(f., fam.)*
l'assassinat *(m.)*
le braquage
le harcèlement
l'homicide *(m.)*
le meurtre
le vol
Expression
qui vole un œuf, vole un bœuf

LE DROIT

le droit pénal/civil
l'infraction *(f.)*
la légalité/l'illégalité *(f.)*
porter plainte contre quelqu'un
le préjudice
violer la loi

3 Le droit pénal juge les infractions aux lois et le droit civil juge les conflits entre les personnes. Dites si les situations suivantes seront jugées en droit pénal ou en droit civil.
a | un excès de vitesse
b | une dispute de terrain entre deux voisins
c | une rupture de contrat de travail
d | un homicide involontaire

LES MÉTIERS DU DROIT

l'avocat(e)
le cabinet d'avocats
l'huissier *(m.)* de justice
le/la juge d'application des peines
le/la juge d'instruction
le magistrat
le procureur

4 Retrouvez dans la liste ci-dessus, les mots qui correspondent aux définitions suivantes.
a | magistrat qui instruit les dossiers et dirige les enquêtes judiciaires
b | magistrat du ministère public qui représente les intérêts de la société
c | juge chargé de signifier et d'exécuter les décisions rendues par les tribunaux
d | officier public qui annonce les affaires et veille à la sérénité de l'audience
e | professionnel du droit qui conseille, assiste et représente le justiciable
f | juge qui préside l'audience

LE PROCÈS

l'accusé(e)
acquitter
l'audience *(f.)*
la circonstance atténuante/aggravante
condamner
le/la coupable
la défense
le huis-clos
le jugement
le juré
la partie civile
la plaidoirie
le tribunal

LES PEINES *(F.)*

l'amende *(f.)*
la prison ferme
la prison avec sursis
le travail d'intérêt général
Expressions
faire le procès de
nul n'est censé ignorer la loi
faire de la taule *(fam.)*

cd 45

5 Intonation
a | Dites si les phrases suivantes ont été prononcées par un accusé, un avocat ou un juge.
b | Répétez-les.

URGENCES (F.)

le 112
l'accident *(m.)*
l'ambulance *(f.)*
le gyrophare
l'incendie *(m.)*
le médecin de garde
les pompiers
le SAMU
sauver
les secours *(m.)*
la sirène
Expressions
À l'aide !
Au secours !
Au voleur !

6 Complétez les phrases suivantes à l'aide des mots des deux listes ci-dessus.
a | Un ..... s'est déclaré dans la forêt. Les flammes ont rapidement progressé à cause du vent. Les ..... ont mis trois jours à le maîtriser.
b | ....., arrêtez-le !
c | L'accident était grave, mais comme les ..... sont arrivés très vite, il n'y a pas de morts à déplorer.
d | Quand mon père est tombé dans l'escalier, j'ai tout de suite appelé le .....
e | Tu as entendu la ..... ? Alors laisse passer l'..... .

PRODUCTION ORALE

7 En scène ! On vous a volé votre sac à main ou portefeuille. Vous vous rendez au commissariat pour porter plainte. Vous expliquez au policier ce qui s'est passé pour qu'il puisse prendre votre déposition.

CIVILISATION

Les costumes judiciaires

Les robes actuelles des magistrats, composées à l'origine d'une soutane – robe noire qui ressemble à l'habit du clerc[1] – et du manteau – robe rouge d'origine royale – maintenant réunis en un seul costume, notamment pour le premier président et le procureur général, constituent une ancienne tradition qui date du XIIIe siècle.

Sous l'Ancien Régime, les rois donnaient, chaque année à l'ouverture du Parlement ou lors de la création d'un nouveau parlement en province, des costumes semblables aux leurs aux magistrats des parlements ; costume que le roi portait au moment de son sacre[2], lorsqu'il entrait dans une ville et à son enterrement.

Cette coutume matérialisait le principe selon lequel la justice est l'attribut essentiel des souverains. Le roi délègue aux magistrats le soin de rendre la justice, aussi ces derniers devaient porter les mêmes habits que lui.

Après l'interruption révolutionnaire, lorsque le Consulat et l'Empire réorganisèrent la magistrature, furent créées des séries de costumes correspondant aux trois catégories de juridictions : Cour de cassation, cour d'appel, tribunaux de première instance.

Depuis l'arrêté du 23 décembre 1802 (2 nivôse an XI) et le décret du 30 mars 1808, tous les magistrats doivent porter, en audience, leur costume.

Ministère de la justice, www.ca-paris.justice.fr

1 *Homme qui fait partie du clergé, de l'Église catholique.*

2 *Cérémonie pour le couronnement d'un roi ou d'un empereur.*

1

2

3

4

5

COMPRÉHENSION ÉCRITE

Entrée en matière

1 Voici des photos de magistrats du monde entier. Décrivez-les.

2 Retrouvez la fonction de ces magistrats à l'aide des descriptions suivantes.

a | le procureur général porte une robe d'hermine

b | le président de la Cour d'armée porte une robe rouge et noire

c | le juge de la Cour constitutionnelle porte une robe et un chapeau rouges

d | le juge de la Cour suprême porte une perruque et une cape

e | le président de la Cour porte une robe rouge et un béret noir avec un pompom

Lecture

3 D'où viennent le rouge et le noir dans le costume des magistrats français ?

4 À quand remonte cette tradition ?

5 Que signifiait la coutume selon laquelle les rois donnaient des costumes semblables aux leurs aux magistrats ?

PRODUCTION ORALE

6 Comment les magistrats sont-ils habillés dans votre pays ?

ATELIERS

1 RÉDIGER UN PARAGRAPHE DU RÈGLEMENT INTÉRIEUR DE VOTRE ÉCOLE

Le directeur de votre école de français est en train de refaire le règlement intérieur. Vous allez lui proposer d'ajouter un paragraphe sur les comportements citoyens.

Démarche

En groupe de deux.

1 Préparation

• Vous faites la liste des principes de vie en communauté que les apprenants de l'école ne respectent pas toujours. Puis vous discutez pour choisir les 5 plus importants.
Pensez aux choses concrètes mais également aux rapports au sein de la classe. (Exemple : *quelques apprenants ne remettent pas leur chaise en place quand ils quittent la salle de cours, donc c'est le professeur qui doit ranger.*)
Vous les écrivez sur un petit papier que vous déposerez dans une boîte.

2 Réalisation

• Le professeur ouvre la boîte et met en évidence les 5 dysfonctionnements les plus fréquemment cités. Pour chaque problème, trouvez une règle. (Exemple : *ranger sa chaise après le cours.*)
• Vous rédigez 5 règles.
Attention, un règlement doit être rédigé de manière formelle et être valable pour tous. Pensez à utiliser les indéfinis. Inspirez-vous de la Charte des droits et des devoirs du citoyen français. (Exemple : *Chaque apprenant doit ranger sa chaise après le cours.*)
• Vous préparez votre visite chez le directeur.
Expliquez votre démarche et pensez aux arguments qui pourraient le convaincre d'accepter vos propositions.

3 Présentation

• Vous lisez votre paragraphe sur les comportements citoyens à l'école à vos camarades et vous leur expliquez comment vous comptez convaincre le directeur de les ajouter au règlement intérieur.
• La classe choisit le groupe qui ira présenter ses propositions au directeur.
• Le groupe élu par la classe rend compte à la classe de cet entretien et de la décision du directeur.

2 DÉFENDRE VOTRE CAUSE

Le maire de votre ville a décidé d'allouer des subventions supplémentaires aux plus démunis. Vous travaillez bénévolement dans une association et vous allez défendre votre cause.

Démarche

Individuellement ou par groupe.

1 Préparation

• Une personne joue le rôle du maire et une autre son secrétaire.
• Vous choisissez une association ou une cause dans laquelle vous êtes engagé ou vous souhaitez vous engager.

2 Réalisation

• Le maire et le secrétaire :
Vous vous réunissez pour préparer votre discours d'accueil et pour définir votre budget de subventions et vos critères de choix de l'association que vous allez aider.
• Les représentants des associations :
Vous préparez un discours argumenté dans lequel vous exposerez les raisons pour lesquelles votre association a besoin de soutien financier.
Insistez sur les points importants : « Je voudrais attirer votre attention sur, prenez la mesure de, rendez-vous compte que... »

3 Présentation

• Le maire et le secrétaire :
Vous prononcez votre discours et vous annoncez votre budget ainsi que les aspects que vous allez privilégier dans votre sélection.
• Les représentants des associations :
Vous présentez votre proposition d'utilisation de ce financement. Vous essayez d'adapter votre proposition concrètement par rapport au budget annoncé et aux critères de sélection.
Soyez convaincant(e) !
• Le maire et le secrétaire :
Vous vous réunissez pour décider quelle(s) association(s) vous allez soutenir.
Vous annoncez votre décision.

S'exprimer à l'oral (2)

ÉTAPE 3 – LE MONOLOGUE SUIVI (5 À 7 MINUTES) + 10 MINUTES DE PRÉPARATION

Dans cet exercice, vous serez amené à donner votre opinion sous la forme d'un bref exposé de 3 minutes. Puis, l'examinateur vous posera des questions pendant 3 minutes environ.
• Donner son opinion signifie maîtriser des expressions comme :
à mon avis..., pour moi..., selon moi..., je pense..., je crois..., je partage le point de vue de l'auteur, je ne suis pas du tout d'accord avec l'auteur, etc.
• Cela nécessite également de bien maîtriser la cause :
car, parce que, à cause de, en raison de, grâce à, venir de, être dû à, etc. En effet, vous allez justifier brièvement votre point de vue et donc expliquer pourquoi vous pensez telle ou telle chose.

Lors de l'épreuve

Vous n'aurez que 10 minutes. Pour aller plus vite, notez uniquement des mots clés sur votre brouillon.
• Commencez par présenter le document en indiquant toujours la source (journal, publicité, site Internet, etc.) : *Ce texte est un article tiré du journal...* Vous pouvez également mentionner le nom de l'auteur : *L'auteur, L. Dupont, parle de...*
• Si l'auteur exprime clairement son point de vue, parlez-en. Mais ce qui intéresse surtout l'examinateur, c'est votre point de vue !
• Vous présenterez de manière claire les avantages et les inconvénients que vous avez listés précédemment. Pour cela, utilisez des articulateurs chronologiques : *d'abord, puis, ensuite, enfin* ou *premièrement, deuxièmement, troisièmement*.
• N'oubliez pas de bien marquer l'opposition entre les avantages et les inconvénients en utilisant *mais, par contre, contrairement à, cependant, toutefois*, etc.
• N'hésitez pas à illustrer vos propos par des exemples et des anecdotes personnelles. Cela rendra votre exposé plus naturel.
• À la fin de votre exposé, vous allez présenter votre conclusion. Utilisez des formules comme : *en bref, pour conclure, en conclusion* pour introduire les deux ou trois phrases qui résumeront votre position sur le sujet.
• L'examinateur vous posera ensuite des questions et vous discuterez avec lui pendant 3 minutes environ.

Comment s'entraîner à ce type d'exercice ?

Quand vous lisez un article, notez bien le thème principal/le problème présenté, le point de vue de l'auteur. Puis, demandez-vous quelle est votre opinion sur le sujet et listez les avantages et les inconvénients liés à cette thématique.

Perles de CULTURE

« La culture,
c'est comme la confiture,
moins on en a, plus on l'étale. »
Françoise SAGAN (écrivaine)

Dossier 1 L'amour de l'art

A Henry Miller*, un Américain à Paris

Pouvez-vous nous dire quand vous avez formé le projet d'aller à Paris ?

J'y pensais depuis toujours. À cette époque, tout Américain doué d'une quelconque sensibilité artistique parlait sans arrêt de Paris et beaucoup en revenaient d'ailleurs. Paris a toujours été et sera toujours un phare pour tous ceux qui s'intéressent à l'art et aiment la liberté. Mon image de Paris, je la devais pour une large part à un très cher ami d'enfance qui avait énormément voyagé en Europe. Son nom était Emil Schnellock, il était peintre. Il me disait : « Henry, tu dois y aller un jour. C'est fantastique. » Et bien que je déteste Hemingway aujourd'hui, je dois dire que j'ai été également influencé par *Le Soleil se lève aussi*. Ce livre eut un effet immédiat sur moi, j'ai été absolument captivé. Mais je n'ai jamais envisagé sérieusement d'aller à Paris avant d'atteindre la trentaine, parce que c'était sans espoir : j'étais absolument sans argent donc je ne voyais pas comment je pourrais y arriver. Mais j'ai toujours été intéressé par les écrivains et par les peintres qui vivaient à Paris. Avec mon ami Schnellock, nous passions des nuits entières à regarder ses livres sur la peinture européenne et particulièrement française et italienne. J'ai vraiment tout lu. J'en étais même saturé. Et quand finalement je suis arrivé là-bas, j'ai pourtant trouvé que c'était encore mieux que ce que je croyais, bien que j'étais sans un sou. J'étais un mendiant, au début.

Je dois vous confier une dernière chose au sujet de la France, ce pays que j'adore. J'allais très souvent dans les musées et un jour où j'étais allé au musée d'Art moderne, j'ai hélé un taxi en descendant les marches de l'énorme escalier. Je me suis assis près du chauffeur, qui m'a demandé si l'exposition m'avait plu. Je lui ai répondu que j'avais surtout aimé Matisse. « Moi aussi j'aimais Matisse, autrefois, m'a-t-il dit, mais plus maintenant. Il a perdu sa qualité originelle, il est devenu trop stylisé. » Il s'est mis alors à me parler de Marc Chagall, d'André Breton, des surréalistes, des peintres, des écrivains. Sa conversation était merveilleuse. Et c'était un simple chauffeur de taxi, pas un ex-acteur, comme ici, à Los Angeles, où les chauffeurs de taxi sont tous d'anciens comédiens. Non, c'était un homme comme tout le monde.

Los Angeles, septembre 1978, mars 1979.

Lise Bloch-Morhange et David Alper,
Artiste et métèque à Paris, 1980.

**Henry Miller : écrivain américain (1891-1980).*

COMPRÉHENSION ÉCRITE

Entrée en matière

1 Connaissez-vous des artistes étrangers qui vivent ou ont vécu en France ?

1re lecture (du début à ligne 31)

2 Quel est le sujet de cet entretien ?

3 Quelle image Henry Miller donne-t-il de la capitale française dans cet extrait ?

4 Comment est né son désir de vivre à Paris ?

5 Vers quel âge pensait-il y venir ? Pourquoi ?

6 Quels domaines artistiques l'attiraient particulièrement ?

2e lecture (de ligne 32 à la fin)

7 Pourquoi Henry Miller est-il allé au musée d'Art moderne ?

8 Quels clichés sur les chauffeurs de taxi de Paris et de Los Angeles sont contenus dans cet extrait ?

Vocabulaire

9 Dans le premier passage, retrouvez les trois expressions qui montrent que l'auteur n'était pas riche à cette époque.

10 Relevez les termes en relation avec le thème de l'art dans le deuxième passage.

11 Expliquez les mots « *captivé* » (ligne 16) et « *hélé* » (ligne 36).

PRODUCTION ORALE

12 Connaissez-vous Paris ? En avez-vous aussi l'image d'une capitale culturelle et artistique ? Pourquoi ?

13 Quels sont les écrivains et les peintres les plus populaires de votre pays ?

PRODUCTION ÉCRITE

14 Présentez votre artiste préféré. Expliquez comment vous l'avez découvert et donnez les raisons pour lesquelles vous aimez ses œuvres. Vous pouvez parler d'un peintre, d'un sculpteur, d'un écrivain, d'un acteur... (100-150 mots).

B Niveau de fréquentation des lieux/médias consacrés à l'art

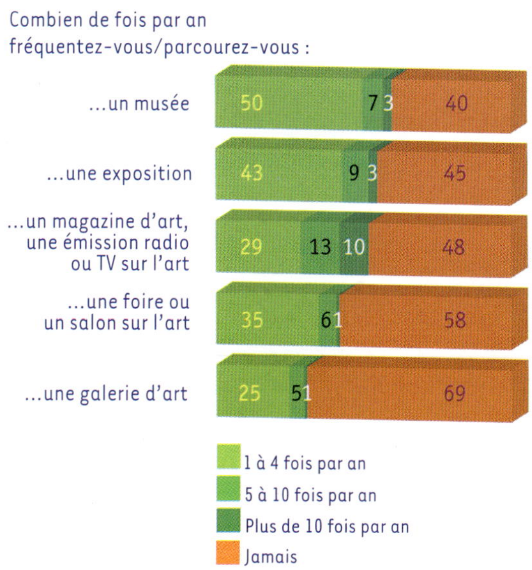

D'après le sondage BVA, mars 2010.

COMPRÉHENSION ÉCRITE

Entrée en matière

1 Quelle est la nature de ce document ?

Lecture

2 Quels lieux dédiés à l'art les Français fréquentent-ils le plus ?

3 Où mettent-ils rarement les pieds ?

4 Quelles activités 10 % des Français font-ils plus de dix fois par an ?

PRODUCTION ORALE

5 Êtes-vous surpris par ces statistiques ?

6 Fréquentez-vous régulièrement les musées ? Lesquels ?

7 Pensez-vous que la fréquentation des galeries d'art soit une pratique réservée à des privilégiés ?

8 Quels domaines artistiques vous intéressent le plus ?

C La belle Hélène

cd 46

COMPRÉHENSION ORALE

Entrée en matière

1 Quelle est la dernière exposition que vous avez visitée ?

1re écoute (en entier)

2 Qu'est-ce que « *La belle Hélène* » ?

3 À quelle occasion la journaliste interviewe-t-elle Marie-Cécile Forest ?

4 Qui est Marie-Cécile Forest ?

2e écoute (en entier)

5 Quels étaient les talents artistiques de Gustave Moreau ?

6 Complétez les informations manquantes sur la disparition de « *La belle Hélène* » : *Elle a disparu au début du ..... siècle, il y a ..... exactement, en ..... .*

7 À quel moment de sa vie Gustave Moreau a-t-il créé cette œuvre ?

PRODUCTION ORALE >>>>DELF

8 Vous décidez de visiter l'exposition de Gustave Moreau avec un(e) ami(e). Au musée, on propose une visite guidée. Votre ami(e) apprécie ce service mais vous, vous préférez visiter l'expo tout(e) seul(e). Vous en discutez ensemble avant d'acheter vos billets d'entrée et trouvez un compromis.

« Le tableau peint par Gustave Moreau a disparu au début du XXe siècle. »

Gustave Moreau, *Hélène*, 1880.

VOCABULAIRE
> l'art

Cahier unité 8 d'exercices

LES DOMAINES ARTISTIQUES

Arts visuels
les arts *(m.)* graphiques
la bande dessinée
le cinéma
le dessin
la peinture
la photographie
la sculpture
Arts du son
les musiques instrumentale et vocale
Arts du langage
la calligraphie
la littérature

1 Associez chacun de ces éléments à un domaine artistique.

a | un chevalet
b | une bulle
c | un long métrage
d | un pinceau
e | un cliché
f | une partition

1 | la calligraphie
2 | la photographie
3 | la BD
4 | la musique
5 | la peinture
6 | le cinéma

Arts du spectacle vivant
le cirque
la danse
les marionnettes
le théâtre
Arts de l'espace
l'architecture *(f.)*
l'art des jardins
Arts du quotidien
le design
la mode

2 Associez chacune de ces professions à un domaine artistique.

a | un(e) acrobate
b | un(e) paysagiste
c | une dentellière
d | un(e) comédien(ne)
e | un(e) chorégraphe

1 | la mode
2 | la danse
3 | l'art des jardins
4 | le cirque
5 | le théâtre

LES PRATIQUES CULTURELLES

aller au spectacle de mime/de cirque…
arpenter une foire/un salon sur l'art
consulter une revue artistique/littéraire
fréquenter un musée/une galerie
visiter une exposition temporaire

Expression
se faire une expo

3 Complétez le texte avec les verbes corrects conjugués au présent :
consulter – fréquenter – arpenter – visiter
Les Français ..... de plus en plus les lieux dédiés à l'art. Un Français sur deux ..... au moins une expo par an et ..... régulièrement un magazine artistique. En revanche, les galeries ne sont pas populaires. En effet, une nette majorité ne les ..... jamais.

QUELQUES DISCIPLINES ARTISTIQUES

La peinture
l'estampe *(f.)*
la fresque
la nature morte
le nu
le paysage
la peinture abstraite
la peinture historique
La photographie
l'appareil photo *(m.)*
le cliché
la photo argentique
la photo numérique
le portrait
le tirage papier
Le cinéma
le film (le court/long métrage)
en noir et blanc
en couleurs
muet/parlant
en version originale/sous-titré/doublé

4 Complétez le texte avec les mots suivants :
œuvre d'art – peinture – message – public – photo – artiste – émotions – film
Qu'y a-t-il de commun entre une ..... de Picasso, entre une ..... de Robert Doisneau et entre un ..... de Spielberg ? Dans tous les cas, il s'agit d'une ..... produite par un ..... . Elle s'adresse à un ..... sur lequel elle a certains effets, comme des ..... . De plus, il est courant que les artistes expriment un ..... à travers leurs œuvres.

OBSERVER UNE ŒUVRE

la composition
la dimension esthétique
la forme
la lumière
la matière
la nuance de couleurs

5 Intonation (cd 47)
a | Écoutez ces commentaires entendus dans un musée. Les visiteurs manifestent de :
• l'admiration : phrases .....
• l'incompréhension : phrases .....
• la dépréciation : phrases .....
b | Répétez les phrases.

PRODUCTION ÉCRITE

6 Observez ce tableau de Pierre Bonnard et faites-en une description.

Pierre BONNARD,
Salle à manger à la campagne, 1913.

POUR VOUS AIDER

Décrire une œuvre d'art
• **Il s'agit de** + type de l'œuvre (une peinture, un dessin, une sculpture, un meuble…)
• **Cette œuvre a été réalisée par** + nom de l'artiste + **en** + date de réalisation
• **C'est une peinture figurative/abstraite…**
• **Ce tableau/Cette photo représente** + genre (un portrait, un paysage, une scène historique/mythologique/religieuse/de la vie quotidienne…)
• **Il se dégage une impression de tranquillité/joie/tristesse/bonheur…**
• **Au premier plan, on voit…**
• **Au deuxième plan, il y a…**
• **Au troisième plan, on aperçoit…**
• **À l'arrière plan/Au loin, on distingue…**
• **L'œil est attiré par…**
• **En regardant de plus près, on voit…**
• **Ce qui attire l'attention, c'est…**

DOCUMENTS

A L'œil de Doisneau

cd 48

COMPRÉHENSION ORALE

Entrée en matière

1 Connaissez-vous le photographe qui a pris ce cliché ?

2 Décrivez la photo.

1re écoute (du début à 0'33'')

3 Complétez le cartel d'identification (la fiche descriptive) de l'œuvre dont on parle :

Titre :	Lieu d'exposition :
Caractère physique :	Intervenant :

2e écoute (de 0'34'' à la fin)

4 Quel est le métier de l'homme sur la photo ?

5 Qu'attend-il ?

6 Comment R. Doisneau aime-t-il photographier les artistes ?

7 Quels bruits entendez-vous derrière la voix de Patrick Absalon ? À quoi ce fond sonore sert-il à votre avis ?

« Il est assis avec, à ses pieds, son fidèle chien. »

Robert Doisneau, *Jacques Prévert au guéridon*, 1955.

B

Robert Doisneau, *Le peintre de l'Institut*, 1950.

PRODUCTION ORALE

8 Décrivez cette photo en vous aidant des outils pour décrire une œuvre d'art page 142. Les questions suivantes vous serviront de guide.

a | Où est placé le photographe lorsqu'il prend ce cliché ?

b | Qui sont les gens sur la photo ?

c | Où sont-ils et que font-ils ?

GRAMMAIRE

> le discours rapporté et la concordance des temps

Cahier d'exercices unité 8

> ÉCHAUFFEMENT

1 Observez ces phrases. Lesquelles sont au style direct ? Au style indirect ?

a | Il me disait : « Henry, tu dois y aller un jour. C'est fantastique. »

b | Il m'a demandé si l'exposition m'avait plu.

c | Je lui ai répondu que j'avais surtout aimé Matisse.

d | Il m'a dit : « Moi aussi j'aimais Matisse autrefois, mais plus maintenant. Il a perdu sa qualité originelle. Il est trop stylisé. »

> FONCTIONNEMENT

2 Quels changements remarquez-vous lorsqu'on passe du discours direct au discours rapporté ? Pour quelles raisons fait-on ces transformations ?

Discours direct :

LE CHAUFFEUR DE TAXI : – L'exposition vous a plu ?

H. MILLER : – J'ai surtout aimé Matisse.

Discours rapporté :

Il m'a demandé si l'exposition m'avait plu.

Je lui ai répondu que j'avais surtout aimé Matisse.

Le discours rapporté

• Pour rapporter une phrase déclarative, on utilise un verbe déclaratif de type **dire** + **que**

Voici quelques verbes introducteurs : **ajouter**, **assurer**, **avouer**, **confirmer**, **constater**, **déclarer**, **préciser**, **prétendre**, **rappeler**, **rapporter**, **souligner**... + **que**.

Les gardiens de musées seront en grève toute la semaine. → *Le syndicat Sud* ***a annoncé que*** *les gardiens de musées seraient en grève toute la semaine.*

• Pour rapporter une phrase interrogative, on utilise un verbe de type **demander** + **si** mais aussi demander + **quand**/**comment**/**où**/**pourquoi**/**ce que**...

Voici quelques verbes introducteurs : **demander**, **se demander**, **vouloir savoir**...

Est-ce que tu viendras avec nous au ciné ? → *Je* ***voulais savoir si*** *tu viendrais avec nous au ciné.*

Pourquoi n'as-tu pas aimé l'expo de Sophie Calle ? → *Il* ***m'a demandé pourquoi*** *je n'avais pas aimé l'expo de Sophie Calle.*

La concordance des temps

Quand le verbe introducteur est au passé, vous devez effectuer les transpositions suivantes :

Discours direct	Discours rapporté	Exemples
• présent	imparfait	*« Tu* ***dois*** *y aller un jour. C'****est*** *fantastique. »* → *Il me* ***disait*** *que je* ***devais*** *y aller un jour et que c'****était*** *fantastique.*
• passé composé	plus-que-parfait	*« Matisse* ***a perdu*** *sa qualité originelle. »* → *Il m'****a dit*** *que Matisse* ***avait perdu*** *sa qualité originelle.*
• futur simple	conditionnel présent	*« Je t'****inviterai*** *au concert. »* → *Elle m'****a dit*** *qu'elle m'****inviterait*** *au concert.*
• Le conditionnel et le subjonctif ne changent pas.		*« Il* ***faudrait*** *que j'****aille*** *à Paris. »* → *Elle* ***a dit*** *qu'il* ***faudrait*** *qu'elle* ***aille*** *à Paris.*
• L'impératif est remplacé par l'infinitif au discours rapporté.		***Prenez*** *cette place.* → *On lui a dit de* ***prendre*** *cette place.*

REMARQUE

La logique oblige à changer aussi les pronoms personnels et les adjectifs possessifs :

« ***Je*** *fais de* ***mon*** *mieux. »* → ***Il*** *a dit qu'****il*** *faisait de* ***son*** *mieux.*

> ENTRAÎNEMENT

3 Transposez les propos d'Henry Miller au discours rapporté.

« Paris a toujours été et sera toujours un phare pour tous ceux qui s'intéressent à l'art et aiment la liberté. Mon image de Paris, je la devais à un très cher ami qui avait énormément voyagé en Europe. »
H. Miller a dit que...

4 Mettez les phrases suivantes au discours rapporté.

Exemple : *Je passe te voir bientôt.* → *Il a dit qu'il passait me voir bientôt.*
a | Je voudrais aller au Festival de la BD. (Il m'a dit)
b | Tania va publier son premier roman. (Il m'a confié)
c | Notre association accueillera des artistes étrangers. (Il a déclaré)
d | J'emmène souvent mon fils au cirque. (Il a affirmé)

5 Transposez les phrases au discours rapporté.

Exemple : *Elle a avoué : « J'ai raté mon test d'entrée à l'école de cinéma. »*
→ *Elle a avoué qu'elle avait raté son test d'entrée à l'école de cinéma.*
a | Il m'a dit : « J'adore les spectacles de rue. »
b | Elle m'a demandé : « Quand as-tu arrêté tes cours de guitare ? »
c | Il m'a informé : « Je vais rencontrer un producteur. »
d | Il a voulu savoir : « Vous êtes allés au concert de Manu Chao ? »
e | Elle a dit : « Ne pose pas de questions ! »
f | Il m'a conseillé : « Va au Festival d'Avignon ! »

6 cd 49 **Écoutez ces phrases et transformez-les au discours rapporté en choisissant l'un des verbes introducteurs suivants : *Il a dit que* ou *Il a demandé si*.**

Exemple : **a** | *Tu as vu l'expo Picasso ?*
→ *Il m'a demandé si j'avais vu l'expo Picasso.*

PRODUCTION ORALE

7 Vous venez de recevoir ce mail de la part de votre amie Sylvie. Racontez le contenu de ce message à votre camarade de classe.

« J'ai décidé de rester 3 jours de plus à Londres. Il y a tant de choses à découvrir. Je voudrais voir l'expo Turner et je veux absolument aller au marché aux puces de Camden ce week-end. Je rentrerai à Paris le 4 juin. Je pense à toi, Sylvie. »

Sylvie m'a envoyé un mail pour me dire que...

POUR VOUS AIDER

Demander des précisions
- **Peux-tu me préciser ce que tu as voulu dire quand...**
- **À quoi pensais-tu quand...**
- **Tu pensais vraiment que...**
- **Qu'est-ce que tu espérais quand...**
- **Est-ce que tu savais que...**

8 En scène ! Jouez ce dialogue par deux.

Ça va très mal entre votre meilleur(e) ami(e) et vous. Vous n'avez plus confiance en lui/elle car vous avez appris qu'il/elle avait divulgué le contenu de vos conversations privées à votre entourage. Vous voulez comprendre les raisons d'un tel acte et lui demandez des précisions.

DOCUMENTS

A L'origine des films vus en France

1 Le cinéma français est-il très populaire en France ?
2 Êtes-vous surpris par ces résultats ?
3 Est-ce le même phénomène dans votre pays ?

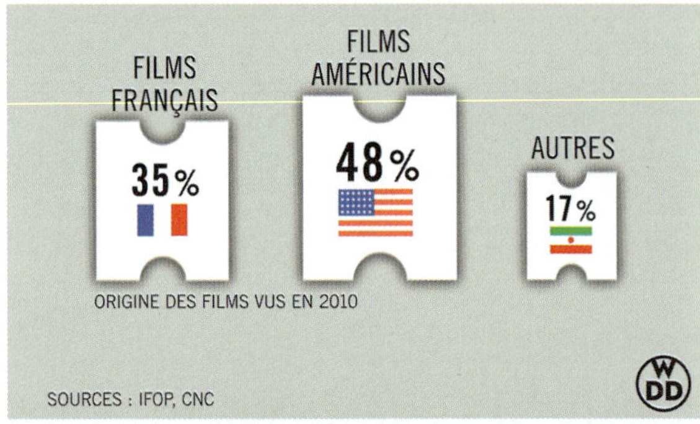

B Indian Palace

Après Stéphane Robelin et son savoureux *Et si on vivait tous ensemble ?*, John Madden signe une comédie exaltante sur les charmes et les contrariétés de la vie d'une poignée de retraités. Pour cela, le réalisateur de *Shakespeare in Love* nous embarque au Marigold Hotel, un palais délabré planté au beau milieu du Rajasthan. C'est là qu'Evelyn, Muriel, Graham, Douglas et les autres révéleront des caractères bien trempés, des ambitions insoupçonnées et des sentiments inavoués. Leurs aventures et leurs échanges sont aussi jubilatoires que la beauté d'un pays coloré, lumineux, cinégénique à souhait. Le scénario, riche, malin, et fin, est une partition merveilleuse pour les acteurs virtuoses que sont Judi Dench, Maggie Smith, Tom Wilkinson et Bill Nighy. Avec la bande, on rit autant qu'on s'émeut, on se retrouve autant qu'on découvre. Vite, place à l'Indian Palace ! C.G. Sortie le 9 mai.

Version Fémina, n° 527, 7-13 mai 2012.

COMPRÉHENSION ÉCRITE

Entrée en matière

1 Quelle est la nature de ce document ?

Lecture

2 Qui a réalisé et joué dans ce film ?
3 Où a-t-il été tourné ? Comment ce pays est-il décrit ?
4 Pourquoi est-ce une comédie drôle et émouvante ?
5 Cette critique est-elle élogieuse, nuancée ou négative ?

Vocabulaire

6 Reformulez les énoncés suivants :
a | une comédie exaltante
b | le scénario riche, malin et fin
c | les acteurs virtuoses
7 Qu'est-ce que :
a | un palais délabré ?
b | un caractère bien trempé ?
c | une ambition insoupçonnée ?
d | un sentiment inavoué ?

PRODUCTION ÉCRITE

8 Vous allez donner votre avis sur un film que vous avez vu récemment. Rédigez une critique et adressez-la au courrier des lecteurs de la revue *CinéMag*. D'abord, vous présenterez le film (titre, réalisateur, interprètes, genre...) puis vous ferez un résumé de l'intrigue et finalement, vous donnerez votre appréciation en justifiant votre opinion par des exemples bien choisis.

POUR VOUS AIDER

Faire une critique de film

La critique positive :
- **C'est un film remarquable/bien construit/magistralement interprété.**
- **À ne manquer sous aucun prétexte !**
- **Le scénario est bien ficelé.**
- **L'histoire est originale/belle/touchante.**
- **Le jeu des acteurs est convaincant.**

La critique négative :
- **C'est un film sans intérêt/sans valeur/insignifiant.**
- **Un vrai navet !**
- **Le scénario est mal écrit/faible.**
- **L'histoire est banale/médiocre/invraisemblable.**
- **Le jeu des acteurs est décevant/n'est pas crédible.**

CIVILISATION

Musée haut, musée bas

— Trois billets, s'il vous plaît...
— Exposition permanente ou temporaire ?
— Modigliani.
— Exposition temporaire. Un adulte et deux enfants ?
— Vous ne l'avez pas tout le temps ?
— Pardon ?
— Modigliani, vous ne l'avez pas tout le temps ?
— Non, l'exposition se termine le 4 novembre.
— C'est pas risqué pour des enfants ?
— Modigliani ?
— Oui, un peintre temporaire.
— C'est un très grand artiste.
— Peut-être, mais c'est la première fois qu'ils vont au musée, j'aimerais autant leur montrer quelqu'un de stable.
— Modigliani est un peintre très important, madame.
— Oui, mais vous ne le gardez pas et ce n'est pas un très bon exemple pour des enfants, un artiste qui est renvoyé du musée dans une semaine, reconnaissez...
— L'exposition est magnifique.
— Je n'en doute pas, mais je préfère qu'ils commencent sur une base solide, un peintre qui reste au musée toute l'année, un emploi fixe qui les tranquillise, vous savez, à cinq et sept ans, on comprend tout.
— Dans ce cas, visitez l'exposition permanente.
— Vous avez qui en permanent ?
— Oh, beaucoup de monde, Poussin, Watteau, David, Delacroix, Renoir...
— C'est peut-être plus sûr, non ?
— Comme vous voudrez... Ça fera quinze euros.
— Je peux vous demander pourquoi vous virez[1] Modigliani ? C'est une question de place ?
— Madame, je vais vous demander...
— Vous ne pensez pas que vous auriez pu dégraisser[2] chez les vieux ! Watteau, franchement, il a fait son temps, Watteau ! Franchement !
— Madame...
— Et Renoir, il n'y en a pas un peu marre de Renoir ! ? Les musées, les boîtes de chocolat, les calendriers, ça suffit pas ? Et quand c'est pas lui, c'est Monet ! Il n'y a pas qu'eux sur terre ! Ça continue derrière, faudrait qu'ils se le mettent dans le crâne[3], ça pousse derrière et ça sert à rien de faire bouchon aux jeunes !
— Je peux vous demander de payer madame, beaucoup de gens attendent.
— Qu'est-ce que vous voulez me dire exactement ? Que je suis temporaire à la caisse et que, vous, vous êtes permanent, c'est ça ?
— Quinze euros, madame.
— Ce n'est pas en traitant les visiteurs comme vous traitez Modigliani que vous donnerez à la jeunesse le goût de la peinture ! Venez mes chéris, on s'en va !

Pièce de Jean-Michel Ribes, *Musée haut, musée bas*, Actes Sud, 2004.

1 Retirer, enlever. 2 Réduire le nombre. 3 Tête.

COMPRÉHENSION ÉCRITE

Entrée en matière

1 Comment s'appelle la pièce de théâtre ? Qui en est l'auteur ?

Lecture de l'affiche

2 Où et quand peut-on assister à la représentation ?
3 Décrivez l'image.
4 À votre avis, quel est le sujet de cette pièce ?

Lecture du texte

5 Où se passe la scène ?
6 Qui sont les personnages ? Présentez-les.
7 Que raconte cette scène ?
8 D'où vient l'effet comique ?
9 Citez tout ce qui est temporaire et permanent.
10 En quoi l'art est-il devenu un objet de consommation comme un autre ?

PRODUCTION ORALE

11 Par deux, faites une lecture expressive de ce dialogue.

Dossier 2 La belle Histoire

A La vie de château

De sa fondation vers 1124 au départ de la Cour pour Versailles en 1682, le château de Saint-Germain-en-Laye fut l'une des résidences préférées des rois de France. En témoignent les actes royaux qui y furent donnés sous chacun de leur règne, avec un nombre souvent égal, voire* supérieur, à celui d'autres châteaux royaux, tels Vincennes, Fontainebleau ou Compiègne.

Durant son règne, François Ier résida à Saint-Germain plus d'un millier de jours, soit le double de ses séjours à Fontainebleau. Après avoir habité le logis de Charles V depuis le début de son règne, en 1515, il manifesta son attachement à cette résidence en décidant sa transformation en un véritable château à partir de 1539.

Malgré son apparence, ce nouveau château ne put bientôt accueillir tous les courtisans. Henri II lui adjoignit** donc à partir de 1557 le « Château-Neuf ». Selon des témoignages contemporains, ces châteaux voisins ainsi que les terrasses et jardins qui les entouraient étaient considérés comme la « huitième merveille du monde » !

Louis XIV fut aussi l'une des grandes figures de Saint-Germain où, de 1660 à 1682, il passa chaque année plus de dix mois, confiant à Le Nôtre la réorganisation des terrasses et des jardins.

Malgré une ultime tentative d'agrandissement du « Château-Vieux » en 1681, la Cour, transférée à Versailles en 1682, abandonna définitivement Saint-Germain.

Menacé de destruction, il fut sauvé par Napoléon III qui, de 1862 à 1867, le fit transformer en « musée des Antiquités celtiques et gallo-romaines ».

** Même. ** Annexer.*

Du château royal au musée d'Archéologie national, Saint-Germain-en-Laye © Réunion des musées nationaux, Grand Palais, 2007.

COMPRÉHENSION ÉCRITE

Entrée en matière

1 Quelle est la nature de ce document ?

1re lecture

2 Nommez les rois de France qui ont résidé dans ce château.

3 Saint-Germain était-il l'unique résidence royale ? Justifiez votre réponse.

2e lecture

4 Quelles transformations les rois successifs ont-ils apportées au château ?

5 Pourquoi la Cour a-t-elle été transférée à Versailles ?

6 Qu'est devenu le château avec Napoléon III ?

Vocabulaire

7 Reformulez les énoncés suivants.

a | Louis XIV fut l'une des grandes figures de Saint-Germain (ligne 23)

b | Malgré une ultime tentative d'agrandissement (ligne 27)

8 Expliquez le sens de :

a | la *« huitième merveille du monde »* (ligne 22)

b | la Cour (lignes 1 et 28)

PRODUCTION ORALE

9 Où résidaient les chefs d'État dans votre pays ? Est-ce encore le cas aujourd'hui ?

B Le château de Guédelon

dvd 8

COMPRÉHENSION AUDIOVISUELLE

Entrée en matière

Regardez la vidéo en entier.

1 De quel type de vidéo s'agit-il ?
2 Selon vous, à quel public est-elle destinée ?

2ᵉ visionnage (du début à 0'52'')

3 Comment le site est-il filmé ? Où est le caméraman lors de la prise de vue ?
4 Où se trouve le château ?
5 Le château est-il en bon état ? Pourquoi ?

3ᵉ visionnage (de 0'53'' à 1'13'')

6 Comment le projet était-il considéré au début ?
7 Quelle est la réaction des personnes interviewées ?
8 On utilise les techniques de quelle époque ?

4ᵉ visionnage (de 1'14'' à la fin)

9 Combien d'ouvriers travaillent sur ce chantier ?
10 Décrivez leurs activités.
11 Leur tâche est-elle facile ? Pourquoi ?
12 En quelle année la construction du château a-t-elle débuté ?

PRODUCTION ORALE

13 Y a-t-il des châteaux dans votre pays ? Présentez celui que vous préférez. S'il n'y en pas, présentez un monument important faisant partie du patrimoine de votre pays.

PRODUCTION ÉCRITE >>>>DELF

14 Vous aurez du temps libre pendant les vacances d'été et décidez de rejoindre l'équipe qui travaille sur le site du château de Guédelon. Dans une lettre au responsable du chantier, vous proposez votre aide en tant que bénévole. Vous précisez dans quel domaine vous pourriez être utile et pourquoi.

C Le Louvre

cd 50

COMPRÉHENSION ORALE

Entrée en matière

1 Quels chefs-d'œuvre peut-on admirer au Louvre ?

1ʳᵉ écoute (en entier)

2 Quel écrivain le présentateur cite-t-il en introduction ?
3 Remettez dans l'ordre chronologique l'histoire du Louvre.
a | un musée
b | un château fort
c | une résidence royale
4 Quelle était la fonction de la forteresse ?

« Faire succéder à la grandeur du passé la grandeur du présent et la beauté de l'avenir. »

2ᵉ écoute (en entier)

5 Citez les noms de cinq personnages historiques en lien avec le Louvre.
6 Quelle est la profession de Pei ? Quelle est sa nationalité ?
7 Qu'a-t-il réalisé dans la cour du Louvre ?

PRODUCTION ORALE

8 Êtes-vous intéressé(e) par l'Histoire ? Pourquoi ?
9 Quels sont les cinq personnages historiques les plus emblématiques de votre pays ?

GRAMMAIRE
> le passé simple

Cahier d'exercices unité 8

> ÉCHAUFFEMENT

1 Regardez les verbes au passé simple et cherchez l'infinitif correspondant. Quel temps pourrait-on employer à la place du passé simple dans la langue courante ?

a | Saint-Germain-en-Laye **fut** l'une des résidences préférées des rois de France.

b | François Ier y **résida** et le **transforma** en château.

c | Louis XIV **fut** aussi l'une des grandes figures de Saint-Germain.

d | De 1660 à 1682, il y **passa** chaque année plus de 10 mois.

> FONCTIONNEMENT

2 Le passé simple est-il utilisé :

- dans un récit ?
- dans un dialogue ?

REMARQUE

Le passé simple est un temps du passé qui s'utilise principalement à l'écrit. Il est surtout employé dans les textes littéraires, historiques et les biographies.

La formation du passé simple

• **tous les verbes en -er**	• **les verbes en -ir** • **la plupart des verbes en -re** • **les verbes *voir* et *asseoir***	• **les verbes en -oire/-oir** • **quelques verbes en -ir ou -re**	• **les verbes *tenir* et *venir* ainsi que leurs dérivés**
Passer je passai tu passas il/elle passa nous passâmes vous passâtes ils/elles passèrent	**Finir** je finis tu finis il/elle finit nous finîmes vous finîtes ils/elles finirent	**Boire** je bus tu bus il/elle but nous bûmes vous bûtes ils/elles burent	**Venir** je vins tu vins il/elle vint nous vînmes vous vîntes ils/elles vinrent

Être	**Avoir**
je fus	j'eus
tu fus	tu eus
il/elle fut	il/elle eut
nous fûmes	nous eûmes
vous fûtes	vous eûtes
ils/elles furent	ils/elles eurent

REMARQUES

- Une autre règle consiste à utiliser le participe passé du verbe comme base du passé simple :
*croire → cr**u** : je cr**us**, tu cr**us**, il cr**ut**, nous cr**ûmes**, vous cr**ûtes**, ils cr**urent***
- Quelques exceptions :

écrire → j'écrivis *faire → je fis* *mourir → je mourus*
naître → je naquis *perdre → je perdis* *voir → je vis*

> ENTRAÎNEMENT

3 Retrouvez le participe passé de ces verbes puis conjuguez-les au passé simple avec *il* et *ils*.

Exemple : vouloir → voulu : il voulut – ils voulurent

a | pouvoir **b** | devoir **c** | partir **d** | savoir **e** | vivre **f** | prendre

4 Le texte suivant est au passé simple. Mettez les verbes au passé composé.

Après la Révolution française, le château de Versailles **se vida** de ses habitants, mais on **continua** à l'entretenir. Certaines parties des jardins **furent** tranformées en potagers et un arbre de la liberté **fut** planté dans la cour. Puis l'assemblée législative **décida** de la vente du mobilier. On **enleva** aussi les fleurs de lys et les couronnes, symboles de la royauté et on **envoya** au Louvre peintures et sculptures. En 1793, on **ouvrit** le château au public.

5 Réécrivez cette courte biographie de Louise Michel en utilisant le passé composé puis le passé simple.

Institutrice, révolutionnaire et libertaire française, Louise Michel **est** l'une des grandes figures du mouvement ouvrier. Fille d'un châtelain et de sa servante, elle **reçoit** une éducation libérale et **devient** institutrice. En 1853, elle **ouvre** une école à Paris où elle **enseigne** pendant trois ans selon les principes républicains. Mais sa participation active à la Commune de Paris en 1871 lui **vaut** d'être condamnée à la déportation en Nouvelle-Calédonie. Dès son retour, elle **reprend** ses activités politiques : elle **donne** des conférences, **défend** l'abolition de la peine de mort et **lutte** pour les droits des femmes. Elle **milite** ainsi jusqu'à sa mort, en 1905.

6 Rédigez la biographie de Guy de Maupassant au passé simple avec les éléments suivants de sa vie.

Guy de Maupassant
- naissance - Château de Miromesnil, Normandie, 1850
- études secondaires - lycée de Rouen
- ami de Gustave Flaubert
- fréquente les salons - Paris
- premier succès littéraire avec *Boule de Suif*, 1880
- publication de nouvelles, romans et articles
- voyages : Corse, Italie, Afrique du Nord
- dégradation de sa santé
- mort à Paris - 1893

PRODUCTION ÉCRITE

7 Rédigez au passé simple la biographie d'une personnalité historique, politique ou scientifique que vous admirez.

POUR VOUS AIDER

Se situer dans le temps et l'espace	
Temps	**Lieu**
• **en** (année, mois, saison) : ***en*** *1971,* ***en*** *septembre,* ***en*** *été* • **au** (siècle, saison) : ***au*** *XXe siècl,* ***au*** *printemps* • **avant ≠ après** : ***après*** *la Révolution* • **vers** : ***vers*** *le mois de mai*	• **à** (ville, île sans article) : ***à*** *Paris,* ***à*** *Cuba* • **au** (pays masculin) : ***au*** *Brésil* • **en** (pays féminin) : ***en*** *France* • **en** (pays masculin) + voyelle : ***en*** *Iran* • **de** (origine) : ***d'****origine africaine, venir* ***du*** *Mali* • **par** (passage) : *passer* ***par*** *Paris* • **pour** (destination) : *partir* ***pour*** *Londres*

DOCUMENTS

A Chronologie

Mai 68 : l'université de Nanterre est fermée au public suite à l'occupation des bâtiments administratifs par des étudiants. Des barricades se dressent à Paris et les étudiants s'opposent aux CRS*. La révolte étudiante s'étend à d'autres catégories de la population et débouche sur une série de grèves.
Avril 1969 : le général de Gaulle, au centre de toutes les critiques et caricatures, annonce sa démission.
Août 1969 : la musique rock, forme de contre-culture venue des États-Unis et de Grande-Bretagne, est reprise en France dès l'après Mai 68.
Août 1970 : naissance du MLF (mouvement de libération des femmes).

* *Policiers.*

Mai 68 et ses héritages

Les événements de Mai 68 ne représentent pas seulement une crise politique, ils correspondent aussi et avant tout à une crise de civilisation, à un rejet de l'autorité sous toutes ses formes. Rejet de l'autorité parentale et contestation des valeurs familiales (s'accompagnant d'une volonté de libération sexuelle), rejet de l'autorité patronale dans l'entreprise et de l'autorité professorale dans les établissements scolaires et universitaires, refus de la sélection à tous les niveaux du cursus des études, rejet de l'autorité militaire enfin. Dans ces conditions, Mai 68 a peut-être été une révolution manquée mais a eu aussi pour conséquence une banalisation de la contestation devenue désormais une forme d'expression habituelle et reconnue. L'épisode a montré que le développement de la société de consommation ne résolvait pas tous les problèmes de société et en créait même de nouveaux. D'où, également, l'apparition d'une contestation à caractère « écologique » destinée à préserver la société de certains excès liés à la croissance industrielle.

C. Bonnet, *Économie, société, culture en France depuis 1945,* Ellipses.

COMPRÉHENSION ÉCRITE

Entrée en matière

1 Lisez la chronologie et l'article. Que s'est-il passé en France en Mai 68 :
a | un mouvement de révolte étudiante ?
b | le développement d'un mouvement écologique ?
c | la réélection du général de Gaulle ?
Justifier votre réponse.

Lecture

2 Quels sont les motifs de contestation des jeunes en Mai 68 ?
3 Que veulent-ils ?
4 À votre avis, pourquoi le général de Gaulle a-t-il démissionné ?
5 Quels seront les héritages de la révolte de Mai 68 ?

B La contestation s'affiche

COMPRÉHENSION ÉCRITE

Entrée en matière

1 À votre avis, qui a créé ces affiches ?

Lecture

2 Quels sont les personnages représentés sur les deux affiches ?
3 De quoi sont-ils les symboles ?
4 Quels messages veulent transmettre ces affiches et leur slogan ?
5 Quel effet cela produit-il sur le lecteur ?

VOCABULAIRE
> l'histoire

Cahier d'exercices unité 8

LA PÉRIODE

la Préhistoire
l'Antiquité *(f.)*
le Moyen Âge
la Renaissance
la Révolution
l'Empire *(m.)*
la République

1 Complétez le texte avec les mots suivants :
Moyen Âge – Antiquité – période – transition – découverte
Le passage de la Préhistoire à l'..... est marqué par l'écriture. Le début du ..... est généralement situé au moment de la chute de Rome (476). La ..... de l'Amérique par C. Colomb mille ans plus tard (1492) sert de ..... entre le Moyen Âge et la Renaissance. Le XVIIIe siècle est celui des Lumières. La Révolution a été intégrée à cette ..... qu'elle vient conclure.

QUELQUES ÉVÉNEMENTS MARQUANTS

l'apparition *(f.)* de l'écriture
l'apparition des premiers hommes
la chute de l'Empire romain
le début de la Première Guerre mondiale
la découverte de l'Amérique
la Révolution Française

2 Replacez les événements ci-dessus dans l'ordre chronologique.

a | – 8 000 000
b | – 3 000
c | 476
d | 1492
e | 1789
f | 1914

CHRONOLOGIE

Au Moyen Âge
les croisades *(f.)*
la société féodale
la Guerre de Cent Ans
Des Temps modernes à la Révolution
les grandes découvertes
les guerres *(f.)* de religion
Au XIXe siècle
la révolution industrielle
la modernisation
le progrès technique
Au XXe siècle
les Années folles
la Belle Époque
la Première Guerre mondiale
la Seconde Guerre mondiale
Mai 68
Les Trente Glorieuses

3 Ces inventions correspondent à quelle période historique ?

a | l'avion à moteur
b | l'imprimerie *(f.)*
c | les outils *(m.)*
d | les moulins *(m.)*

1 | la Préhistoire
2 | l'Antiquité
3 | la Renaissance
4 | l'époque moderne

L'ARCHÉOLOGIE, L'ARCHITECTURE

l'acqueduc *(m.)*
les arènes *(f.)*
la brique
le chantier
l'échafaudage *(m.)*
les fouilles *(f.)*
la restauration

4 a | Écoutez les phrases suivantes et dites qui les prononce : (cd 51)
• un architecte : phrases .....
• un archéologue : phrases .....
b | Répétez les phrases.

LES BÂTIMENTS

l'abbaye *(f.)*
la cathédrale
la chapelle
le château (fort)
l'église *(f.)*
l'hôtel *(m.)* particulier
le palais
la tour

5 Trouvez l'intrus.

a | la chapelle
b | la tour
c | l'église
d | l'abbaye
e | la cathédrale

ÉLÉMENTS D'ARCHITECTURE

Les parties d'un château
l'aile *(f.)*
le donjon
le parc
le pont-levis
le rempart
la tour

Les parties d'une cathédrale
les cloches *(f.)*
la façade
la flèche
la nef
le portail
le vitrail

6 Trouvez l'intrus.

a | la flèche
b | le donjon
c | le parc
d | le rempart

LES CONFLITS

entrer en conflit
perdre une bataille
l'attentat *(m.)*
le combat
la défaite
l'émeute *(f.)*
la grève
l'insurrection *(f.)*
l'invasion *(f.)*
la révolte

7 Associez les mots à leur contraire.

a | la défaite
b | le combat
c | la révolte
d | la paix

1 | la guerre
2 | la capitulation
3 | la victoire
4 | la soumission

LA MONARCHIE

le clergé
la cour
la couronne
la dynastie
la noblesse
le peuple
les privilèges
le règne
le roi/la reine
le royaume
le sacre
le/la souverain(e)
le sujet
le tiers état
le trône

8 À quel ordre appartenaient ces Français avant la Révolution ?

a | le prêtre
b | le paysan
c | le chevalier
d | le juge
e | l'évêque

1 | le tiers état
2 | le clergé
3 | la noblesse

CIVILISATION

QUIZ : *histoire du monde*

Testez vos connaissances !

1 Quel souverain appelait-on « le roi Soleil » ?

a | Alexandre le Grand.
b | Ramsès II.
c | Louis XIV.

2 Dans quel pays n'y a-t-il pas de monarchie ?

a | Le Maroc. **b** | La Suède. **c** | Le Portugal.

3 À quel pays associe-t-on la dynastie Ming ?

a | Le Japon. **b** | La Chine. **c** | La Corée.

4 En 1955, Rosa Parks devient célèbre aux États-Unis. Pourquoi ?

a | Elle a refusé de céder sa place à un passager blanc dans un bus.
b | Elle a traversé l'Amérique d'est en ouest à pied.
c | Elle est la première femme à siéger au Congrès.

5 Qu'est-ce que Waterloo ?

a | Un musée londonien.
b | Le nom d'un ancien président belge.
c | Une défaite de Napoléon Ier en 1815.

6 En quelle année a-t-on détruit le mur de Berlin ?

a | 1979. **b** | 1989. **c** | 1999.

7 Quelle œuvre célèbre fut volée au Louvre en août 1911 ?

a | *La Liberté guidant le peuple* d'Eugène Delacroix.
b | *La Joconde* de Léonard de Vinci.
c | *La Vénus* de Milo.

8 Qui a navigué jusqu'en Chine ?

a | Christophe Colomb.
b | Florence Arthaud.
c | Marco Polo.

9 Qui a dit : « La démocratie devrait assurer au plus faible les mêmes opportunités qu'au plus fort » ?

a | Aung San Suu Kyi.
b | Gandhi.
c | Nelson Mandela.

10 Que s'est-il passé en 44 avant J.-C. ?

a | L'assassinat de Jules César.
b | La chute de l'Empire romain.
c | La naissance de Cléopâtre.

Réponses : *1 c – 2 c – 3 b – 4 a – 5 c – 6 b – 7 b – 8 c – 9 b – 10 a*

ATELIERS

1 ORGANISER UNE EXPOSITION

Vous allez organiser une exposition d'art.

Démarche

Formez des groupes de trois ou quatre.

1 Préparation

• Chaque groupe choisit le thème de son exposition :
Exemples : *La rétrospective des œuvres d'un artiste connu. / La présentation des œuvres d'un(e) étudiant(e) (artiste amateur ou confirmé) de votre classe. / La présentation d'un mouvement ou d'un phénomène artistique.*

• En fonction du thème choisi, vous confrontez vos idées afin de décider quels supports vous devez sélectionner : dessins, photos, textes, images, schémas, reproductions de peintures, etc.

• Vous vous répartissez le travail dans le groupe et vous faites des recherches sur Internet, à la bibliothèque pour choisir vos supports.

2 Réalisation

• Vous mettez en commun les résultats de votre travail de recherche. Vous faites un agencement en fonction du fil conducteur que vous souhaitez pour votre exposition. Le but : que tous les supports exposés soient liés.

• Vous déterminez les modalités de présentation de votre exposition en fonction de l'équipement de votre école : présentation « papier » sur de grands panneaux illustrant et expliquant votre thème, présentation sur TNI...

• Vous rédigez un carton d'invitation afin de présenter l'événement :
– vous précisez le nom de l'artiste accompagné d'une courte biographie ou bien le thème de votre expo en expliquant brièvement le choix de votre sujet ;
– vous précisez le lieu et l'heure du vernissage.

3 Présentation

Vous êtes maintenant le guide-conférencier de l'exposition que vous venez de concevoir. Présentez-la à vos visiteurs (les étudiants de la classe) lors du vernissage en prenant soin de leur expliquer votre démarche. Et n'oubliez pas de répondre aux questions de votre public !

2 PRÉSENTER UN ÉVÉNEMENT/ UN PERSONNAGE HISTORIQUE

Vous allez présenter un événement historique majeur ou un personnage historique important de votre pays ou de l'Histoire de France.

Démarche

Formez des groupes de trois ou quatre.

1 Préparation

• Chaque groupe choisit le sujet de sa présentation : événement ou personnage historiques.
Faites une liste des faits et personnages historiques dont vous aimeriez parler. Discutez-en ensemble puis faites un choix.

• Vous vous renseignez sur l'histoire, le contexte, les causes de l'événement.
Consultez des ressources à la bibliothèque (encyclopédies, livres, revues d'Histoire...). Faites aussi une sélection d'illustrations.

• S'il s'agit d'un personnage, vous faites des recherches sur sa jeunesse, son environnement familial et éducatif, l'époque à laquelle il a vécu, ses grandes réalisations et toutes les autres informations pertinentes.

2 Réalisation

• Vous choisissez la forme de présentation la mieux adaptée :
une grande affiche, une frise chronologique...

• Votre présentation se composera de plusieurs parties : illustrations et textes représentatifs de votre sujet. N'oubliez pas de mettre un titre à chaque document.

• Vous rédigez vos textes et collez vos photos et images sur une grande affiche ou vous préparez votre présentation sur un ordinateur / TNI (en fonction de l'équipement de l'école).

3 Présentation

Vous faites votre présentation devant les étudiants de la classe. Vous expliquerez également pourquoi cet événement ou ce personnage vous ont intéressés et ce que vous en retenez le plus.
Aidez-vous des conseils donnés à la page 156.

Faire un exposé

PRÉPARATION

Tout d'abord, **délimitez bien votre sujet**. **Classez vos idées** selon des catégories qui marqueront la structure de votre exposé. Marquez bien les étapes de votre raisonnement pour permettre à votre public de vous suivre. Mettez-vous dans la peau de ceux qui vont vous écouter. Vous emmenez votre public en voyage, c'est vous le guide !

COMMENCER ET TERMINER UN EXPOSÉ

Faites particulièrement attention à **la première phrase et à la dernière phrase** de votre exposé. Préparez-les bien.
L'introduction
• **Donnez envie de vous écouter avec une accroche** qui éveille l'intérêt du public. Commencez par exemple par une question au public, une statistique, un chiffre, un fait surprenant ou par une anecdote.
• Contextualisez le sujet que vous allez traiter avec une problématique.
• **Annoncez votre plan**, présentez les grandes lignes de votre raisonnement (voir page 84).
La conclusion met un point final à votre exposé (voir page 84). Terminez avec élégance, évitez : *Voilà c'est tout, j'ai fini...* Soignez votre intonation.

LES NOTES ET LE DIAPORAMA

Les notes, qu'est-ce que c'est ?

Vos notes vous guideront pendant votre exposé, mais votre auditoire ne doit pas se rendre compte de leur existence. Elles vous permettent de conserver la structure de votre propos à l'oral, de n'oublier aucune idée et de savoir où vous en êtes.

Comment élaborer des notes ?

Notez simplement les titres des parties, les mots clés, les exemples, ainsi que les chiffres, les citations, les informations précises dont vous allez avoir besoin. Sur une colonne à gauche, **écrivez les connecteurs** qui relient vos arguments.
Écrivez gros pour voir de loin. **Utilisez de la couleur** pour vous y retrouver. Vous devez être capable de comprendre vos notes à un mètre de distance.

Que faire avec des notes ?

Ne lisez pas vos notes, jetez-y un coup d'œil rapidement et régulièrement. Mais ne les regardez pas fixement, ne vous cachez pas derrière.

À quoi sert un diaporama ?

Les diaporamas (couramment appelés Powerpoint) doivent **illustrer votre propos et non pas le remplacer**. Si vos diapositives sont pleines de texte, le public lira au lieu de vous écouter et aura du mal à se concentrer sur votre exposé. Préférez des illustrations, des graphiques, des titres, des listes courtes...

TECHNIQUES DE PRISE DE PAROLE

Parler en public

Ne récitez pas, mais parlez d'une façon naturelle et vivante. **Ne parlez pas trop vite et articulez.**
Chez vous, entraînez-vous à « sur-prononcer » le français : exagérez l'articulation de vos muscles faciaux.
Faites des pauses pour entretenir le suspense. **Ne parlez pas d'une manière monotone**, variez vos intonations en fonction de ce que vous dites. N'oubliez pas que vous parlez à un public, pas aux personnes du premier rang ou à votre professeur. Choisissez un point au fond de la salle et parlez pour cet « auditeur imaginaire », votre voix portera automatiquement vers le fond de la salle. Votre regard doit être mobile, **adressez-vous aux personnes présentes**.

Maîtriser son langage corporel

Ne soyez pas figé, mais ne gesticulez pas non plus.
Entraînez-vous à présenter votre exposé à un ami, devant un miroir ou une caméra pour vous rendre compte de l'effet que vous donnez et pour vérifier que vous n'avez pas de tic verbal ou corporel.

AINSI VA LE MONDE !

« Nous avons tendance à l'oublier, mais notre plus grande réussite, à nous Européens, demeure d'avoir consolidé un espace de paix où la négociation et le dialogue ont remplacé la guerre. »

Martin Schulz
(président du Parlement européen, 2012)

Dossier 1 Vivre l'Europe

A Soutenez le Fonds pour la sauvegarde du fromage

* *Politique agricole commune.*

Charles de Gaulle a dit un jour : « Comment voulez-vous gouverner un pays où il existe 246 variétés de fromage ? » La réponse est assez évidente : il suffit de distribuer 246 subventions au fromage. Ainsi que des subventions au saucisson, aux olives, au vin, etc.

Cela peut paraître passablement injuste de consacrer 40 % du budget de l'Union européenne en subventions pour 2 % de la population – les paysans –, mais les Français disent que cela est nécessaire pour préserver leurs traditions alimentaires. C'est en partie vrai. Sans subventions, les producteurs locaux de fromages seraient submergés[1] par une marée[2] de pseudo-cheddars industriels sous cellophane[3].

Mais c'est une erreur de croire que ces producteurs français sont tous des paysans grincheux essayant de joindre les deux bouts[4] dans une ferme avec une chambre et un seul âne. Nonobstant le fait que la France a ses propres sociétés multinationales alimentaires, certains des vieux paysans que j'ai rencontrés sont aussi doués pour la finance que les meilleurs opérateurs en Bourse de Wall Street.

Un jour, on m'a fait visiter une ferme dans le Centre de la France appartenant à un vieux couple. Ils m'ont montré leur basse-cour à ciel ouvert peuplée de poules décharnées, et leurs trois champs, tous vides à part quatre ou cinq vaches orange (des limousines*). Une vieille Renault était garée dans une grange. On aurait dit qu'ils allaient crier famine d'ici l'hiver prochain.

Pas du tout. L'ami qui m'a emmené voir la ferme m'a expliqué que le vieux couple, à l'instar de tous leurs amis et parents installés dans des fermes similaires, sont très à l'aise financièrement. Ils reçoivent chaque année une subvention européenne pour planter de nouveaux pommiers, une autre pour brûler une partie de la récolte et lutter ainsi contre la surproduction, et encore une pour arracher les arbres et réduire de la sorte la production nationale de pommes. Ils rachètent des terrains partout autour du village et sollicitent de nouvelles aides pour les laisser en jachère. La famine n'est que très, très loin à l'horizon. À Bruxelles, peut-être.

Étant donné que toute tentative par le gouvernement français de réduire ces subventions entraîne le blocage des autoroutes et le dépôt de montagnes de nourriture pourrissante[5] devant (et parfois dans) les bureaux de l'administration, il paraît difficile de retirer leurs avantages aux paysans.

Stephen Clarke, *Français, je vous haime*, NIL Eds, 2009.

1 Envahis, recouverts. 2 Une grande quantité. 3 Plastique alimentaire. 4 Réussir à couvrir ses besoins avec ses revenus. 5 En décomposition.
** Note de l'auteur : Ces vaches n'ont en commun avec les voitures de luxe que le nom.*

COMPRÉHENSION ÉCRITE

Entrée en matière

1 Décrivez le dessin de presse. Quel message le dessinateur a-t-il voulu transmettre ?

2 À votre avis, de quoi parle cet extrait du livre du journaliste britannique Stephen Clarke ?

3 De quel livre cet extrait est-il tiré ? Expliquez son titre.

1re lecture (en entier)

4 Le ton de l'auteur est :

a neutre b sérieux c humoristique

5 La moitié du budget de l'Union européenne (UE) est consacrée aux paysans.

☐ Vrai ☐ Faux Justification : .....

6 Stephen Clarke explique que les agriculteurs français sont pauvres.

☐ Vrai ☐ Faux Justification : .....

2e lecture (en entier)

7 Les fromages sont les seuls produits agricoles français subventionnés.

☐ Vrai ☐ Faux Justification : .....

8 Les fromages français restent largement produits par de petits producteurs grâce aux subventions européennes.

☐ Vrai ☐ Faux Justification : .....

9 Pourquoi l'auteur dit-il que certains vieux paysans français sont aussi doués pour la finance que les professionnels de Wall Street ?

10 Comment les agriculteurs français réagissent-ils quand le gouvernement tente de diminuer les subventions ?

PRODUCTION ÉCRITE

11 Dans cet extrait, Stephen Clarke caricature les paysans français. Dans une lettre à l'auteur, décrivez votre vision du monde paysan.

B Le virage écolo de la PAC

cd 52

COMPRÉHENSION ORALE

1re écoute

1 Ce document sonore parle :

☐ des problèmes de la PAC.
☐ des réussites de la PAC.
☐ de la réforme de la PAC.

2 Les paysans toucheront leurs aides :

☐ si tous leurs produits sont bio.
☐ s'ils respectent l'environnement.
☐ s'ils cultivent beaucoup d'OGM.

3 Le budget agricole européen est de :

☐ 45 milliards d'euros.
☐ 55 milliards d'euros.
☐ 75 milliards d'euros.

4 a Les agriculteurs français sont :

☐ inquiets.
☐ méfiants.
☐ satisfaits.

b Les agriculteurs français voudraient que le budget consacré à la PAC :

☐ diminue.
☐ ne change pas.
☐ augmente.

2e écoute

5 Les aides agricoles liées à l'environnement représenteraient :

☐ 1/4 du budget total de l'UE.
☐ 1/3 du budget total de l'UE.
☐ 1/2 du budget total de l'UE.

6 Pourquoi les écologistes sont-ils sceptiques ?

7 Certains pays voudraient diminuer le budget de la PAC. Lesquels ?

☐ Les pays d'Europe du Nord.
☐ Les pays d'Europe de l'Est.
☐ Les pays d'Europe centrale.

8 Pourquoi ces pays veulent-ils diminuer le budget de la PAC ? (Citez 1 élément.)

9 Pourquoi ces pays vont-ils certainement réussir à faire baisser le budget agricole de l'UE ?

☐ Cela n'est pas précisé par la journaliste.
☐ Parce que ce sont de bons négociateurs.
☐ À cause de la crise financière.

PRODUCTION ORALE

10 **En scène !** L'UE décide de se tourner vers une agriculture plus écologique alors que certains experts affirment que les produits bio ne seraient pas plus sains que les autres. Vous êtes d'avis que ces experts ont raison. Votre voisin(e) pense le contraire. Vous discutez avec lui/elle des avantages et inconvénients du bio.

VOCABULAIRE

> l'Union européenne

Cahier unité 9 d'exercices

LES INSTITUTIONS EUROPÉENNES *(F.)* ET LES ORGANES INSTITUTIONNELS *(M.)*

la Banque centrale européenne
le Conseil européen
le Conseil de l'UE
la Commission européenne
la Cour des comptes de l'UE
la Cour de justice de l'UE
le médiateur européen
le Parlement européen, l'hémicycle
le Service européen pour l'action extérieure

1 Associez les définitions aux institutions et organes correspondants.
a | On peut déposer plainte auprès de lui quand une institution refuse de transmettre une information par exemple.
b | Les députés européens siègent dans cet hémicycle.
c | Trois institutions interviennent dans le processus législatif européen.
d | Cet organe institutionnel est en charge de la politique étrangère de l'UE.

L'EUROPE ET VOUS

Bruxelles
les élections *(f.)* européennes
l'espace *(m.)* Schengen
euro-convaincu(e)/eurosceptique
les fonds européens *(m.)*
l'initiative *(f.)* citoyenne européenne
le marché unique
la paix
la pétition
le programme d'échange européen
la subvention, l'aide *(f.)*
voter
la zone euro

2 Complétez les phrases suivantes à l'aide des mots ci-dessus.
a | L'Europe a été créée après la Seconde Guerre mondiale pour maintenir ..... .
b | Les citoyens européens participent tous les 5 ans aux ..... .
c | Erasmus et Leonardo sont des ..... européens.
d | Le FEDER est un ..... qui permet d'aider certaines régions à se développer.
e | Quand la presse française mentionne une décision de l'UE, elle utilise souvent l'expression « ..... » à la place du mot « Commission ».

LA POLITIQUE EUROPÉENNE

Les grands concepts *(m.)*
l'adhésion *(f.)*
l'amitié *(f.)* franco-allemande
le budget européen
les critères *(m.)* d'adhésion *(f.)*
l'élargissement *(m.)* de l'UE
la PAC : politique agricole commune
la PCP : politique commune de la pêche
la PSDC : politique de sécurité et de défense commune
le siège d'une institution
le sommet européen
le traité

Les fonctions *(f.)*
Le chef d'unité *(f.)* (Ex. : l'unité Administration et Finances)
les commissaires *(m.)* européens
le directeur général est à la tête d'une DG (Ex. : la DG Recherche)
les députés *(m.)* européens
les eurocrates = les fonctionnaires *(m.)* européens
le groupe de pression = le lobby
l'interprète
le/la traducteur(-trice)

Le processus politique
l'amendement *(m.)*
les commissions parlementaires *(f.)*
le compromis
le débat
la directive
la proposition de loi
le mandat
le règlement
la réunion
la session plénière du Parlement

3 Complétez le texte à l'aide du vocabulaire suivant :
débats – siège – groupes de pression – session plénière – interprétation – traité – directives
Le Parlement européen a des bureaux à Bruxelles, à Luxembourg et à Strasbourg mais il n'a qu'un seul ..... : Strasbourg. C'est là que les députés européens se réunissent en ..... quatre jours par mois pour amender, adopter ou rejeter les règlements et ..... de la Commission. Les députés sont parfois approchés par des ..... qui essayent de les influencer avant un vote. Avant de procéder au vote, les parlementaires participent à des ..... qu'ils peuvent suivre et auxquels ils peuvent tous participer dans leur langue grâce au magnifique travail effectué par les services d'..... . Avec le ..... de Lisbonne, le pouvoir du Parlement européen est devenu plus important.

LES GROUPES POLITIQUES AU PARLEMENT EUROPÉEN

ADLE : Alliance des Démocrates et des Libéraux pour l'Europe
CRE : Conservateurs et Réformistes européens
EFD : groupe Europe libertés démocratie
GUE/NGL : Gauche unitaire européenne/Gauche verte nordique
Les Verts/ALE : les Verts/Alliance libre européenne
PPE : Parti populaire européen
S&D : alliance progressiste des Socialistes & Démocrates
NI : non inscrits

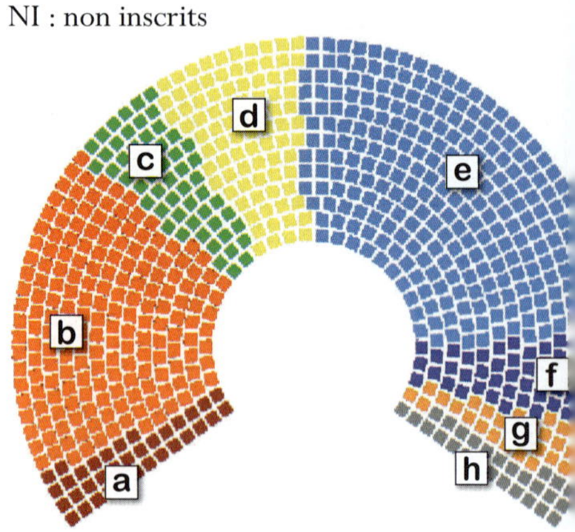

4 Complétez la légende avec le nom des groupes politiques européens.
a | .....
b | .....
c | .....
d | ADLE
e | .....
f | .....
g | EFD
h | NI

5 **Intonation** cd 53
a | Écoutez ces phrases prononcées au Parlement européen.
Pour chacune d'entre elles, dites si elle est formulée par le président du Parlement ou par un député.
b | Répétez ces phrases.

La Belgique soumet une initiative citoyenne européenne pour protéger ses frites

La tentative de la Belgique de faire des « frites » un mets traditionnel protégé par le droit européen a pris un nouvel élan aujourd'hui (1er avril), lorsque le « Brussels Frites Forum » a soumis une initiative citoyenne européenne ayant recueilli un million de signatures de citoyens européens compréhensifs.
Cette initiative citoyenne surprise a été présentée à la Commission européenne aujourd'hui (1er avril), à l'occasion du lancement des initiatives citoyennes européennes (ICE), le premier mécanisme européen de démocratie participative.
Grâce à son million de signatures, le Brussels Frites Forum espère obtenir que la Belgique soit le seul pays à pouvoir vendre des patates frites sous le nom de « frites », en tant que mets traditionnel encadré par une indication géographique protégée.
Ainsi, Bruxelles jouirait des mêmes droits que d'autres régions célèbres pour leurs spécialités culinaires, comme le *parmigiano reggiano* et le *champagne*.

Des méthodes de friture à part
Pierre Omdeterre, le directeur du Brussels Frites Forum a déclaré qu'un dossier avait été préparé par le comité et qu'il contenait de nombreuses preuves scientifiques que les frites belges avaient un goût différent des autres patates frites.
« Le fait de les plonger à deux reprises dans de la graisse de bœuf bouillante leur donne une texture et un goût différents qui ne peuvent être obtenus avec aucun autre type de graisse », a-t-il expliqué.
Un porte-parole du ministère français de l'Agriculture a affirmé que « les pommes de terre n'étaient pas un produit que l'on pouvait s'approprier. Elles appartiennent à tout le monde. S'ils veulent lancer le débat sur ceux qui les cuisinent le mieux, je suis sûr que nous gagnerons », a-t-il affirmé.

www.euractiv.com, 1er avril 2012.

Cornetdefrites
Comme j'avais une grand-mère belge et une grand-mère française, j'ai eu l'occasion de comparer les frites à la graisse de bœuf et les frites cuites à l'huile. Celles de ma grand-mère belge étaient bien meilleures ! Je partage donc l'avis des scientifiques et j'applaudis l'initiative du Brussels Frites Forum.

Macfrites
Je travaille pour une société américaine de frites surgelées dont la marque contient le mot « frites ». Du coup, je redoute cette ICE. Cette mesure pourrait provoquer des restructurations dans mon entreprise. Elle pourrait même être à l'origine de nombreux licenciements.

Jailafrite
Protéger les frites n'aura aucun effet sur la consommation des amateurs de pomme de terre frites, quelle que soit leur appellation ;-)

COMPRÉHENSION ÉCRITE

1 Ce document a pour but de :
a | faire signer une pétition.
b | informer sur une initiative citoyenne.
c | critiquer l'initiative du « *Brussels Frites Forum* ».

2 Une ICE est un des instruments européens de démocratie de proximité.
☐ Vrai ☐ Faux Justification : .....

3 Citez la phrase de l'article indiquant l'objectif du « *Brussels Frites Forum* ».

4 Pour chacune des phrases suivantes, dites si l'affirmation est vraie, fausse ou non précisée. Justifiez votre réponse.
a | Le point commun entre le parmesan, le champagne et les frites c'est que tous ces produits ont fait l'objet d'une ICE.
b | L'argument principal mis en avant par le « *Brussels Frites Forum* » dans son dossier est l'odeur de graisse de bœuf des frites belges.
c | Le porte-parole du ministère français de l'Agriculture a lancé un concours franco-belge de la meilleure frite.

5 Cet article est un poisson d'avril (une blague). Citez deux éléments qui le prouvent.

6 Qui pense quoi ? Complétez par le nom de l'internaute concerné pour chaque proposition.
a | ..... est plutôt indifférent à cette ICE.
b | ..... soutient cette ICE.
c | ..... est contre cette ICE.

PRODUCTION ORALE

7 Discutez en petits groupes et dites quelles ICE vous aimeriez proposer.

GRAMMAIRE
> la cause et la conséquence

Cahier unité 9 d'exercices

> ÉCHAUFFEMENT

1 Observez ces phrases. Quelles sont les causes et/ou les conséquences des événements ?

a | En France, les tentatives de réforme entraînent souvent des réactions vives.
b | Étant donné que les paysans bloquent les autoroutes, si le gouvernement essaye de réduire les aides agricoles, il paraît difficile de les leur retirer.
c | Grâce à son million de signatures, le Brussels Frites Forum espère obtenir que la Belgique soit le seul pays à pouvoir vendre des patates frites sous le nom de « frites ».
d | Comme j'avais une grand-mère belge et une grand-mère française, j'ai eu l'occasion de comparer les frites à la graisse de bœuf et les frites cuites à l'huile.
e | Les frites cuites avec de la graisse de bœuf sont bien meilleures que celles cuites dans l'huile. Je partage donc l'avis des scientifiques.
f | Protéger les frites n'aura aucun effet sur la consommation des amateurs.
g | Cette mesure pourrait être à l'origine de nombreux licenciements.
h | La marque de ma société contient le mot « frites ». Du coup, je redoute cette ICE.

> FONCTIONNEMENT

2 Quels termes allez-vous utiliser pour exprimer la cause ?

Noms	Articulateurs	Verbes
• La raison • La cause • L'origine *__La cause__ des manifestations des paysans est l'annonce de la réduction de leurs subventions.*	**Étant donné que** **Car** **Parce que** **Puisque** **Comme** **Grâce à** + nom **À cause de** + nom **En raison de** + nom *__Grâce à__ son million de signatures, le Brussels Frites Forum espère obtenir la protection du nom « frites ».*	**Venir de** + nom **Être à l'origine de** *Cette mesure pourrait __être à l'origine__ de nombreux licenciements.*

REMARQUES

- **Comme** se place toujours en début de phrase.
- **Puisque** indique une cause connue de l'interlocuteur.
- **Car** est plus soutenu que **parce que**.

3 Quels termes allez-vous utiliser pour exprimer la conséquence ?

Noms	Articulateurs	Verbes
• La conséquence • Le résultat • L'effet *Protéger le nom « frites » n'aura aucun __effet__ sur la consommation des amateurs.*	**Tellement ... que** **Alors** **De sorte que** + indicatif **Par conséquent** **Du coup** *On fait des frites dans de nombreux pays depuis longtemps, __par conséquent__ il est impossible de garantir que ce plat a été inventé en Belgique.*	**Entraîner** **Avoir un effet sur** **Provoquer** **Causer** **Produire** *Cette initiative pourrait __provoquer__ des restructurations dans mon entreprise.*

REMARQUE

Du coup et **alors** s'utilisent surtout à l'oral.

> ENTRAÎNEMENT

4 Complétez les phrases suivantes avec : *c'est pourquoi – donc – comme – grâce à – étant donné que – en raison de – ça vient de – par conséquent* (plusieurs solutions possibles).

a | ..... Stephen Clarke est un Anglais qui vit en France, il peut observer les habitudes des Français.
b | L'ami de Stephen Clarke vit à la campagne ..... il connaît des paysans.
c | Les petits exploitants agricoles ne profitent pas des subventions européennes ..... leurs exploitations ferment.
d | ..... il y a de nombreuses subventions pour les produits alimentaires traditionnels en France, les produits industriels n'envahissent pas le pays.
e | – Ces frites sont excellentes !
– ..... la graisse de bœuf.
f | Les gros exploitants s'enrichissent ..... aides de Bruxelles.
g | Les Français et les Belges se disputent l'origine des frites depuis longtemps ..... il est logique qu'il y ait une tension entre M. Omdeterre et le porte-parole français de l'Agriculture.
h | On peut se douter que cet article est un poisson d'avril ..... la note du rédacteur.

5 Complétez ce texte sur la PAC avec des termes exprimant la cause et la conséquence.

Au départ, la PAC a été mise en place pour donner suffisamment à manger aux Européens. ....., elle avait pour but l'augmentation de la production agricole. Aujourd'hui, l'objectif n'est plus le même. ..... la planète est menacée et qu'il y a de plus en plus de problèmes sanitaires, on veut une agriculture plus « verte », plus écolo. L'UE a ..... décidé de réformer la PAC et de retirer ses subventions aux agriculteurs qui ne respectent pas l'environnement. Bruxelles souhaite également attirer les jeunes vers ce secteur, ... elle aidera ceux qui deviennent agriculteurs en leur accordant une prime. Il y a un autre point très important : la meilleure répartition des subventions. L'UE veut que, petit à petit, les aides soient les mêmes pour les agriculteurs de tous les pays membres. Cette réforme va dans le bon sens mais elle ..... des protestations des agriculteurs et des écologistes ..... elle est trop radicale pour les uns et pas assez pour les autres.

PRODUCTION ÉCRITE

6 La Commission européenne veut créer un droit à l'oubli numérique sur Internet. À votre avis, quelle est l'origine de cette décision ? Quelles en seraient les conséquences ? Rédigez un bref article sur ce sujet et donnez votre opinion (160 mots).

DOCUMENTS

Le Parlamentarium

dvd 9

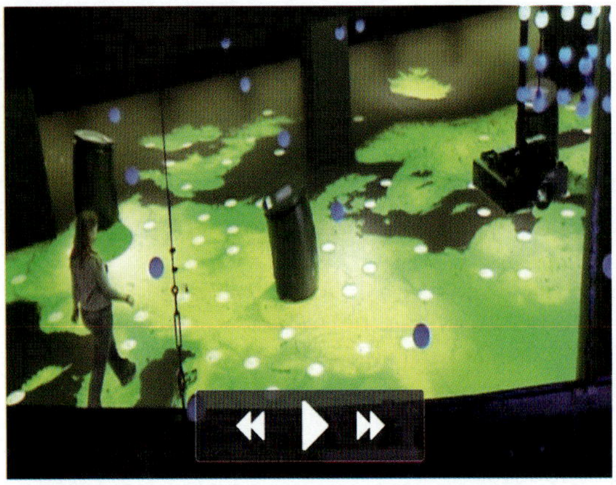

COMPRÉHENSION AUDIOVISUELLE

Entrée en matière

1 Qu'est-ce que le Parlamentarium à votre avis ?

1er visionnage (en entier)

2 Où se trouve le Parlamentarium ?

3 Combien Mathilde a-t-elle dû payer pour le visiter ?

4 Quand le Parlamentarium est-il ouvert au public ?

2e visionnage (en entier)

5 Le Parlamentarium est doté d'équipements très modernes.

☐ Vrai ☐ Faux Justification : .....

6 Le Parlamentarium présente surtout les premières années de la construction européenne.

☐ Vrai ☐ Faux Justification : .....

7 Au Parlamentarium, on peut apprendre beaucoup de choses sur 9 000 villes européennes.

☐ Vrai ☐ Faux Justification : .....

8 Que pense Mathilde du Parlamentarium ?

9 Combien la construction du Parlamentarium a-t-elle coûté ?

10 Jaume Duch trouve que c'est scandaleux d'avoir dépensé autant d'argent pour le Parlamentarium en temps de crise.

☐ Vrai ☐ Faux Justification : .....

PRODUCTION ORALE

11 Par quels autres moyens pourrait-on rapprocher les citoyens de l'Union européenne ? Proposez vos suggestions.

12 De plus en plus d'Européens se détournent des partis politiques traditionnels. À votre avis, pourquoi ? Quelles sont les conséquences de ce désintérêt ?

PRODUCTION ÉCRITE

13 Un(e) ami(e) vous a envoyé un courriel pour vous proposer d'aller visiter le Parlamentarium avec lui/elle. Répondez-lui et dites-lui si vous avez envie de l'accompagner et pourquoi. Votre argumentation doit être cohérente et construite (environ 170 mots).

POUR VOUS AIDER

Exprimer votre point de vue

- **C'est une bonne idée d'aller au Parlamentarium !**
- **C'est vraiment passionnant !**
- **Ces bornes interactives, c'est génial !**
- **Ça me ferait plaisir de t'accompagner./Je viendrai avec plaisir.**
- **Ce genre de musée me déplaît.**
- **Je regrette mais je n'ai pas envie d'y aller.**
- **Je voudrais bien, mais j'y suis déjà allé./C'est gentil, mais je n'ai pas le temps.**
- **Quel dommage ! Toutes ces vidéos, c'est insupportable !**
- **Je préférerais aller visiter le Parlement.**

CIVILISATION

QUIZ : *testez vos connaissances sur l'Union européenne !*

1 Le traité fondateur de l'UE est :

a | le traité de Lisbonne.
b | le traité de Rome.
c | le traité de Maastricht.

2 La devise de l'UE est :

a | Unie dans la diversité.
b | L'Europe sans frontières.
c | L'Union pour la paix.

3 Le siège du Parlement européen est situé à :

a | Bruxelles.
b | Luxembourg.
c | Strasbourg.

4 Sa présidence est assurée tous les 6 mois par un état membre différent. Il s'agit du :

a | Conseil de l'Europe.
b | Conseil de l'UE.
c | Conseil européen.

5 Cette institution contrôle les finances communautaires. C'est :

a | la Banque centrale européenne.
b | le Fonds monétaire international.
c | la Cour des comptes européenne.

6 Si un citoyen veut porter plainte pour non respect de la liberté d'expression, il devra saisir :

a | la Cour européenne des droits de l'homme.
b | la Cour de justice européenne.
c | le Tribunal pénal international.

7 Les Commissaires européens défendent les intérêts :

a | de leur pays au sein de l'UE.
b | de l'UE.
c | des lobbys.

8 L'hymne européen :

a | est en anglais.
b | est en esperanto.
c | n'a pas de paroles.

9 Ces pays n'ont pas signé les accords de Schengen et effectuent donc des contrôles à leur frontière :

a | la France et la Belgique.
b | l'Italie et l'Espagne.
c | la Grande-Bretagne et l'Irlande.

10 Les langues de travail officielles de l'UE sont :

a | l'anglais, l'espagnol et le français.
b | l'anglais, le polonais et l'allemand.
c | l'allemand, l'anglais et le français.

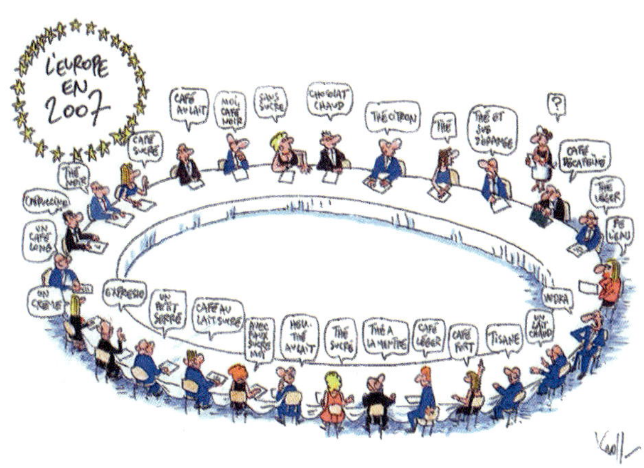

Réponses : *1 b – 2 a – 3 c – 4 b – 5 c – 6 a – 7 b – 8 c – 9 c – 10 c.*

Dossier 2 Si loin, si proches

A Le voyage des aliments

COMPRÉHENSION ÉCRITE

1 En vous aidant de la carte, trouvez les régions d'origine des aliments suivants : la banane, le blé, le cacao, le café, le maïs, l'olive, l'orange, la pastèque, la pomme de terre, le riz, la tomate.
2 Parmi ces produits, lesquels font partie de la cuisine traditionnelle de votre pays ?
3 Quelles conclusions pouvez-vous tirer en ce qui concerne les échanges internationaux et le phénomène de la mondialisation ?

B Cuisines métissées

cd 54

« La baguette a du succès. »

COMPRÉHENSION ORALE

Entrée en matière
1 De nos jours, quelles mêmes spécialités culinaires peut-on consommer partout dans le monde ?

1re écoute (en entier)
2 À quel continent ce reportage s'intéresse-t-il ?
3 Quelle est la profession de la personne interviewée ? Que fabrique-t-il ?
4 Qui lui a appris son métier ?
5 Ses produits se vendent-ils bien ?

2e écoute (en entier)
6 Qu'est-ce qui gêne la personne interviewée ?
7 Quels plats ce produit accompagne-t-il ?
8 Certains produits traditionnels ont-ils disparu face à cette spécialité culinaire étrangère ?

PRODUCTION ORALE

9 Connaissez-vous des spécialités culinaires étrangères qui se sont intégrées dans la culture traditionnelle française ?
10 Ce phénomène existe-t-il dans votre pays ?
11 Pensez-vous qu'il s'agisse d'une menace ou d'un enrichissement pour les traditions culinaires locales ?

C *Globalia*

— Je te l'ai toujours dit : j'étouffe. Je ne peux plus vivre comme cela. Je veux aller ailleurs.

— Je suis bien d'accord. Seattle est une ville impossible. Mais je t'avais proposé d'aller à Oulan-Bator voir ma grand-mère ou de venir au Zimbabwe cet été dans le ranch de mes cousins.

— Tu ne comprends pas, Kate, je te l'ai souvent répété. Ce sera partout la même chose. Partout nous serons en Globalia. Partout, nous retrouverons cette civilisation que je déteste.

— Évidemment, puisqu'il n'y en a qu'une ! Et c'est heureux. Aurais-tu la nostalgie du temps où il y avait des nations différentes qui n'arrêtaient pas de se faire la guerre ?

Baïkal haussa les épaules. Kate poussa son avantage.

— Il n'y a plus de frontières, désormais. Ce n'est tout de même pas plus mal ?

— Bien sûr que non, Kate. Tu me récites la propagande que tu as apprise comme nous tous. Globalia, c'est la liberté ! Globalia, c'est la sécurité ! Globalia, c'est le bonheur !

Kate prit l'air vexé. Le mot propagande était blessant. Il ne s'agissait ni plus ni moins que de la vérité.

— Tu te crois certainement plus malin que moi, mais tu ne peux tout de même pas nier qu'on peut aller partout. Ouvre ton multifonction, sélectionne une agence de voyages et tu pars demain dans n'importe quel endroit du monde...

— Oui, concéda Baïkal, tu peux aller partout. Mais seulement dans les zones sécurisées, c'est-à-dire là où on nous autorise à aller, là où tout est pareil.

Jean-Christophe Rufin, *Globalia*, © Éditions Gallimard.

COMPRÉHENSION ÉCRITE

Entrée en matière

1 Lisez le titre. À votre avis, s'agit-il d'un roman :
a | policier ?
b | d'aventure ?
c | d'anticipation ?

1re lecture (en entier)

2 Quel type de relation unit les deux personnages ?
3 Où vivent-ils ?
4 Qu'est-ce que Globalia ?

2e lecture (en entier)

5 Pourquoi Baïkal cherche-t-il à aller ailleurs ?
6 Est-il intéressé par les destinations que Kate lui propose ? Justifiez votre réponse.
7 Pour Kate, quels sont les avantages de Globalia ?
8 D'après Baïkal, est-on autorisé à circuler en toute liberté partout ? Justifiez votre réponse.

PRODUCTION ÉCRITE >>>>DELF

9 Quels sont les effets de la mondialisation sur les diversités culturelles ? Pensez-vous que la mondialisation mette en danger la diversité culturelle ? Vous donnerez votre point de vue sur ce sujet dans un texte construit et cohérent (160 à 180 mots).

D Définition

(1)*MONDIALISATION n. f. XXe siècle. Dérivé de mondialiser.

Le fait de se répandre dans le monde entier, de concerner toute l'humanité. La mondialisation d'un conflit. Mondialisation des échanges économiques. Absolt. La mondialisation, nouveau concept désignant la généralisation des relations internationales dans les domaines politique, économique et culturel.

COMPRÉHENSION ÉCRITE

1 La définition suivante distingue trois aspects de la mondialisation. Lesquels ?
2 Donnez un exemple pour chacun de ces aspects.

GRAMMAIRE
> les pronoms simples

Cahier unité 9 d'exercices

> RAPPEL

Observez les phrases suivantes. À quoi servent les pronoms compléments ?

a | Baïkal parle à Kate. Il **lui** parle calmement.
b | Kate, tu **me** récites la propagande.
c | On **nous** ment.
d | Baïkal pense qu'on **leur** cache des choses.
e | Il veut emmener Kate loin de Globalia parce qu'il **l'**aime.

Les pronoms compléments

• **Le**, **la**, **les** sont des pronoms COD. Ils remplacent un nom de personne ou de chose :	*Cet élève, tu* ***le*** *connais ? (connaître quelqu'un)*
• **Lui**, **leur** sont des pronoms COI. Ils remplacent un nom de personne :	*Cet élève, tu* ***lui*** *parles ? (parler à quelqu'un)*
• **Me**, **te**, **se**, **nous**, **vous** peuvent être des pronoms COD ou COI :	*Cet élève* ***me*** *connaît.* *Cet élève* ***me*** *parle.*

REMARQUE

Le/**l'** peuvent remplacer une partie de la phrase :
Baïkal veut partir loin de Globalia. Il ***le*** *fera bientôt.* (*le* = partir loin de Globalia)

> ÉCHAUFFEMENT

1 Observez les phrases suivantes. Le groupe verbal est-il composé d'un ou de deux éléments ?

a | Je **t'**ai compris.
b | Je veux **m'**éloigner d'ici.
c | Tu ne **les** crois plus ?

> FONCTIONNEMENT

2 Le pronom se place :

• devant le bloc « auxiliaire + participe passé » s'il y a un temps composé : phrase .....
• devant le verbe à l'infinitif s'il y a deux verbes et que le second est à l'infinitif : phrase .....
• devant le verbe s'il y a un seul verbe : phrase .....

La place des pronoms simples

• Lorsqu'il y a un seul verbe, le pronom se place devant :	*Je (ne)* ***t'écoute*** *(pas).*
• Lorsqu'un verbe est conjugué dans un temps composé, le pronom se place devant le bloc « auxiliaire + participe passé » :	*Je (ne)* ***l'ai*** *(pas)* ***écouté****.*
• Lorsqu'il y a deux verbes et que le second est à l'infinitif, le pronom se place devant le verbe à l'infinitif :	*Je (ne)* ***peux*** *(pas)* ***lui dire****.*
• À l'impératif, le pronom se place après le verbe :	*Écoute-****moi*** *!*
• À la forme négative, le pronom se place avant le verbe. *Ne* et *pas* entourent le bloc « pronom + auxiliaire » :	***Ne l'****écoute* ***pas*** *!*

> ENTRAÎNEMENT

3 Mettez les phrases dans l'ordre.

a | ne / Je / le /plus / comprends
b | Tu / lui / donner / peux
c | Je / peux / ne / plus / supporter / le
d | ne / Il / l'/ achetée / a / pas
e | crois / Ne / pas / le

4 Quel(s) pronom(s) peut-on employer ? Trouvez la ou les réponses possibles.

a | Je ne *la / lui / le* parle plus.
b | Vous *le / la / en* mangez.
c | Notre pays ? Nous *y / en / lui* pensons tout le temps.
d | Il *les / leur / vous* téléphone tous les jours.

> les doubles pronoms

> ÉCHAUFFEMENT

1 Observez les phrases suivantes. Combien de pronoms compléments comprennent-elles ?

a | Je **te l'**ai toujours dit, j'étouffe.
b | Ces mensonges, ils **nous les** répètent depuis trop longtemps.
c | Je veux partir. Il faut que tu m'**y** aides.
d | Si tu as besoin d'argent, je peux **t'en** donner.

> FONCTIONNEMENT

2 Lorsqu'il y a deux pronoms compléments :

- *le*, *la*, *les* sont placés après *me*, *te*, *nous*, *vous* : phrases .....
- *en* est placé en deuxième position : phrase .....
- *y* est placé en deuxième position : phrase .....

L'ordre des doubles pronoms

me **te** **se** **nous** **vous**	+	**le** **la** **les**	*Qui lui a appris ? Je* ***me le*** *demande.* *Votre portable ? Nous* ***vous le*** *rendrons.*
le **la** **les**	+	**lui** **leur**	*Votre adresse ? Je* ***la lui*** *ai donnée.*
m' **t'** **s'** **lui/l'** **nous** **vous** **leur/les**	+	**en**	*Notre rencontre ? Je* ***m'en*** *souviens très bien.* *Je* ***lui en*** *parlerai sans faute.* *S'ils essayent de partir, je* ***les en*** *empêcherai.*
m' **t'** **s'** **l'** **nous** **vous** **les**	+	**y**	*J'adore cet endroit. Baïkal* ***m'y*** *a demandé en mariage.* *Cette plage est magnifique. Je* ***vous y*** *amènerai demain.*

REMARQUE

Au passé composé, on accorde le participe passé avec les pronoms COD : *Mes papiers ? Je* ***les*** *ai perdu****s****.*

> ENTRAÎNEMENT

3 Répondez en remplaçant le ou les mots soulignés par un pronom complément.

Ex. : *– Tu lui as donné son cadeau ? – Oui, je le lui ai donné./Non, je ne le lui ai pas donné.*

a | Tu m'as préparé du thé ?
b | Tu vas lui offrir la robe jaune ?
c | Tu vas parler de mes problèmes à ma mère ?
d | Tu as dit à ta femme que tu l'aimais ?

PRODUCTION ORALE

4 Sur le modèle suivant, créez des devinettes que vous soumettrez à la classe.

Ex. : *Les pays du Golfe* ***leur en*** *vendent beaucoup.* → *du pétrole aux pays européens.*

DOCUMENTS

A Aspects économiques de la mondialisation

COMPRÉHENSION ÉCRITE

1 Décrivez la photo en couverture de cette revue. Quel message transmet-elle ?

2 Connaissez-vous d'autres multinationales ?

3 Quel est le nom de la revue ? À votre avis, quelles questions seront abordées dans ce numéro ?

4 Quels peuvent être, selon vous, les problèmes économiques liés à la mondialisation ?

B On n'arrête pas l'éco

cd 55

COMPRÉHENSION ORALE

Entrée en matière

1 Lisez la phrase extraite du document. Qui sont selon vous les bénéficaires de la mondialisation économique ? Et qui en sont les victimes ? Justifiez votre réponse.

> *« Alors, le problème, c'est que cette mondialisation, elle a ses bénéficiaires et puis elle a ses victimes. »*

1re écoute (en entier)

2 D'après le journaliste, qui sont les bénéficaires de la mondialisation ? Et qui en sont les victimes ?

3 Deux formes de mondialisation sont abordées dans cette émission. Lesquelles ?

4 D'après le journaliste, de quoi sont victimes les catégories populaires ?

2e écoute (en entier)

5 Quels types de ressources faut-il avoir pour bénéficier de la mondialisation ?

6 Que craignent ceux qui, face à la mondialisation, défendent leurs traditions ?

7 Comment le journaliste explique-t-il le fait que les catégories populaires adhèrent au discours nationaliste ?

8 Parlant des effets positifs de la mondialisation, l'invité évoque un inconvénient. Lequel ?

9 Quel exemple l'invité fournit-il afin d'illustrer le fait que la mondialisation a des effets positifs ?

PRODUCTION ORALE

10 Comment ressentez-vous les effets de la mondialisation dans votre quotidien ?

11 La mondialisation est-elle une menace ou une chance ?

VOCABULAIRE
> la mondialisation

Cahier d'exercices unité 9

LES MOBILITÉS *(F.)*
le brassage
circuler
diffuser
émigrer, les émigrés
s'exiler, les exilés
s'expatrier, les expatriés
être originaire de
immigrer, les immigrés
le métissage
migrer, les migrants, les migrations *(f.)*

1 Associez ces définitions à un mot de la liste ci-dessus.
a | Personne qui est obligée de vivre ailleurs que là où elle aimerait vivre.
b | Personne qui est en cours de migration.
c | Personne qui a quitté son pays pour s'établir dans un autre.
d | Personne qui est venue s'installer et travailler dans un pays étranger au sien.

LA CRISE ÉCONOMIQUE
la baisse du pouvoir d'achat
le chômage
la délocalisation
la hausse des prix
la perte d'emploi

cd 56

2 Intonation
a | Écoutez ces énoncés et dites si les personnes qui les prononcent expriment l'inquiétude ou le soulagement.
b | Répétez les phrases.

L'ÉCONOMIE *(F.)*
le commerce
la compétitivité
la concurrence
la demande
l'essor *(m.)*
l'offre *(f.)*
exporter, les exportations *(f.)*
importer, les importations *(f.)*
le marché
la mondialisation
les pays *(m.)* émergents
les pays industrialisés
produire, la production, le producteur
la rentabilité

3 Complétez le texte avec les mots suivants :
rentable – compétitives – pays émergents – délocalisent – production
Afin d'être plus ....., certaines entreprises ..... leurs centres de ..... . Cela est plus ..... du fait du faible coût des transports et de la main d'œuvre dans les ..... .

LA RICHESSE
le capital
la compétence
le gain ≠ la perte
l'enrichissement *(m.)* ≠ l'appauvrissement *(m.)*
s'enrichir ≠ s'appauvrir
les ressources *(f.)* naturelles

LES CATÉGORIES *(F.)* SOCIALES
les classes *(f.)* aisées/moyennes/populaires
l'élite *(f.)*
Expressions
Il est issu d'un milieu privilégié ≠ défavorisé.
Il gagne bien ≠ mal sa vie.

4 Reformulez les énoncés suivants.
a | Dans ce pays, il y a du pétrole et du gaz.
b | Tous les jours, il devient plus riche.
c | Il a un petit salaire.
d | Il vient d'une famille pauvre.

LES COURANTS *(M.)* IDÉOLOGIQUES
le capitalisme
le communisme
le libéralisme
le socialisme
le nationalisme
être progressiste ≠ être conservateur

LES NIVEAUX *(M.)* D'ORGANISATION
national
local
international
mondial

5 Chassez l'intrus.
a | international – local – mondial.
b | libéralisme – capitalisme – socialisme.
c | progressiste – conservateur – réactionnaire.

LES ORGANISATIONS INTERNATIONALES
la CPI (Cour pénale internationale)
le FMI (Fonds monétaire international)
le HCR (Haut commissariat aux réfugiés)
l'OIF (Organisation internationale de la francophonie)
l'OMS (Organisation mondiale de la santé)
l'ONU (Organisation des Nations unies)
l'OTAN (Organisation du traité de l'Atlantique nord)
l'UNESCO (Organisation des Nations unies pour l'éducation, la science et la culture)

6 Parmi ces organisations, laquelle a une vocation :
a | militaire ? **c** | financière ?
b | juridique ? **d** | éducative ?

LES ORGANISATIONS NON-GOUVERNEMENTALES
ACF (Action contre la faim)
Amnesty International
CICR (Comité international de la Croix-Rouge)
CIO (Comité international olympique)
Greenpeace
MSF (Médecins sans frontières)

7 Laquelle de ces ONG a pour vocation :
a | d'organiser les Jeux olympiques ?
b | de défendre l'environnement ?
c | de protéger les victimes de conflits armés ?

LE CHANGEMENT
la croissance
le développement
l'évolution *(f.)*
la modification
le progrès
la progression
la transformation

8 Choisissez le mot qui convient.
a | *La croissance/L'évolution* économique est de 3 %.
b | *Les progressions/Les progrès* dans le domaines des télécommunications ont participé à l'essor économique.
c | *Un développement/Une modification* économique similaire dans tous les pays est impossible.

CIVILISATION

Le patrimoine mondial de l'UNESCO

La Liste du patrimoine mondial de l'UNESCO comporte des biens considérés comme ayant une valeur universelle exceptionnelle.

1 Voici des sites appartenant au patrimoine mondial de l'UNESCO. Associez chacun d'entre eux à sa photo et à son pays.

a | La vallée du M'Zab	**1** | États-Unis
b | Complexe industriel de la mine de charbon de Zollverein à Essen	**2** | Zimbabwe/Zambie
c | La vieille ville de Lijiang	**3** | Allemagne
d | L'Acropole	**4** | Algérie
e | Site pré-hispanique de Chichen-Itza	**5** | Australie
f | Les chutes Victoria	**6** | Grèce
g | Parc national de Yellowstone	**7** | Chine
h | Angkor Vat	**8** | Cambodge
i | La grande barrière de corail	**9** | Mexique

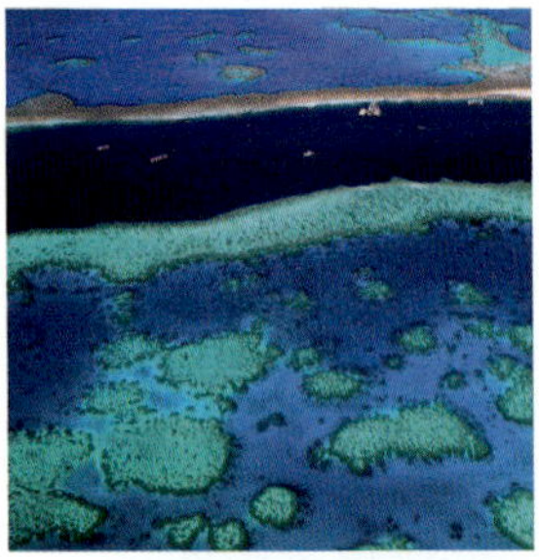

2 S'agit-il de sites constituant le patrimoine culturel ou naturel ?

3 Connaissez-vous les sites de votre pays qui sont inscrits sur cette liste ?

Réponses : *a4 – b3 – c7 – d6 – e9 – f2 – g1 – h8 – i5.*

ATELIERS

1 PRÉSENTER LES INSTITUTIONS DE L'UNION EUROPÉENNE

Vous allez vous documenter sur les institutions européennes et réaliser un exposé de 5 à 7 minutes sur une institution.

Démarche

En groupe-classe puis en groupes de deux ou trois.

1 Préparation

• Ensemble, au tableau, vous faites une liste des institutions européennes que vous connaissez.
• Puis, vous choisissez une institution par sous-groupe. Attention, chaque sous-groupe doit sélectionner une institution différente.
• Vous vous renseignez sur l'institution que votre sous-groupe sera chargé de présenter.
Discutez-en avec vos partenaires, consultez le dictionnaire encyclopédique, surfez sur Internet. Notez les informations qui vont intéresser votre public. Pour cela, posez-vous les questions essentielles : qui/quoi, quand, où, pourquoi, comment ?

2 Réalisation

• Avec votre sous-groupe, vous préparez le plan de votre exposé.
Pensez à commencer par les informations générales pour aller vers des éléments plus précis. N'oubliez pas qu'il doit y avoir une progression dans votre exposé.
Structurez vos propos en utilisant des articulateurs chronologiques : d'abord, puis, ensuite, enfin.
• Vous rédigez l'introduction et la conclusion de votre exposé.
Soyez le plus clair possible : faites des phrases courtes et évitez les mots et les concepts difficiles.
• Avec les membres de votre sous-groupe, vous pensez aux questions que la classe pourrait vous poser après votre exposé et vous préparez des réponses.
• Au sein de chaque sous-groupe, vous vous mettez d'accord sur l'orateur qui va présenter l'exposé.
• L'orateur répète l'exposé à voix haute.
Évitez de parler trop vite et articulez. Demandez à votre sous-groupe de vous aider en notant les points forts de votre exposé et les points à améliorer.

3 Présentation

• Vous présentez votre exposé à la classe. Vous répondez aux questions de la classe.
ou
• Vous écoutez attentivement l'exposé des autres, vous préparez des questions pour les poser à l'orateur.

2 ORGANISER UN CONCOURS

Vous allez organiser un concours de connaissances sur le thème de la mondialisation.

Démarche

Formez des groupes de deux ou trois.

1 Préparation

• Vous choisissez un nom pour votre groupe.
• Vous utilisez toutes les informations du livre pour préparer dix questions sur la mondialisation. Vous préparerez cinq questions fermées (qui ont *oui* ou *non* pour réponse) et cinq questions ouvertes.
• Vous rédigez vos questions sur des cartes, si possible cartonnées.
• Vous rassemblez toutes les cartes de la classe dans deux boîtes distinctes, l'une contenant les questions fermées, l'autre contenant les questions ouvertes.

2 Réalisation

• Vous inscrivez le nom de votre groupe au tableau.
• Chaque groupe tire cinq cartes de chacune des boîtes. Vous avez dix minutes pour répondre aux dix questions.
• Une fois que vous avez terminé, vous rejoignez un autre groupe. Vous vérifierez leurs réponses et ils vérifieront les vôtres.
• Vous comptabilisez les points, chaque groupe obtient un point par bonne réponse.

3 Présentation

Vous désignez une personne qui notera les points de chaque équipe au tableau. Le vainqueur est celui qui a le plus de points.

J'AI LE NIVEAU B1

	Oui	Souvent	Pas encore
ÉCOUTER • Je peux comprendre une grande partie des programmes télévisés (brèves interviews, journal télé) sur des sujets qui m'intéressent si le débit est assez lent. • Je peux comprendre l'essentiel d'un bulletin d'information et d'émissions de radio sur des sujets familiers si le débit est assez lent. • Je peux comprendre des informations techniques simples et suivre des directives. • Je peux suivre l'essentiel d'une longue discussion se déroulant en ma présence, à condition que la langue soit standard et clairement articulée.			
LIRE • Je peux comprendre l'essentiel d'un article de presse simple sur un sujet familier. • Je peux reconnaître des arguments et des prises de position sur des thèmes d'actualité. • Je peux comprendre la description d'événements, de sentiments et de souhaits suffisamment bien pour entretenir une correspondance. • Je peux comprendre les informations essentielles dans des écrits quotidiens tels que des lettres, des prospectus et des documents officiels courts.			
PRENDRE PART À UNE CONVERSATION • Je peux participer à une conversation mais il est possible que l'on ne me comprenne pas toujours quand j'essaye de formuler précisément mes idées. • Je peux réagir à des sentiments tels que la surprise, la joie, la tristesse, la curiosité et l'indifférence et je peux les exprimer. • Je peux échanger, vérifier et confirmer des informations, faire face à des situations moins courantes et expliquer pourquoi il y a une difficulté. • Je peux exprimer poliment mes convictions, mes opinions, mon accord/désaccord.			
PARLER EN CONTINU • Je peux raconter une histoire, l'intrigue d'un film ou d'un livre et dire ce que j'en pense. Je peux décrire un rêve, un espoir, un but. • Je peux développer une argumentation suffisamment bien pour être compris la plupart du temps. • Je peux faire un exposé clair, préparé, sur un sujet familier et je peux répondre aux questions qui suivent même si je dois parfois les faire répéter quand le débit est trop rapide.			
ÉCRIRE • Je peux écrire des textes articulés simplement sur une gamme de sujets variés. • Je peux rédiger des lettres à des amis et demander ou donner des nouvelles, raconter des événements, décrire un voyage. • Je peux écrire des rapports très brefs pour transmettre des informations factuelles.			

Pour les compétences que vous n'avez pas complètement acquises, demandez-vous ce que vous pourriez faire pour y parvenir et consultez les étudiants ayant coché *oui* ainsi que votre professeur.

DIPLÔME D'ÉTUDES EN LANGUE FRANÇAISE DELF B1

Modalités des épreuves

Niveau B1 du Cadre européen commun de référence pour les langues

ÉPREUVES COLLECTIVES	DURÉE	NOTE SUR
1. Compréhension de l'oral Réponse à des questionnaires de compréhension portant sur trois documents enregistrés (deux écoutes). *Durée maximale des documents :* 6 minutes.	**6 minutes**	**/25**
2. Compréhension des écrits Réponse à des questionnaires de compréhension portant sur deux documents écrits : • dégager des informations utiles par rapport à une tâche donnée, • analyser le contenu d'un document d'intérêt général.	**30 minutes**	**/25**
3. Production écrite Expression d'une attitude personnelle sur un thème général (essai, courrier, article, etc.).	**45 minutes**	**/25**
ÉPREUVE INDIVIDUELLE	**DURÉE**	**NOTE SUR**
4. Production orale **Épreuve en trois parties** : • entretien dirigé, • exercice en interaction, • expression d'un point de vue à partir d'un document déclencheur.	**15 minutes environ,** 10 minutes de préparation (ne concerne que la 3e partie de l'épreuve)	**/25**
	Note totale :	**/100**

Seuil de réussite pour obtenir le diplôme : 50/100
Note minimale requise par épreuve : 5/25
Durée totale des épreuves collectives : 1 heure 45 minutes

1 COMPRÉHENSION DE L'ORAL (25 points)

Vous allez entendre trois documents sonores correspondant à trois exercices.
Pour le premier et le deuxième document, vous aurez :
- 30 secondes pour lire les questions ;
- une première écoute, puis 30 secondes de pause pour commencer à répondre aux questions ;
- une deuxième écoute, puis 1 minute de pause pour compléter vos réponses.
Pour répondre aux questions, cochez la bonne réponse (X) ou écrivez l'information demandée.

cd 57 *EXERCICE 1 (6 points)*

Lisez les questions, écoutez le document sonore puis répondez.

1 Le collègue de Sylvie est surpris parce que : *(1 point)*
☐ Sylvie est en retard. ☐ Sylvie part en vacances. ☐ Sylvie ne devrait pas être au bureau.

2 Pourquoi Sylvie est-elle venue au travail avec sa valise ? *(1 point)*
....

3 À la gare de Munich, Sylvie : *(1 point)*
☐ a pris un train avec une couchette.
☐ a manqué son train avec wagon-lit.
☐ a pris un bus.

4 Pourquoi le train n'a pas pu emmener les passagers à Munich ? *(1 point)*
☐ Il est tombé en panne pendant le trajet.
☐ Il n'a jamais démarré.
☐ Il y avait trop de passagers, c'était dangereux pour la sécurité.

5 Sylvie est : *(1 point)*
☐ médecin. ☐ étudiante en médecine. ☐ infirmière.

6 Aujourd'hui, elle remplace Suzy pour : *(1 point)*
☐ aider le Dr Van Acker lors d'une opération.
☐ laver les patients.
☐ faire le tour des chambres et examiner les patients.

cd 58 *EXERCICE 2 (10 points)*

Lisez les questions, écoutez le document sonore puis répondez.

1 Ce document sonore est : *(1 point)*
☐ une publicité.
☐ une chronique consacrée à la vie professionnelle.
☐ une revue de presse.

2 En France, faire garder ses enfants dans la crèche de son entreprise est : *(1 point)*
☐ la norme. ☐ habituel. ☐ rare.

3 Les crèches d'entreprises permettent aux mères de retravailler plus rapidement à temps plein après leur congé maternité. Justifiez votre réponse. *(2 points)*
☐ Vrai.
☐ Faux.
☐ On ne sait pas.
Justification : ....

4 Quelle est la tendance actuelle en matière de crèches ? *(1 point)*

....

5 La crèche de GDF SUEZ s'appelle : *(1 point)*

☐ *Babilou.* ☐ crèche Grande Arche-la Défense. ☐ 60 berceaux.

6 Les jumeaux de Maxime restent à la crèche de ....à .... *(1 point)*

7 Que fait Maxime de temps en temps, quand il a beaucoup de travail ? *(2 points)*

....

8 Pour Maxime, le plus important professionnellement c'est : *(1 point)*

☐ le salaire.

☐ la possibilité d'organiser son temps de manière flexible.

☐ l'ambiance de travail avec les collègues.

cd 59

EXERCICE 3 (9 points)

Vous avez 1 minute pour lire les questions ci-dessous.

Puis, vous entendrez une 1re fois un document sonore.

Ensuite, vous aurez 3 minutes pour commencer à répondre aux questions.

Vous écouterez une 2e fois l'enregistrement.

Après la 2e écoute, vous aurez encore 2 minutes pour compléter vos réponses.

Pour répondre aux questions, cochez la bonne réponse (X) ou écrivez l'information demandée.

1 Que vont faire Mauricette et ses 3 futurs colocataires pour êtres sûrs qu'ils peuvent vivre ensemble ? *(2 points)*

....

2 Mauricette dit ... *(1 point)*

☐ qu'elle aime bien aussi la solitude.

☐ que quand on est seul, on est un peu exclu.

☐ que c'est la 1re fois qu'elle vit seule, à cause de son divorce.

3 La maison des Babayagas réunit... *(1 point)*

☐ des couples en retraite.

☐ des femmes de différentes générations.

☐ des retraitées engagées.

4 Pour quelles raisons Thérèse Clerc a-t-elle fondé la maison des Babayagas ?

(2 éléments de réponse attendus) *(2 points)*

....

....

5 Dans les structures Babayagas, on a fait des chartes pour préciser... *(1 point)*

☐ qui doit faire quoi dans la maison.

☐ à quelles conditions on peut recevoir des invités.

☐ ce que l'on doit faire quand l'une des colocataires n'est plus en bonne santé.

6 Dans quels cas les familles reprennent-elles toute leur place ? *(1 point)*

....

7 Pour ces seniors, la colocation est une alternative à quel autre type d'hébergement ? *(1 point)*

☐ les structures publiques

☐ les structures semi-publiques

☐ la maison de retraite

2 COMPRÉHENSION DES ÉCRITS (25 points)

EXERCICE 1 (10 points)

Vous êtes en couple et avez l'intention de passer les fêtes de fin d'année loin de chez vous. Une agence de voyages vous propose différentes formules. Il faut choisir votre séjour sachant que :

- Vous aimez ce qui est original.
- Vous appréciez la gastronomie.
- Vous êtes passionné(e) d'Histoire.
- Vous voulez faire des rencontres.

Sur la brochure de l'agence, vous avez lu la description de ces quatre séjours. Lequel allez-vous sélectionner ?

Marché de Noël en Alsace

Cette formule de 4 jours, qui permet de découvrir le marché de Noël de Strasbourg, est la destination idéale pour les familles.

Les amateurs de shopping et de gastronomie alsacienne seront comblés ! En effet, artisanat local et spécialités culinaires régionales seront à l'honneur (tarte flambée, Kougelhopf, Bretzel...)

Vous plongerez dans l'univers magique de Noël avec vos enfants. Chants, manèges et jeux : tout est réuni pour qu'ils s'amusent. Et les parents rencontreront des familles venues de toute l'Europe pour l'occasion.

Ambiance familiale et festive garantie !

Château dans la Loire

Pour vous retirer seul ou à deux et fuir les réunions familiales de fin d'année, rien de tel qu'un séjour au château de Langeais dans un cadre du Moyen Âge. Vous ferez un bond dans l'histoire !

Ambiance médiévale pendant les repas servis sous forme de banquet, comme à l'époque ! Les viandes seront rôties dans la grande cheminée.

Vous apprécierez la tranquilité des lieux et des soirées au coin du feu.

Accès au parc pour de longues promenades. Possibilités de visiter les nombreux châteaux de la vallée de la Loire. Destination idéale pour les amateurs d'art et de culture.

Contes en Normandie

Comme chaque année, le centre des monuments de Rouen organise pendant les fêtes la manifestation « Contes et Histoire ». Pendant une semaine des textes seront contés dans différents lieux du centre ville. Une occasion pour vos enfants de découvrir le patrimoine rouennais sous un nouvel angle !

Tous les contes seront lus en musique.

Activité familiale au cours de laquelle les enfants et leurs parents pourront se retrouver autour d'un goûter. Chocolat chaud, jus de fruits et biscuits seront servis après chaque séance.

Un trésor de sensibilité à partager avec ses petits pour un éveil à la lecture, à l'art et à la musique .

Croisière sur la Seine

L'endroit est surprenant. Une péniche vous emmènera en croisière sur la Seine, de Paris jusqu'au Havre, pour une semaine hors du commun.

Un séjour très romantique, parfait pour les couples.

Le toit du bateau, entièrement vitré, offre une vue imprenable sur les monuments de la capitale, la campagne normande et ses différents sites historiques. Un guide-conférencier vous accompagnera tout le long de votre voyage.

Le grand chef Marcel Fontaine concoctera des plats de fête pour vous régaler. Après le diner, des animations sont prévues pour les amateurs de jeux et de rencontres.

1 Dans le tableau ci-dessous, indiquez à l'aide d'une croix (**X**) si le séjour correspond à vos critères.

	Marché de Noël en Alsace		**Château dans la Loire**		**Contes en Normandie**		**Croisière sur la Seine**	
	oui	non	oui	non	oui	non	oui	non
Séjour original								
Idéal en couple								
Gastronomie								
Possibilités de rencontres								
Culture								

2 Indiquez lequel de ces séjours vous allez choisir : ....

EXERCICE 2 (15 points)

Lisez le texte ci-dessous, puis répondez aux questions en cochant (X) la bonne réponse ou en écrivant l'information demandée.

L'amitié sur le Net : une relation à part ?

Peut-on se faire des amis sur Internet ? À l'inverse de ceux qui jugent Internet impersonnel, froid, vecteur d'isolement ou de multiplication de relations superficielles, deux chercheuses montrent toute la richesse et la complexité des « amitiés virtuelles ». Les relations virtuelles – phénomène relativement rare, précisons-le – sont définies par une rencontre entre deux individus via Internet, suivie d'échanges (par mail, téléphone…). Il est facile d'établir le profil des individus qui n'ont pas d'ami virtuel, ce sont des gens, généralement en couple, qui utilisent peu Internet. En revanche, les profils d'internautes qui ont noué des relations via le Web sont divers. Les joueurs, tout d'abord, rencontrent des amis virtuels sur les sites de jeux en ligne. D'autres personnes tissent des liens via les sites de rencontre : Internet est pour eux un moyen de pallier les difficultés à faire de nouvelles connaissances dans la vie réelle. Une troisième catégorie regroupe des individus ayant une vie sociale déjà riche qui se rencontrent sur des forums et groupes de discussion dans le but de multiplier les échanges et de partager leurs passions. Les raisons d'utiliser Internet sont triples : s'exprimer sur sa vie et ses problèmes, élargir ses connaissances grâce aux autres et s'évader d'un quotidien parfois difficile.

Loin d'être nombreuses et frivoles, les amitiés virtuelles sont soumises à des exigences très strictes et à une sélection impitoyable. Les femmes ont tendance à se montrer intraitables sur la qualité d'écriture de leurs interlocuteurs. Les fautes d'orthographe sont rédhibitoires pour la plupart d'entre elles. Les échanges doivent, par ailleurs, être de bonne qualité. Il est attendu des partenaires qu'ils se montrent aptes au dialogue, qu'ils aient des choses à dire autres que des banalités. Et qu'ils aient un « bon comportement relationnel », notamment dans le cadre des jeux en réseau : des valeurs de respect, de partage et d'entraide sont non seulement appréciées mais indispensables pour envisager d'aller plus loin dans la relation amicale. Les relations par Internet sont donc au moins aussi sélectives que les relations sociales réelles. Le véritable ami virtuel, comme l'ami réel, est celui sur qui l'on peut compter et à qui l'on peut tout dire. Les relations virtuelles reposent sur la confiance et s'établissent graduellement, menant parfois à une rencontre dans la « vraie vie »…

Céline Bagault, *Sciences Humaines*, n° 225, avril 2011.

1 Ce texte a un caractère : *(1 point)*

☐ informatif. ☐ narratif. ☐ polémique.

2 Ce document traite principalement : *(1 point)*

☐ de la manière de se faire des amis. ☐ de l'amitié virtuelle.
☐ des relations hommes-femmes sur Internet.

3 Dites si les affirmations suivantes sont vraies ou fausses en cochant (**X**) la case correspondante et citez les passages du texte qui justifient votre réponse. *(6 points)*

- Les personnes en couple ont plus d'amitiés virtuelles que les autres. V☐ F☐
Justification : ……………………………………………………………………………………

- Les sites de rencontre permettent à certains de se faire plus facilement de nouveaux amis. V☐ F☐
Justification : ……………………………………………………………………………………

- Les femmes sont tolérantes vis-à-vis des fautes d'orthographe. V☐ F☐
Justification : ……………………………………………………………………………………

- Les gens ont les mêmes attentes sur les qualités d'un ami, qu'il soit virtuel ou réel. V☐ F☐
Justification : ……………………………………………………………………………………

4 Les groupes de discussion et forums permettent : *(1 point)*

☐ de tisser de nouvelles amitiés. ☐ de parler de ses centres d'intérêts. ☐ de rencontrer l'amour.

5 Que signifie : « *Les amitiés virtuelles sont soumises à des exigences très strictes* » ? *(2 points)*

……

6 À quel « bon comportement relationnel » l'auteure de l'article fait-elle référence ? (2 points)

……

DELF B1

7 On finit par rencontrer son ami virtuel dans la vie réelle : *(1 point)*
☐ très souvent. ☐ quelquefois. ☐ jamais.

8 Céline Bagault, l'auteure de cet article est : *(1 point)*
☐ favorable l'amitié sur le Net. ☐ contre l'amitié sur le Net. ☐ neutre.

3 PRODUCTION ÉCRITE (25 points)

Vous êtes cadre dans une entreprise. Vous consultez ce forum sur Internet et vous lisez ce message. Répondez à Martin en donnant votre opinion. (160 à 180 mots)

Entreprises-FORUM : le forum des jeunes cadres[1]
Sujet : Smartphones : outil de travail ou laisse[2] électronique ?

Auteur : Martin
Posté le 13 mai 2012

Bonjour à tous !
J'ai 25 ans et j'ai été embauché récemment. À mon arrivée dans l'entreprise, le directeur m'a donné un smartphone. J'étais vraiment surpris ! En effet, cet appareil coûte très cher... c'est une merveille technologique ! J'ai donc considéré ce « cadeau » comme un signe de reconnaissance[3]. Et puis, j'étais content aussi car, grâce à ce téléphone, je peux passer des appels illimités... et c'est gratuit ! Inutile donc de continuer à avoir un téléphone portable personnel pour appeler mes amis ou ma famille. Je les appelle et je leur envoie des messages avec le smartphone du bureau ! Je ne dépense plus un centime pour mes communications. Je trouvais tout cela vraiment génial mais depuis 1 mois, mon directeur m'appelle le week-end et m'envoie des mails tard le soir. Il faut lui répondre rapidement, être toujours disponible. Je travaille de plus en plus. J'ai la sensation que j'ai moins de vie privée qu'avant. De plus, ces heures supplémentaires ne sont pas comptabilisées donc pas payées. Voilà ma situation. Qu'en pensez-vous ? Pour vous, le smartphone est-il un extraordinaire outil de travail ou une laisse électronique ? Que feriez-vous à ma place ?
Merci d'avance pour vos réponses !
Martin.

1 C'est un employé supérieur dans une entreprise. 2 C'est la corde utilisée quand on attache son chien pour le promener. 3 Ici, c'est une façon de montrer que l'on apprécie le travail de quelqu'un.

4 PRODUCTION ORALE (25 points)

L'épreuve se déroule en 3 parties qui s'enchaînent.
Elle dure de 10 à 15 minutes.
Pour la 3e partie seulement, vous disposez de 10 minutes de préparation.
Cette préparation a lieu avant le déroulement de l'ensemble de l'épreuve.

1 ENTRETIEN DIRIGÉ (1re partie) - 2 à 3 minutes sans préparation

Vous parlez de vous, de vos activités, de vos centres d'intérêt. Vous parlez de votre passé, de votre présent et de vos projets.
L'épreuve se déroule sur le mode d'un entretien avec l'examinateur qui amorcera le dialogue par une question (exemple : *Bonjour, pouvez-vous vous présenter, me parler de vous, de votre famille...*).

2 EXERCICE EN INTERACTION - 3 à 4 minutes sans préparation

> SUJET 1

Pour vos vacances, vous avez réservé une chambre d'hôtel à Paris sur Internet. Quand vous arrivez, vous constatez que la chambre ne correspond pas à la description que vous avez lue sur le site Internet. La chambre n'a pas de vue sur la tour Eiffel, elle est très petite, il n'y a pas de télévision, la douche est sur le palier. Vous allez à la réception de l'hôtel et demandez un remboursement. Le patron de l'hôtel refuse. Vous essayez de trouver un arrangement.
L'examinateur joue le rôle du patron.

> SUJET 2

Vous faites un stage dans une entreprise française. Vous êtes arrivé depuis 6 mois et vous avez l'impression que les employés de cette entreprise n'ont pas l'esprit d'équipe. Vous en parlez au responsable des ressources humaines et proposez de participer tous ensemble à la course Paris-Versailles (16 km).
Le directeur des ressources humaines pense que personne ne voudra y participer. Vous lui donnez les arguments pour convaincre tous vos collègues.
L'examinateur joue le rôle du directeur des ressources humaines.

3 MONOLOGUE SUIVI – 5 à 7 minutes

Vous tirez au sort 2 documents et vous en choisissez un.
Dégagez le thème soulevé par l'article et présentez votre opinion sous la forme d'un exposé personnel de 3 minutes environ. L'examinateur pourra vous poser quelques questions.

> DOCUMENT 1

Réseaux sociaux : l'exhibitionnisme, une seconde nature ?

Canal+ diffuse jeudi un documentaire sur les dangers des réseaux sociaux.

[Les] réseaux sociaux, qui étaient au départ de formidables outils pour rester en contact avec ses proches ou se faire de nouveaux amis, sont devenus sources de dommages collatéraux. Aux États-Unis (et à présent en France), les recruteurs et les comités de sélection des universités n'hésitent plus à utiliser ces fameux réseaux pour en savoir plus sur les candidats qu'ils veulent recruter.

Car un profil Facebook en dit plus long sur la personne qu'un CV classique. « On a échangé nos stylos contre des claviers, confirme Claire Romanet, directrice d'un cabinet de recrutement français. Quand on a un candidat au téléphone, on tape tout de suite son nom sur Google. Il faut faire attention à ce qu'on publie sur le Web. » Et ils sont nombreux à en avoir fait l'amère expérience, comme le montre le documentaire. Vous ne regarderez plus votre ordinateur de la même façon ! **Jeudi à 22 h 45 sur Canal +**

Rania Hoballah, Metrofrance.com, 21 septembre 2010.

> DOCUMENT 2

« Les fautes empêchent rarement la compréhension »

Marinette Matthey, professeur de linguisitique à l'université Grenoble-III, livre son analyse sur l'évolution du français et de son bon usage.

Les moins de 30 ans font-ils davantage de fautes que leurs aînés ?
Oui, mais ils sont en train d'écrire une nouvelle ligne orthographique. Il y a actuellement un mouvement de simplification de l'orthographe extrêmement profond, contre lequel il est difficile de lutter.

Comment expliquez-vous l'apparition de cette nouvelle orthographe ?
L'école consacre de moins en moins d'heures à son enseignement, alors que les règles sont toujours aussi difficiles.

On dit souvent que les textos ont entraîné une dégradation de l'orthographe. Qu'en est-il ?
En réalité, depuis qu'il existe des forfaits SMS illimités, les jeunes utilisent moins d'abréviations. Et beaucoup écrivent avec le dictionnaire intégré. Donc, on a tendance à écrire des textos de plus en plus corrects.

Faut-il simplifier l'orthographe ?
Je ne suis pas contre, car une norme qui n'est plus suivie montre qu'elle n'est plus adaptée au monde dans lequel on évolue. De plus, les fautes empêchent rarement la compréhension d'un texte, elles ne nuisent donc pas à la communication. Mais chaque fois qu'un gouvernement a tenté de simplifier les règles orthographiques, il s'est heurté aux défenseurs du français, qui estiment que leur langue, « la plus belle du monde », est sacrée.

Propos recueilli par Alexandra Bogaert, Metrofrance.com, 3 novembre 2011.

DELF B1

PHONÉTIQUE > DES SONS AUX LETTRES

A. PRONONCIATION ET INTONATION

ÉCHAUFFEMENT

cd 60

1 a | Écoutez chaque son et les phrases qui y sont associées.
b | Répétez les phrases avec l'intonation correcte. L'intonation est-elle toujours la même ?

[i]	**i, î** : Il dîne à midi. **ï** : Gilles est naïf. **y** : Le synonyme de type ?
[y]	**u** : Tu as vu Luc ? **eu** (avoir) : Il a eu un rhume.
[u]	**ou, où, oû** : Coucou, où est le goûter ? **oo** : Vous jouez au foot ?
[e] fermé	**é** : Céline, éteins la télé ! **-er, -ez** : Tu viens manger chez moi ? **e** + consonne muette : Les amis de tes amis sont mes amis.
[ɛ] ouvert	**è, ê, ë** : Noël pêche avec Solène. **ai, ei** : Elle aime la neige. **-et** : C'est du poulet ? **e** + consonne prononcée : Ferme ton bec !
[œ] ouvert	**eu** + consonne prononcée (sauf [z] et [t]) : Ah, la jeunesse ! **œu** : Qui vole un œuf vole un bœuf.
[ə] muet	**e** : Je reviens le six mars. **ai** : avec le verbe faire au présent (nous) et à l'imparfait (toutes les personnes) : – Nous faisons du sport et vous ? – Avant, j'en faisais aussi.
[ø] fermé	**eu** : J'aime le bleu de tes yeux. **eu** + [z] et [t] : Quoi ? Une émeute en Creuse ? **on** dans « monsieur » : Monsieur, s'il vous plaît !
[o] fermé	**ô, o** + consonne non prononcée : Ce rôti est trop gros. **eau, au** : Claude, enfile ton manteau bien chaud ! **o** + [z] et –tion : Elle rosit d'émotion.
[ɔ] ouvert	**o** + consonne prononcée : Tu téléphones à Simone ? **-um** : Où est le solarium ?

[a] **a, à, â** : À Mardi au château !

[ɛ̃] **in, im** : C'est un médecin très impoli.
ain, aim : Achète du pain ! J'ai faim !
ein, eim : J'aime cette peinture de Reims.
yn, ym : Mets du thym dans la salade !
ien, yen : C'est le chien du doyen.
oin, éen : Le magasin coréen est au coin de la rue.
un, um ou [œ̃] : C'est un parfum Chanel.

[ɑ̃] **an, am** : Il campe dans les champs !
en, em : On y va ensemble ?
aen, aon : Jean aime les paons.
-ien + consonne : Patientez encore un moment !

[ɔ̃] **on, om** : Ninon, c'est ton nom ou ton prénom ?

[j] **il, ill** : Le soleil brille.
i + voyelle prononcée : Mon thé est tiède.
y : Elle vit à Lyon ?
ay, oy, uy : Il paye son employé.

[ɥ] **u** + voyelle prononcée : La nuit, on ne voit pas les nuages.

[w] **ou** + voyelle prononcée : Oui, il a tout avoué.
oi, oin : Toi et moi, c'est déjà loin.

FONCTIONNEMENT

2 En français, l'intonation peut être montante ou descendante.

• Dans un énoncé :
On monte la voix (↗) à la fin du groupe rythmique à l'intérieur de la phrase.
On descend la voix (↘) pour signifier que c'est la fin de la phrase.
Exemple : *Le magasin coréen (↗) est au coin (↗) de la rue (↘).*

• Pour une question sans inversion, on monte la voix.
Exemple : *Elle vit à Lyon ? (↗)*

• Pour une question commençant par un pronom interrogatif, on descend la voix (↘).
Exemple : *Où vit-elle ? (↘)*

• Dans la phrase exclamative, tout dépend de l'intention du locuteur.
Exemple : *Ah, la jeunesse ! (↘) Monsieur, s'il vous plaît ! (↗)*

ENTRAÎNEMENT

3 Lisez ce texte et placez les flèches (↗ ↘) pour symboliser les montées de voix et les descentes de voix. Vous lirez ensuite cet extrait littéraire à voix haute. Attention à l'intonation et à la prononciation !

D'autres livres sont sous la clef

Rien d'innocent dans les journaux, les livres, les albums qu'on laisse en évidence sur la table basse, au milieu du salon. Faut-il surprendre, ou jouer ton sur ton ? Tout dépend bien sûr des visiteurs potentiels. Aux amis proches, à la famille, on se contentera d'épargner le journal de télévision avec une présentatrice en couverture, les mots croisés découpés dans *Paris-Normandie ;* il s'agira plutôt d'un rangement, même s'il n'est pas indifférent d'abandonner en évidence le dernier *Géo* spécial Bruges, le pavé imposant sur l'art de vivre à Rome, dont le format presque carré, la couverture brun et crème viendront à point infuser l'Italie au creux des tasses de café. Mais c'est pour tous les autres, les amis plus lointains, les quasi inconnus, que l'on distille, qu'on soupèse. Car l'équilibre est homéopathique. Quelle image de soi faut-il donner sur la table basse ?

Philippe DELERM, Extrait de la nouvelle
« D'autres livres sont sous la clef »
in *Dickens, barbe à papa et autres nourritures délectables,*

B. LES LIAISONS

ÉCHAUFFEMENT

cd 61

1 Écoutez ces énoncés et repérez les liaisons. Fait-on des liaisons dans chacune des phrases suivantes ?

Exemple : **a** | *Mon‿ami a un certain‿âge.*

b | Paul est bien trop aimable.

c | Mon studio se trouve au premier étage.

d | Les enfants regardent les Jeux olympiques chez eux.

e | Quel grand homme quand il prononce ses discours !

FONCTIONNEMENT

2 Comment se prononce la consonne de liaison dans les phrases que vous venez d'entendre ? Est-ce qu'il y a des changements au niveau de la prononciation ? Complétez comme dans l'exemple.

Liaisons en [n] : *phrase* ***a*** → *mon‿ami* et *certain‿âge*

Liaisons en [z] : phrase .....

Liaisons en [t] : phrase .....

Liaison en [r] : phrase .....

Liaison en [p] : phrase .....

3 Prenez connaissance des tableaux puis répétez les exemples. cd 62

Les liaisons sont obligatoires entre...

• le déterminant et le nom :	***1. Les‿uns et les‿autres.***
• l'adjectif et le nom :	***2. C'est un bon‿ami.***
• le pronom sujet et le verbe :	***3. Nous‿arriverons ce soir.***
• le verbe et le pronom sujet :	***4. Ont‿-ils une voiture ?***
• le pronom sujet et le pronom complément :	***5. Ils‿y vont en train.***
• le verbe à l'impératif et les pronoms **en** ou **y** :	***6. Prenez‿-en !***
• l'adverbe court et l'adjectif :	***7. Je suis bien‿arrivé.***
• la préposition et le mot suivant :	***8. J'y vais en‿avion.***
• les formes figées :	***9. De temps‿en temps.***
• entre **quand** et le mot suivant :	***10. Quand‿il fait beau, je suis gaie.***

Les liaisons sont interdites entre... cd 63

• le nom propre et le verbe :	***1. Louis/arrive.***
• le groupe nominal et le verbe :	***2. Son plan/a réussi.***
• le pronom non-personnel et le verbe :	***3. Chacun/a des droits.***
• le nom au singulier et l'adjectif qui le suit :	***4. Un étudiant/italien.***
• les pluriels des noms composés :	***5. Des fers/à repasser.***

Remarque
La liaison est interdite...

- après **et** :	***6. Une pomme et/une poire.***
- devant un **h** aspiré :	***7. C'est un/héros.***
- après **le verbe** :	***8. Il part/avec moi.***

Les liaisons facultatives ne sont ni obligatoires ni interdites. cd 64
Elles sont conseillées dans un contexte formel de communication.
Leur réalisation dépend par conséquent de la situation de communication (formelle ou informelle) dans laquelle on se trouve.

Les liaisons sont facultatives entre...

• le nom au pluriel et l'adjectif qui le suit :	***1. Des histoires incroyables.***
• le verbe et l'adverbe :	***2. Elle fait aussi du piano.***
• le verbe et le complément :	***3. Je suis une femme.***
	4. Je pensais à lui.

Remarque
La liaison est facultative...

- après les verbes **aller**, **avoir**, **devoir**, **être**, **falloir**, **pouvoir**, **vouloir** et le mot suivant :	***5. Je vais aller à Rome.***
	6. On est en retard.
- après la conjonction **mais** :	***7. Il courait, mais il était en retard.***

ENTRAÎNEMENT cd 65

4 a | Lisez ces phrases en prenant soin de faire les liaisons quand elles sont nécessaires.
1 | C'est un enfant intelligent et obéissant.
2 | Il est très en avance pour son âge.
3 | Julien habite en haut de cette tour.
4 | Avec un grand effort, ils y arriveront petit à petit.
5 | Mon amie Ninon adore les haricots verts.
6 | Cet étudiant italien parle français et anglais.
7 | On ira peut-être sur les Champs-Elysées.
8 | Sylvie invite plus ou moins dix personnes chez elle.
9 | Joueront-elles au tennis en plein air ou en salle ?
10 | Tout à coup, il est apparu.

b | Écoutez les phrases afin de vérifier vos réponses.

MÉMENTO GRAMMATICAL >

LE VERBE

Le verbe connaît quatre modes : l'indicatif, le conditionnel, l'impératif et le subjonctif qui se déclinent en différents temps.

1 Les temps composés

Les temps composés (passé composé, plus-que-parfait, conditionnel passé, subjonctif passé) se forment avec l'auxiliaire **avoir** ou **être** + le **participe passé**.

Avec **être** *:*
- 15 verbes (et leurs dérivés) : *aller, arriver, descendre, entrer, monter, mourir, naître, partir, passer, rentrer, rester, retourner, sortir, tomber, venir* : *Je suis allé à Rome.*
- Les verbes pronominaux : *Elle s'est réveillée à 7 h.*

Avec **avoir** *:*
- Tous les autres verbes : *J'ai mangé un kiwi.*
- Les verbes *descendre, monter, passer, rentrer, retourner, sortir* quand ils ont un COD :
J'ai monté les valises au 3e étage.

2 Les temps du passé

Le passé composé

Formation : ***avoir*** ou ***être*** au présent + **participe passé**

Avec le passé composé, je peux :
- évoquer une action achevée à un moment précis : *Elle a vu Paul ce matin à 9 h.*
- exprimer une durée limitée : *Entre 14 h et 18 h, j'ai travaillé avec Julie.*
- présenter une série d'actions dans un récit : *Je me suis levé à 8 h, puis j'ai bu un café et je suis parti au travail.*

L'imparfait

Formation : radical de la 1re personne du pluriel (**nous**) du présent + les terminaisons **-ais**, **- ais**, **-ait**, **-ions**, **-iez**, **-aient**

Avec l'imparfait, je peux :
- évoquer une action habituelle soumise à une répétition :
Je payais mon loyer le premier jour du mois.
- faire une description : *Il portait un costume très élégant.*
- évoquer une action non finie (ou un état) : *J'étais triste après son départ.*
- évoquer une action commencée mais interrompue :
Je regardais la télévision (quand Jules est passé me rendre visite).

Le plus-que-parfait

Formation : ***avoir*** ou ***être*** à l'imparfait + **participe passé**

Avec le plus-que-parfait, je peux :
- indiquer qu'une action s'est produite avant une autre action passée :
Je t'avais demandé de garder le secret mais tu en as parlé à tout le monde.

Le passé simple

Le passé simple est le temps de la langue écrite.

À l'exception des verbes en **-er**, le radical est souvent irrégulier.
Formation :
- pour les verbes en **-er** : **-ai, -as, -a, -âmes, -âtes, -èrent**
- pour les autres verbes : **-is, -is, -it, -îmes, -îtes, -irent** et **-us, -us, ut, -ûmes, -ûtes, -urent**

Quelques verbes irréguliers : **être → je fus**, **faire → je fis**, **venir → je vins**, etc.

Avec le passé simple, je peux :
- indiquer une action ponctuelle : *Elle partit ce matin à 9 h.*
- exprimer une durée limitée : *Louis XIV passa dix mois par an à Saint Germain-en-Laye.*
- évoquer une succession de faits dans un récit : *Il partit en bateau, essuya une tempête et tomba à l'eau.*

3 Le futur simple

Formation : en général à partir du **verbe à l'infinitif** + les terminaisons **-ai, -as, -a, -ons, -ez, -ont**

Avec le futur, je peux :
- parler d'un projet ou prévoir quelque chose : *Quand je serai grande, je serai professeur de français.*

4 Le conditionnel présent

Formation : le même radical que le futur (**l'infinitif du verbe**) + les terminaisons de l'imparfait **-ais, -ais, -ait, -ions, -iez, -aient**

Avec le conditionnel présent, je peux :
- demander quelque chose avec politesse : *Je voudrais une baguette s'il vous plaît.*
- conseiller : *Tu devrais faire plus attention à ton look.*
- exprimer un souhait : *J'aimerais aller au ski.*
- imaginer une situation : *Je ne ferais jamais une chose pareille.*

Quelques verbes irréguliers au **futur simple** et au **conditionnel présent** :
avoir → j'aurai/aurais **être → je serai/serais** **aller → j'irai/irais**
faire → je ferai/ferais

5 Le conditionnel passé

Formation : ***avoir*** ou ***être*** au conditionnel présent + **participe passé**

Avec le conditionnel passé, je peux :
- exprimer un regret : *J'aurais aimé que tu viennes à mon anniversaire.*
- exprimer un reproche : *Tu aurais pu me téléphoner avant de venir !*
- évoquer une situation passée dont on n'est pas certain : *Le chanteur n'aurait pas déclaré tous ses revenus au fisc.*

6 Le subjonctif présent

Formation :
Pour **je, tu, il/elle, ils/elles** : radical de la 3e personne du pluriel (**ils**) du présent de l'indicatif + les terminaisons **-e, -es, -e, -ent**
Pour **nous** et **vous** : radical de la 1re personne du pluriel (**nous**) du présent + les terminaisons **-ions, -iez**

VERBES IRRÉGULIERS

avoir
que j'aie
que tu aies
qu'il/elle ait
que nous ayons
que vous ayez
qu'ils/elles aient

être
que je sois
que tu sois
qu'il/elle soit
que nous soyons
que vous soyez
qu'ils/elles soient

vouloir
que je veuille
que tu veuilles
qu'il/elle veuille
que nous voulions
que vous vouliez
qu'ils/elles veuillent

pouvoir
que je puisse
que tu puisses
qu'il/elle puisse
que nous puissions
que vous puissiez
qu'ils/elles puissent

savoir
que je sache
que tu saches
qu'il/elle sache
que nous sachions
que vous sachiez
qu'ils/elles sachent

aller
que j'aille
que tu ailles
qu'il/elle aille
que nous allions
que vous alliez
qu'ils/elles aillent

faire
que je fasse
que tu fasses
qu'il/elle fasse
que nous fassions
que vous fassiez
qu'ils/elles fassent

valoir
que je vaille
que tu vailles
qu'il/elle vaille
que nous valions
que vous valiez
qu'ils/elles vaillent

falloir
qu'il faille

pleuvoir
qu'il pleuve

Avec le subjonctif présent, je peux :
• exprimer un sentiment, une nécessité, une volonté, une possibilité, un regret, un jugement, une crainte avec un verbe ou une expression verbale + ***que*** :
*Je voudrais **que** tu viennes./C'est dommage **qu'**il pleuve./Il se peut **qu'**elle soit là.*

7 Le passif

Formation : **être** (conjugué au temps du verbe à la forme active) + **participe passé du verbe à la forme active**. Le participe passé s'accorde avec le sujet.

Le passif permet de mettre l'accent sur l'objet de l'action ou d'éviter de dire le sujet dans la phrase. Seuls les verbes acceptant un COD peuvent être mis à la forme passive.
• Au passif, l'objet de l'action est le sujet du verbe : *Un tableau a été volé au musée.*

• Quand le sujet de l'action est explicité, il devient complément d'agent du verbe à la forme passive et il est normalement introduit par la préposition ***par*** :
Il faut que le gouvernement prenne une décision. → *Il faut qu'une décision soit prise **par** le gouvernement.*

• Le passif permet d'éviter le pronom ***on*** : ***On** a arrêté le voleur.* → *Le voleur a été arrêté.*

8 Le participe présent

Formation : radical du présent de la première personne du pluriel (**nous**) + la terminaison **-ant.** Le participe présent est toujours **invariable**.

Le participe présent permet :
• de donner un renseignement sur quelque chose ou quelqu'un, de qualifier :
J'ai vu un homme qui promenait son chien. → *J'ai vu un homme **promenant** son chien.*

• d'exprimer la cause :
Je n'ai pas pu me rendre au travail car j'étais malade. → ***Étant** malade, je n'ai pas pu me rendre au travail.*

9 Le gérondif

Formation : la préposition **en** + le participe présent.

Le gérondif permet d'exprimer :
- la simultanéité : *Je fais le ménage* ***en chantant****.*
- la manière : *Il s'est fait mal* ***en tombant****.*
- la condition : *C'est* ***en faisant*** *des efforts que l'on obtient des résultats.*

LA PHRASE NÉGATIVE

1 La négation

- La négation se forme toujours d'au moins deux éléments, voire trois :

ne ... pas, **ne ... jamais**, **ne ... plus**, **ne ... aucun**, **personne ... ne**, **rien ... ne**.
ne ... pas encore, **ne ... plus jamais**, **ne ... pas assez**, **ne ... ni ... ni**.

- **ne ... ni ... ni** est la négation dans une même phrase de plusieurs noms reliés par ***et*** :

J'ai vu François ***et*** *Élisabeth.* → *Je* ***n'****ai vu* ***ni*** *François,* ***ni*** *Élisabeth.*
Les articles partitifs ou indéfinis disparaissent généralement après ***ni*** :
J'ai pris un livre et un cahier. → *Je* ***n'****ai pris* ***ni*** *livre* ***ni*** *cahier.*

Attention à la place de la négation : autour du verbe conjugué et avant le verbe à l'infinitif.
Je ***ne supporte pas*** *la fumée du tabac. Je* ***n'ai jamais supporté*** *la fumée du tabac.*
Expliquez-moi comment ***ne pas faire*** *de fautes d'orthographe.*

2 La restriction

La restriction n'est pas une négation, mais une autre manière d'exprimer ***seulement*** :
J'ai acheté ***seulement*** *des pommes. = Je n'ai acheté* ***que*** *des pommes.*

L'EXPRESSION DE LA CONDITION ET DE L'HYPOTHÈSE AVEC *SI*

La condition

- **Si** + **présent, présent/impératif/futur**

Si *tu en* ***as*** *envie,* ***tu peux venir/viens/tu pourras*** *venir me voir.*

- L'hypothèse dans le présent (réalisable) :

Si + **imparfait, conditionnel présent**
Si *tu* ***étudiais*** *plus, tu* ***pourrais*** *réussir ton examen.*

- L'hypothèse dans le passé (irréalisable) :

<u>conséquence dans le présent</u> → **Si** + **plus-que-parfait, conditionnel présent**
Si *tu* ***avais mis*** *ton manteau hier soir, tu ne* ***serais*** *pas malade aujourd'hui.*
<u>conséquence dans le passé</u> → **Si** + **plus-que-parfait, conditionnel passé**
Si *tu* ***étais venu*** *à la fête, tu* ***aurais rencontré*** *Paul.*

Le discours rapporté

- Les phrases énonciatives sont introduites par ***que*** dans le discours rapporté :

« Elle a faim mais il n'y a rien dans le frigo » → *Elle dit* ***qu'****elle a faim mais* ***qu'****il n'y a rien dans le frigo.*

- Les phrases interrogatives simples sont introduites par **si** dans le discours rapporté :

« Tu es prête ? » → *Il demande* ***si*** *je suis prête.*

- Les pronoms interrogatifs (**où**, **quand**, **comment**, **pourquoi**...) du discours direct sont maintenus dans le discours rapporté : *«* ***Où*** *vas-tu ? »* → *Il veut savoir* ***où*** *je vais.*

- **Qu'est-ce que** et **Qu'est-ce qui** dans le discours direct deviennent **ce que** et **ce qui** dans le discours rapporté : *«* ***Qu'est-ce qui*** *se passe ? »* → *Il nous demande* ***ce qui*** *se passe.*

Quand le verbe introducteur (dire, déclarer, ajouter, raconter, expliquer, annoncer, etc.) est au passé, on fait la concordance des temps.

Concordance des temps avec un verbe introducteur au passé	
Discours direct	**Discours rapporté**
Présent : « *Je **suis** malade.* »	→ Imparfait : *Il a expliqué qu'il **était** malade.*
Passé composé : « *J'**ai vu** Paul.* »	→ Plus-que-parfait : *Il a raconté qu'il **avait vu** Paul.*
Futur simple : « *Je n'**irai** pas à Nice.* »	→ Conditionnel présent : *Il a dit qu'il n'**irait** pas à Nice.*
L'imparfait, le plus-que-parfait, le conditionnel présent, le conditionnel passé et le subjonctif ne changent pas.	

Comme pour le discours rapporté au présent, on doit changer les pronoms personnels, les pronoms compléments, les adjectifs possessifs et les expressions de temps.

L'ADJECTIF ET L'ADVERBE

1 La place de l'adjectif

• En général, on place l'adjectif **après** le nom, sauf les adjectifs courts, les adjectifs numéraux et les adjectifs d'appréciation :
*Tu as trouvé un appartement **exceptionnel**.*
*C'est la **troisième** fois que je te le dis. Tu as acheté une **belle** voiture.*

Certains adjectifs peuvent se placer **avant** ou **après** le nom, mais alors ils changent de sens : **prochain/ dernier**, **grand**, **curieux**, **différent**, **drôle**, **propre**, **ancien**, **pauvre**, **cher**, **seul**.
*un **drôle** de livre* (un livre bizarre) / *un livre **drôle*** (un livre amusant)

• Si l'adjectif se trouve devant un nom pluriel, on utilise l'article **de** au lieu de **des** :
*Tu as **de belles** chaussures.*
*Tu as **des** versions **originales** de la Bible de Gutenberg.*

• Si on veut utiliser plus d'un adjectif pour qualifier un mot, on place d'abord celui sur lequel on veut insister :
*J'ai une **belle** nouvelle chemise. J'ai une **nouvelle** belle chemise.*

2 Formation de l'adverbe en -ment

La place de l'adverbe est variable dans la phrase.
Pour former un adverbe en **-ment** :
• On ajoute **-ment** aux adjectifs qui se terminent par une voyelle et pour les autres, on prend la forme féminine de l'adjectif.
Adjectif qui finit avec une **voyelle** : *vrai* → *vrai**ment***
Adjectif qui finit avec une **consonne** : *certain* → féminin : *certaine* → *certaine**ment***

• On ajoute **-amment** ou **-emment** aux adjectifs qui se terminent en **-ant** et **-ent** :
courant → *cour**amment***
NB : **-emment** se prononce comme -**amment**.

Quelques exceptions :
gai → gaiement
précis → précisément
profond → profondément
bref → brièvement
énorme → énormément
gentil → gentiment

LA COMPARAISON

1 Le comparatif

Comparer des adjectifs ou des adverbes	**moins** **aussi** + **adjectif, adverbe** + que **plus**	*La souris est **plus** petite **que** l'éléphant.*
Comparer des noms	**moins de** **autant de** + **nom** + que **plus de** **le/la/les même(s)** + **nom** + que	*Il y a **plus d'**habitants à Paris **qu'**à Lyon.* *J'ai acheté **les mêmes** chaussures **que** toi.*
Comparer des verbes	**moins** **verbe** + **autant** + que **plus**	*Les étudiants dépensent **moins que** leurs parents.*

2 Le superlatif

Avec un adjectif	**le/la/les plus** **le/la/les moins** + **adjectif** + de	*C'est le projet **le plus** fou **de** l'année.*
Avec un adverbe	**le plus** **le moins** + **adverbe** + de	***Des** trois sœurs, c'est Julie qui a **le mieux** réussi.*
Avec un nom	**le plus de** **le moins de** + **nom**	*Les Français ont **le plus de** vacances.*
Avec un verbe	**verbe** + **le plus** + de **le moins**	*C'est Paul qui dort **le plus** !*
Le superlatif absolu avec les adverbes	**extrêmement** **des plus** **tout à fait**	*C'est un film **extrêmement** triste.* *C'est une aventure **des plus** folles.* *Il est **tout** à **fait** remis de sa grippe.*

LES PRONOMS

1 Les pronoms personnels compléments

• Les pronoms **le**, **la**, **l'** et **les** remplacent un COD :
J'ai vu le dernier film avec Jean Dujardin. → *Je **l'**ai vu.*

• Les pronoms **lui** et **leur** remplacent un COI :
Je téléphone à ma fille. → *Je **lui** téléphone.*

• Les verbes **penser à** et **s'intéresser à**, quand ils sont suivis d'une personne, s'emploient avec un pronom tonique (moi, toi, lui/elle, nous, vous, eux/elles) :
Je pense à mes parents. → *Je pense **à eux**.*
Je m'intéresse à ce candidat. → *Je m'intéresse **à lui**.*

• Le pronom **y** remplace un complément de lieu (sauf ceux introduits par **de**) ou un complément (sauf une personne) introduit par la préposition **à** :
Je suis sur la Grand Place de Bruxelles. → *J'**y** suis.*
Je participe au concours. → *J'**y** participe.*

• Le pronom **en** remplace un complément introduit par la préposition **de** :
- La provenance : *Je viens du bureau.* → *J'**en** viens.*
- Le partitif : *Je boirais bien du jus d'orange.* → *J'**en** boirais bien.*
- Les verbes suivis de la préposition **de** : *Je rêve d'une grande maison.* → *J'**en** rêve.*
- Les adjectifs suivis de la préposition **de** : *Je suis content de mes résultats.* → *J'**en** suis content.*
- Les expressions suivies de la préposition **de** : *J'ai envie d'une glace.* → *J'**en** ai envie.*

• Le pronom **en** remplace aussi une quantité spécifique. On rajoute alors cette quantité après le verbe :
J'ai trop de travail. → *J'**en** ai trop.*
J'ai un chien. → *J'**en** ai un.*

• Les pronoms **en** et **y** se placent toujours devant le verbe, sauf à l'impératif.

2 La place des pronoms

sujet	(ne/n')	**me/m'** **te/t'** **se/s'** **nous** **vous**	**le** **la** **l'** **les**	**lui** **leur**	**y**	**en**	verbe	(pas)

Tu as acheté un cadeau à Pierre ? → *Oui, je **lui en** ai acheté un.*

À l'impératif, à la forme affirmative, les pronoms se placent après le verbe :

verbe	**le** **la** **l'** **les**	**moi/m'** **toi/t'** **lui** **nous** **vous** **leur**	**en**

Je donne ce livre à Pierre ? → *Oui, donne-**le lui** !*

3 Les pronoms relatifs simples et composés

• Les pronoms relatifs (**qui**, **que**, **où**, **dont**) permettent de relier des phrases sans répéter à chaque fois le nom. Les pronoms relatifs composés (**lequel**, **laquelle**, **lesquels**, **lesquelles**) sont employés pour remplacer un nom précédé d'une préposition :
*L'homme avec **lequel** tu t'es disputé est très agressif.*

• **Lequel** s'accorde toujours avec le nom qu'il remplace :
***Les amis** avec **lesquels** je pars en vacances sont très sympathiques.*

• **Auquel**, **auxquels**, **auxquelles** sont des pronoms relatifs composés contractés avec la préposition **à**. Pour remplacer un nom de personne, on utilise plutôt **qui** :
*Le professeur **à qui** je parle est italien.*

• **Duquel**, **desquels**, **desquelles** sont des pronoms relatifs composés contractés avec la préposition **de**. **Duquel** s'emploie avec les propositions ***à côté* de**, ***en face* de**, ***près* de** :
*L'immeuble **en face duquel** j'habite est classé monument historique.*

• **Dont** s'emploie avec un verbe, un adjectif qui se construisent avec **de** ou avec un nom :
*L'immeuble **dont** il est question est classé monument historique.* (être question de qqch)
*L'immeuble **dont** je te parle est classé monument historique.* (parler de qqch)

LES INDÉFINIS

1 Les adjectifs indéfinis

• Les adjectifs indéfinis s'emploient pour indiquer une quantité. Ils sont suivis d'un nom.

Quantité	Adjectif indéfini + nom
Quantité = 0	- **nul(le)** - **aucun(e)** *Il n'y a* ***aucune*** *raison pour que tu échoues à ton test.*
Quantité = 1	- **chaque** est invariable. - **tout/toute** ***Chaque*** *candidat doit passer un examen de français.* ***Tout*** *candidat doit passer cet examen.*
Quantité indéterminée	- **un(e) autre/d'autres/les autres** - **quelques** est toujours pluriel. Il s'emploie au masculin et au féminin. - **certains/certaines** - **plusieurs** est pluriel et invariable. *Il y a* ***plusieurs*** *questions d'histoire et de géographie au test de naturalisation.*
Totalité	- **tous/toutes** *Presque* ***toutes*** *les personnes qui passent le test de français ont un bon résultat.*

2 Les pronoms indéfinis

• Les pronoms indéfinis remplacent un nom évoqué précédemment. Ils s'emploient pour indiquer une quantité.

Quantité	Pronom indéfini
Quantité = 0	- **personne** - **rien** - **nul(le)** - **aucun(e)** *Il y avait 30 candidates.* ***Aucune*** *n'a échoué au test.*
Quantité = 1	- **chacun/chacune** - **quelqu'un** ***Quelqu'un*** *n'a pas de questionnaire ?*
Quantité indéterminée	- **d'autres** - **quelques-uns/quelques-unes** s'emploient toujours au pluriel. - **certains/certaines** - **plusieurs** *Il y a beaucoup de questions sur le sport et la chanson dans le test. Je trouve que* ***certaines*** *sont difficiles.*
Totalité	- **tout/tous/toutes** *Elles ont* ***toutes*** *été naturalisées.*

L'EXPRESSION DU TEMPS

1 L'expression de la durée

• **Depuis** exprime une durée non achevée qui a son point de départ dans le passé :
*Je cherche du travail **depuis** trois mois. **Depuis que** je cherche du travail, je fais du sport.*

• **Il y a** exprime un moment du passé où l'action a eu lieu :
*J'ai terminé mes études **il y a** deux ans.*

• **Pendant** exprime une durée limitée située dans le passé :
*J'ai cherché du travail **pendant** trois mois.*

• **Ça fait ... que**, **il y a ... que**, **voilà ... que** s'utilisent pour mettre en relief la durée :
***Ça fait** deux ans **que** j'ai terminé mes études.*
***Il y a** trois mois **que** je cherche du travail.*

• **En** exprime la durée nécessaire à la réalisation d'une action :
*Je fais mes devoirs **en** une heure.*

• **Il faut ... pour**, **mettre ... pour**, **avoir besoin de ... pour** indiquent la quantité de temps nécessaire à la réalisation d'une action :
***Il me faut** une heure **pour** faire mes devoirs.*
***Je mets** une heure **pour** aller au travail.*

• **Dans** exprime un moment du futur où l'action aura lieu :
*Je terminerai mes études **dans** deux ans.*

• **Pour** exprime une durée prévue :
*Je pars **pour** deux ans.*

2 L'expression de l'antériorité, de la simultanéité et de la postériorité

• **En attendant que**, **jusqu'à ce que**, **avant que** + **subjonctif** expriment l'antériorité.
*Je me douche **avant que** tu te **brosses** les dents.*
• **Avant de** + **infinitif** s'utilise lorsque le sujet de la principale et celui de la subordonnée sont identiques.
*Je me doucherai **avant de** me **brosser** les dents.*

• **Pendant que**, **au moment où**, **alors que** + **indicatif** expriment la simultanéité.
*Je te téléphonerai **pendant que** mon fils **dormira**.*

• **Après que**, **une fois que**, **aussitôt que**, **dès que** + **indicatif** expriment la postériorité.
*Je te téléphonerai **une fois que** je **serai** arrivé à Paris.*

LES RELATIONS LOGIQUES

1 L'expression du but

Le but est le résultat, l'objectif que l'on cherche à atteindre.

Conjonction + subjonctif	- **pour que** - **afin que** - **de sorte que** - **de manière que** - **de façon que** *Le professeur explique la règle* ***afin que*** *les étudiants comprennent.*
Préposition + nom	- **pour** - **afin de** - **en vue de** - **dans l'intention de** - **dans le but de** *Il prend un taxi* ***dans le but d'****arriver à l'heure à son rendez-vous.*
Verbes	- **chercher à** - **viser à** *Ce champion* ***cherche à*** *remporter la première place du classement.*

2 L'expression de la cause

La cause indique la raison pour laquelle un événement se produit, son origine.

Conjonction + indicatif	- **parce que/car** - **puisque** introduit une cause évidente. - **étant donné que/vu que** (moins soutenue qu'**étant donné que**, la conjonction **vu que** est plutôt utilisée à l'oral). - **comme** se place en début de phrase. ***Comme*** *ce musée est très récent, ses équipements sont modernes.*
Mot de liaison, ponctuation	- **en effet** se place au début de la phrase ou au milieu pour expliquer ce qui vient d'être dit. - deux points « : ». On utilise les deux points au milieu d'une phrase pour introduire une explication. *Les citoyens s'intéressent peu à la politique européenne.* ***En effet,*** *elle leur semble trop complexe.* *Les citoyens s'intéressent peu à la politique européenne* **:** *elle leur semble trop complexe.*
Préposition + nom	- **grâce à** introduit une cause de façon positive. - **en raison de** introduit une cause de façon neutre, sans jugement. - **à cause de** introduit une cause de façon négative. *Des milliers de jeunes acquièrent de l'expérience sur le plan professionnel et humain* ***grâce à*** *leur engagement au sein du service civique.* *Le Luxembourg a décidé d'interrompre ses relations diplomatiques avec ce pays* ***en raison de*** *la situation sur place.* *Des centaines d'entreprises ont fermé* ***à cause de*** *la crise.*
Verbes	- **venir de/s'expliquer par/être dû à/être causé par/résulter de** *Certaines décisions politiques* ***s'expliquent par*** *la pression des groupes de pression industriels.*

3 L'expression de la conséquence

La conséquence exprime le résultat d'une action.

Conjonction + indicatif	- **si bien que** - **de sorte que** - **c'est pour cette raison que** *Le service civique est une expérience réussie* ***si bien que*** *le gouvernement va la prolonger.*
Mots de liaison	- **c'est pourquoi** peut se placer en début de phrase. Dans ce cas, il exprime la conséquence d'une cause indiquée dans la phrase précédente. - **donc** - **alors** - **par conséquent** - **en conséquence** - **de ce fait** - **d'où** est suivi d'un nom. *Il n'était pas majeur* ***d'où*** *la nécessité d'une dérogation pour effectuer son service civique.*
Verbes	- **provoquer** - **causer** - **entraîner** - **produire** - **créer** *Les disputes entre députés* ***provoquent*** *parfois l'interruption de la séance.*

4 L'expression de l'opposition et de la concession

• L'opposition met en parallèle deux faits indépendants l'un de l'autre pour les opposer :
Elle aime le yoga ***alors que*** *son mari préfère la moto.*

Exprimer l'opposition	
Conjonctions	- **alors que** et **tandis que** + **indicatif** : *Je travaille dur* ***alors que*** *tu* ***passes*** *ta journée à regarder la télé.*
Mots de liaison	- **par contre** (oral) et **en revanche** introduisent un énoncé opposé à l'énoncé qui précède : *Il mange beaucoup,* ***par contre*** *sa femme a peu d'appétit.* - **au contraire** indique une opposition radicale : *Je ne déteste pas les escargots,* ***au contraire****, j'adore ça !* - **en fait** introduit un élément opposé à l'élément qui le précède. *Je pensais qu'il était anglais,* ***en fait*** *il était irlandais.*
Prépositions	- **contrairement à** + **nom** introduit un mot ou un énoncé par opposition à un autre : ***Contrairement à toi****, je suis une grande timide.* - **au lieu de** + **infinitif** : *Tais-toi* ***au lieu de parler*** *la bouche pleine !*

• La concession permet d'exprimer la contradiction entre deux faits :
Bien qu'*il ait 68 ans, Maurice court le marathon de Paris chaque année.*

Exprimer la concession	
Conjonctions	- **bien que** + **subjonctif** : ***Bien qu'****il soit jeune, il* ***déteste*** *voyager.* - **même si** + **indicatif** : ***Même si*** *je suis malade, j'****irai*** *en cours.*
Mots de liaison	- **pourtant**, **cependant**, **toutefois**, **néanmoins** (à l'écrit) : leur place est variable dans la phrase. *Il aime Julie,* ***pourtant*** *il ne veut pas l'épouser. Il aime Julie, il ne veut* ***pourtant*** *pas l'épouser.*
Prépositions	**malgré** et **en dépit de** (formel) + **nom** introduisent un élément qui contrarie le fait principal : ***Malgré*** *sa petite* ***taille****, Tom est un bon joueur de basketball.*
Expressions	**avoir beau** + **infinitif** exprime l'idée d'essayer de faire quelque chose, mais en vain : *Le professeur* ***a beau expliquer*** *l'exercice, l'étudiant ne comprend pas.*

• Autres moyens d'exprimer l'opposition et la concession :
- **La juxtaposition** : *L'un est français, l'autre africain.*
- **La coordination** avec **et** : *Elle mange beaucoup* ***et*** *ne grossit pas.*

TRANSCRIPTIONS > documents du CD

Autoévaluation

2 Page 9, Exercice 1

1er dialogue

Une femme : Allô, Crêperie Suzette bonjour !
Un homme : Bonjour madame, je voudrais réserver une table pour trois personnes.
Une femme : Trois personnes d'accord. Pour quel jour ?
Un homme : Pour demain à midi et demi.
Une femme : Jeudi 16 à midi et demi. C'est noté.
Un homme : Merci bien. À demain alors.
Une femme : À demain. Au revoir.

3 2e dialogue

Un homme : Salut Lise, ça va ?
Une femme : Tiens Yves, quelle surprise ! Je ne m'attendais pas à te voir ici.
Un homme : Et bien, tu vois, j'ai décidé de faire un peu d'exercice, je ne suis pas très en forme en ce moment. En plus, j'ai grossi depuis Noël.
Une femme : Eh qu'est-ce que tu vas suivre comme cours ?
Un homme : Ben, je sais pas trop, là j'ai fait un peu de musculation et je pensais aller nager maintenant.
Une femme : Si tu veux transpirer, je te recommande le cours de gym de 19 heures, la prof est géniale !

4 Page 9, Exercice 2

Annonce 1

Le TGV 6834 en provenance de Paris-Gare de Lyon et à destination de Marseille Saint-Charles va entrer en gare voie 2. Éloignez-vous de la bordure du quai, s'il vous plaît.

5 Annonce 2

Il y a des offres exceptionnelles au rayon papeterie ! Nous vous invitons à venir les découvrir au cinquième étage de notre grand magasin.

6 Page 9, Exercice 3

Le Théâtre des Arts, bonjour !
Pour continuer en français, tapez 1. Pour l'anglais, tapez 2. Pour l'espagnol, tapez 3.
Toutes nos lignes sont occupées, veuillez patienter.
Durant les mois de juillet et août la billetterie sera ouverte du mardi au samedi de 12 heures à 17 heures. Des tarifs réduits sont accordés aux étudiants de moins de 26 ans, aux chômeurs, aux retraités et aux abonnés sur présentation d'un justificatif au moment de l'achat des billets.
Vous pouvez aussi réserver vos places par téléphone tous les jours de 9 heures à 12 heures ou en surfant sur Internet sur « t-arts.fr ».
Merci d'avoir patienté. Vous allez être mis en relation avec la billetterie.

unité 1 Vivre ensemble

Dossier 1

7 Pages 14-15, Partager le même toit

La journaliste : Ce matin, nous allons parler du projet de l'association *Toulouse Solidaire*. Des étudiants étrangers sont logés chez des personnes âgées en échange d'une présence active et de services rendus.
L'étudiant s'engage à rendre des petits services comme le bricolage, des cours d'informatique, du jardinage, en échange de quoi il bénéficie de la gratuité du loyer.
Solidaire et convivial, ce mode de vie se développe dans les grandes villes universitaires et attirent de plus en plus les étudiants étrangers désireux d'échanges culturels.
Ce type de colocation permet aux personnes âgées de ne plus être seules notamment la nuit. L'étudiant partage le repas du soir avec elle et si les deux le souhaitent, ils peuvent faire des sorties culturelles ensemble : aller à une conférence ou au cinéma par exemple.
En échange, l'étudiant dispose d'une chambre meublée et partage la cuisine et la salle de bains avec celle ou celui qu'il considère très vite comme sa grand-mère ou son grand-père.
Ce projet, *Culture Contacts Intergénération*, permet de renforcer le lien intergénérationnel et de promouvoir la solidarité étudiants/seniors. Au final ce système permet de lutter contre l'isolement et la solitude des seniors et contre les conditions de vie parfois difficiles des étudiants. Ce projet, qui existe depuis deux ans, a déjà permis de loger plus de cinquante étudiants étrangers à Toulouse !
En résumé, voici les avantages pour les étudiants : pas de loyer à payer, des conditions de vies confortables par rapport aux conditions de vies dans des résidences universitaires où les chambres sont riquiqui, avoir de la compagnie et aussi du calme pour étudier.
La clé du succès de la cohabitation entre les cheveux gris et la génération iPhone ? « Le respect mutuel. Chacun apporte sa culture et son savoir-vivre. Les étudiants étrangers sont heureux de faire découvrir leur culture. », m'a précisé Valentine Luzzati, la fondatrice de l'association *Toulouse Solidaire*.
Si cela vous intéresse, plusieurs associations proposent de mettre en relation étudiants étrangers et séniors. Pour chaque association les conditions sont différentes. Parfois, il est possible de payer un petit loyer en échange de moins de services rendus à la personne qui vous accueille. Retrouvez tous les contacts sur le site web de l'émission rvs.fr.

8 Page 16, Exercice 4 - Intonation

1 Alors là, non ! Vous exagérez, je n'ai pas dormi !
2 Assez ! Vous allez l'éteindre votre télé !
3 Ça commence à bien faire la musique à une heure du matin !
4 Vous avez dépassé les bornes !
5 C'est trop fort ! Vous déménagez la baraque ou quoi ?
6 C'est pas possible ce bruit !
7 Votre chien a encore aboyé toute la nuit. Je suis furieuse !

9 Page 20, La consommation des fruits et légumes

Fabienne Chauvière : Qui sait encore qu'on évite le frigo aux tomates pour qu'elles conservent leur goût ? Qui se souvient que les bananes noircissent lorsqu'elles sont rangées avec les pommes ? En France, on aurait presque besoin de réapprivoiser les fruits et légumes frais. Car même si on en achète encore en moyenne 167 kg par an et par ménage, la consommation s'érode. Légèrement... mais régulièrement et ce, depuis 8 ans. Valérie Sené, directrice économie de l'Interprofession des fruits et légumes.

Valérie Sené : Cette érosion, elle est liée à un certain nombre de freins. Il faut savoir les acheter les fruits et légumes, faut savoir les éplucher, les conserver, les mettre en œuvre.

F. C. : Vous êtes en train de dire qu'on a perdu un certain savoir-faire ?

V. S. : On a perdu effectivement un certain savoir-faire en matière culinaire, une certaine transmission aussi de certaines recettes.

F. C. : Les consommateurs ont le sentiment que les fruits et légumes ont beaucoup augmenté au cours de ces dernières années.

V. S. : La perception de cherté effectivement elle est réelle. En même temps, on ignore trop que les fruits et légumes, c'est beaucoup de travail. Dans l'imaginaire collectif, les fruits et légumes ça pousse tout seul, ça a juste besoin d'un peu d'eau ou de soleil. Dans la réalité, non ! Ça demande énormément de travail, dans le verger, en maraîchage. Ça ne vient pas tout seul dans nos assiettes sur leurs petites jambes. La part de l'humain est très très importante !

F. C. : Vous avez mené une enquête auprès des Français : quels sont les fruits et légumes préférés des enfants ?

V. S. : La fraise, suivie de la banane et de la framboise. Et on a été assez étonnés pour les légumes parce que le classement c'est : tomates, carottes et haricots verts.

F. C. : Les fruits préférés des adultes sont les pommes, les bananes et les oranges. Pour les légumes : les tomates, les carottes, les endives, les courgettes et la salade. La pomme de terre n'apparaît pas, car elle entre dans la catégorie des féculents.

70 % des fruits et légumes sont achetés en grande surface et 30 % sur les marchés ou chez les primeurs. La part du bio reste confidentielle avec 3,7 kg par an et par ménage en moyenne. Grâce à une vaste enquête qui vient de s'achever, l'Interprofession a découvert que les plus gros consommateurs de ces produits sont... ceux qui ont leur jardin ! Ils connaissent mieux que tous, forcément, la grande richesse de l'univers sensoriel des fruits et des légumes.

Dossier 2

10 Pages 22-23, L'art de la table

Journaliste : Les arts de la table ont suivi la même évolution que la mode, on peut porter un jeans avec une veste d'un grand couturier.

James : Oui, comme on mélange le Zara et le Prada, on mélange du Lalique avec du Pyrex et dans ce cas, les arts de la table s'émancipent. Pour recevoir « tendance » maintenant, et bien ça se fera sous forme de brunch, d'apéritif dînatoire ou de *slunch* qui est la contraction de *supper* et *lunch*.

Journaliste : *Slunch* ?

James : *Slunch*.

Journaliste : À quelle heure est-ce qu'on *slunche* ?

James : Vers 5-6 heures.

Journaliste : Ah d'accord, OK, très bien.

James : Voilà, un petit peu plus tôt. Alors, comme on a moins de temps à consacrer à la cuisine, et bien, on prépare des petits plats, on mange avec les doigts ou tout dans des verrines. En tout cas c'est pratique, moins de vaisselle, très convivial. L'éphémère prime et pour s'adapter à ces nouvelles formes de convivialité, les spécialistes des arts de la table ont élargi leurs offres. Et dans un monde où tout ce qui plaît un jour est démodé le lendemain, et bien la variété et l'inventivité sont vraiment de rigueur.

Journaliste : Voilà, il faut retenir une chose, c'est qu'évidemment il n'y a plus de règles, ce qui est plutôt pas mal, il y en a déjà suffisamment ailleurs.

James : Oui.

Journaliste : Alors, il faut oser les mélanges de style, de couleur et finalement aussi de prix. Merci James.

James : Avec plaisir.

Journaliste : À la semaine prochaine. Vous pouvez réécouter cette séquence sur *webdeco.be*, sur la page de *Sacré Cocktail* sur le site de la *Première* et vous trouverez bien sûr toutes les informations relatives à cette séquence et bien d'autres informations sur *webdeco.be*.

11 Page 25, Exercice 3 - Intonation

1 Enfin, j'exige que tu me dises où est cette casserole !
2 Bon d'accord. Tu peux manger encore un chocolat.
3 Oui. Elle t'a demandé de faire cette recette que tu détestes !
4 Je te défends de fumer dans la cuisine !
5 Non, Paul n'est pas autorisé à manger au fast-food.
6 Pas de problème, on te permet de sortir jusqu'à minuit.

12 Page 27, Exercice 2

1 *Des assiettes qui s'entrechoquent.*
2 *Le bruit d'un fouet.*
3 *Choc de deux verres.*
4 *Un bruit de casserole.*
5 *De l'eau qui bout.*
6 *Un bruit de friture.*
7 *Une bouteille qu'on débouche.*
8 *Le bruit d'un mixeur.*

13 Page 27, Exercice 4 - Intonation

1 C'est complètement cramé !
2 Quel régal !
3 C'est trop bon !
4 Beurk, c'est amer !
5 Oh, j'adore !
6 C'est pas mauvais.
7 Ça manque de sel.
8 C'est froid.
9 C'est infâme !
10 Mmm !

unité 2 Au travail !

Dossier 1

14 Pages 32-33, Découvrir le monde en partant étudier à l'étranger

Journaliste : Bonjour, et merci d'avoir accepté de nous accorder cet entretien. Pouvez-vous vous présenter ?
Tamara : Bonjour, je m'appelle Tamara, je suis ukrainienne et j'ai 21 ans. J'étudie l'économie et les langues.
Journaliste : Pourquoi avez-vous choisi la France pour vos études ?
Tamara : Parce qu'il y a un programme d'échanges avec mon université, et aussi pour apprendre la langue.
Journaliste : Quelles démarches avez-vous effectuées pour venir étudier en France et combien de temps allez-vous rester ?
Tamara : J'ai rempli un dossier, c'est comme pour Erasmus, mais ce n'est pas le même nom. Je vais rester deux semestres. Je pense que je ne resterai pas plus longtemps, car c'est une culture très différente et la vie est difficile pour une personne étrangère.
Journaliste : Pourquoi ?
Tamara : Parce que la vie de tous les jours est difficile, et c'est dur sans la famille, sans les amis. Mais on communique par Internet et au téléphone. Et puis, j'irai les voir à Noël. Sinon, la culture est très différente et c'est très difficile de comprendre les Français. La langue française est « plate », il n'y a pas assez de variations, comme en anglais par exemple.
Journaliste : Et votre vie étudiante, comment ça se passe ?
Tamara : Ça se passe bien. Mais je trouve que la vie des étudiants n'est pas très organisée, les classes sont surchargées. En Ukraine, les groupes sont plus petits. Et puis les étudiants parlent peu et pour moi c'est étrange. Mais les professeurs sont très gentils. En fait, je pense qu'au niveau de la communication avec les autres étudiants, c'est une question de culture.
Journaliste : C'est-à-dire ?
Tamara : Et bien, pendant les soirées, les étudiants français parlent beaucoup d'art, de cinéma... mais pas de choses « intimes ». Par exemple, je pense que dans votre société, si des personnes ont des problèmes, c'est juste leur problème.
Journaliste : Est-ce que, globalement, cette expérience vous plaît ?
Tamara : C'est intéressant de rencontrer des personnes d'autres pays, mais aussi de découvrir l'architecture de la ville même si c'est un peu difficile de parler avec les Français. J'apprécie aussi de parler à l'université avec les Anglais et les Américains, et avec les professeurs.
Journaliste : Arrivez-vous à bien communiquer avec les Français ?
Tamara : En France, les gens sont seuls, il y a beaucoup de solitude. Et pour moi, c'est un peu difficile. Chez nous, il y a plus d'échanges.
Journaliste : Diriez-vous que les Français sont individualistes ?
Tamara : Oui, très individualistes !
Journaliste : Est-ce que c'est néanmoins pour vous une expérience positive d'être venue étudier en France ?
Tamara : Oui, c'est très positif parce que c'est une expérience de vie et puis, j'apprends la langue et je découvre plein de choses.
Journaliste : Que diriez-vous à un jeune qui aurait envie de partir étudier à l'étranger, comme vous ?
Tamara : Pour un Ukrainien, je lui conseillerais de bien apprendre le français avant de venir.
Journaliste : Pourquoi ?
Tamara : Parce que je trouve que le Français est très snob !
Journaliste : Notre entretien est presque fini, est-ce que vous souhaitez rajouter quelque chose ?
Tamara : Hier, avant de venir faire l'interview, j'ai discuté avec mes amis des stéréotypes sur les Français. Dans le monde, on dit que les hommes français sont très très galants... Mais ce n'est pas vrai. Par exemple, en Ukraine, la femme marche toujours devant.
Journaliste : Et pas en France ?
Tamara : Non. Et dans le bus, je l'ai constaté. Les hommes ne se lèvent pas pour laisser leur place à une femme. Et à l'université, les étudiants ne sont pas galants...
Journaliste : Et bien ce sera le mot de la fin... ! Merci Tamara. Et bonne continuation dans vos études.
Tamara : Merci.

15 Page 35, Travailler pour étudier

Journaliste : *Le Plus* de France Info consacré ce matin aux étudiants salariés. De plus en plus nombreux, ces jeunes obligés de travailler pour payer leurs études et du coup, les universités tentent de s'adapter. La Sorbonne, à Paris, pourrait ainsi supprimer prochainement les cours le samedi pour permettre aux étudiants d'aller tout simplement à leur travail.
Philippe Poulenard, bonjour.
Philippe Poulenard : Bonjour.
Journaliste : Alors cet exemple n'est qu'un seul exemple, mais cet exemple montre bien qu'il y a un vrai phénomène de société.
P. P. : Oui et il suffit de se poster devant une université pour comprendre ce phénomène. Exemple avec Antoine ; il est en Master Aménagement et Urbanisme à la Sorbonne et au fil des ans, et bien la nécessité de travailler s'est imposée à lui.
Antoine : Quand j'ai commencé mes études, je travaillais pendant les vacances, donc les petites et les grandes. Et depuis que je suis arrivé à Paris, c'est devenu nécessaire de travailler la semaine et les vacances. Je suis hôte de caisse dans un grand hypermarché et donc ça me prend huit heures tous les samedis. Là, ça va être la période de Noël, donc ça va être la période où on a besoin des gens, mais ça va aussi être la période des partiels. Donc bon, entre des semaines à 35 heures dans notre job étudiant et des semaines où en même temps il faut qu'on rajoute nos heures de nos boulots ; là oui, ça peut devenir embêtant.
P. P. : Embêtant voir carrément impossible à gérer car quand le travail grignote le temps d'études, et bien cela peut mener à la catastrophe. C'est ce qu'a vécu Ken. Cet étudiant en Master à l'École des Hautes Études en Sciences sociales, a connu l'engrenage tant redouté.
Ken : J'étais agent de comptoir dans une agence de voyages. Au début, c'était un emploi à temps partiel, donc je travaillais vingt heures par semaine. Au fur et à mesure que mon travail avançait, je suis allé de moins en moins en cours et ça m'a fait complètement décrocher. En fait, le fait de travailler autant de temps par nécessité financière, ça m'a complètement fait rater mes études. Ça peut se faire tant que ça reste dans des horaires très modérés et de manière très ponctuelle. Mais par contre, si on rentre tout de suite dans des emplois qui demandent un investissement horaire aussi important et surtout une aussi grande régularité au

niveau des temps de travail, là, ça devient tout de suite la mission impossible.
P. P. : Et d'ailleurs dans ce domaine, les chiffres sont éloquents. On estime qu'un étudiant qui travaille plus de 16 heures par semaine augmente son risque d'échec de 30 à 40 %.
JOURNALISTE : Et pourtant Philippe, ils sont chaque année plus nombreux à travailler ces étudiants.
P. P. : Oui, c'est ce qui ressort en tout cas de la dernière étude de l'OVE, l'Observatoire de la Vie Étudiante, publiée cet été. Cette étude montre que désormais en prenant toutes les filières y compris les IUT, les écoles de commerce, un étudiant sur deux travaille durant l'année. Ils étaient 40 % il y a quinze ans. Dans les universités dites classiques, cette proportion monte même à 70 %. Alors, leur principale motivation : payer les études pour 43 % et même tout simplement, réussir à vivre pour 40 % d'entre eux.

Dossier 2

16 Page 44, Êtes-vous fait pour le télétravail ?

Jean-Pierre GIRARD : Télétravail maintenant. Je ne sais pas moi, peut-être que vous en rêvez du télétravail, que vous rêvez de pouvoir travailler chez vous, en pantoufles, en pyjama. Vous évitez la congestion routière matinale ou ce qui ressemble à ça, ici dans la région ou ailleurs. Même travailler dans une autre région que celle de votre employeur, bref, ça ouvre énormément de possibilités. Le télétravail, est-ce que c'est une solution intéressante, appelée à se développer ? Pour en parler cet après-midi, notre invité est l'auteur et conférencier Stéphane Simard qui s'est penché sur cette question.
Stéphane Simard, bonjour !
Stéphane SIMARD : Bonjour monsieur Girard !
J.-P. G. : Oui, vous êtes auteur, je le disais, on vous connaît parce que vous avez écrit des livres, entre autres « Génération Y, attirer, motiver et conserver les jeunes talents ». Vous avez écrit aussi « Les patrons sont-ils tous des menteurs ? Ou comment redonner le sens au travail pour générer davantage d'engagement ». Bref vous œuvrez dans ces camps et là vous vous êtes intéressé au télétravail.
Stéphane SIMARD : Oui.
J.-P. G. : Ce sont les employés qui le proposent, qui le demandent ? Qui se disent « ce serait une bonne idée pour moi » ou c'est les patrons qui veulent l'imposer ?
S. S. : Enfin, il y a des avantages pour les deux parties mais souvent ça vient de l'employé parce que pour un gestionnaire, c'est pas toujours évident, si tu n'as pas été formé à ça de gérer à distance des employés. On pourrait s'imaginer qu'ils sont allongés dans leur hamac et pas en train de travailler, donc...
J.-P. G. : Oui, ça fait un changement important évidemment. Donc... mais l'employé, lui, il peut y voir plusieurs avantages j'imagine. Les avantages quels sont-ils ? On perd moins de temps sur les routes, entre autres, ça va plus rapidement peut-être. Je ne sais trop, comment voyez-vous ça, ces avantages-là ?
S. S. : Premièrement, il y a une conciliation travail et vie personnelle qui est très intéressante parce qu'à ce moment-là on a un peu plus le contrôle de notre horaire. Donc l'important, c'est d'être concentré sur les résultats, mais on sait qu'on peut gérer un peu notre temps à notre façon et effectivement, c'est moins coûteux au niveau du déplacement. On pourrait, par exemple, se limiter à avoir seulement qu'un véhicule au lieu de deux, et ce genre de choses là. Des temps d'attente de même dans les congestions. Et puis il y a un avantage aussi en région, c'est effectivement de pouvoir travailler, peut-être, pour des organisations qui sont pas en région, donc limiter un peu l'exode peut-être de nos talents.
J.-P. G. : Oui, effectivement.

17 Page 45, Exercice 4 – Intonation

1 J'adore ce que je fais ! Je m'épanouis complètement dans mon boulot.
2 Le marché du travail est trop compétitif, j'ai du mal à supporter la pression.
3 Mon poste est intéressant, mais je suis vraiment trop mal payé.
4 Je m'entends très bien avec mes nouveaux collègues.
5 J'aimerais tellement avoir une promotion.
6 On fait trop d'heures supplémentaires en ce moment !
7 Il faudrait vraiment qu'on m'offre un job de rêve pour que je quitte celui-ci !
8 Être indépendante, c'est mon truc. Je suis mon propre chef.

unité 3 Faites passer le message !

Dossier 1

18 Pages 50-51, Médias et diversité

Édouard ZAMBO : Bonjour et bienvenue dans *Microscopie*. C'est donc à ce sujet tabou de la représentation et de la présence dans les médias de ceux que l'on a baptisés les minorités visibles que nous allons consacrer cette émission. Est-ce aujourd'hui encore briser un tabou que de mettre un Noir à la télévision, comme le dit Amirouche Laïdi, le président du club Averroes ? Un club, une association qui fait justement la promotion de la diversité dans les médias.
Amirouche LAÏDI : On parle beaucoup de télévision et de diversité parce que la télévision occupe l'essentiel du temps des téléspectateurs, enfin des Français. Mais cet enjeu, en fait, nous on le travaille aussi bien sur les supports de presse écrite, de radio, de web. On travaille aussi sur trois axes majeurs : bien évidemment l'antenne, donc la visibilité à l'antenne, l'emploi et également le contenu, le contenu éditorial. Parce qu'il suffit pas de mettre un Asiatique, ou un Arabe à l'antenne s'il est formaté et conditionné comme tout le monde, il répétera les mêmes clichés. Donc c'est pas uniquement une histoire de couleur de peau, c'est aussi une histoire de contenu éditorial. Et c'est pour ça que d'ailleurs que la diversité, elle concerne tout le monde, les Blancs, les Noirs, les Arabes, voilà. Et que le contenu il est primordial par rapport à l'antenne. Mais c'est vrai qu'on en parle énormément sur la télévision et puis on en parle énormément sur les représentations des minorités visibles. On en parle un peu moins sur toute forme de diversité, notamment le handicap, la catégorie socio-professionnelle, et puis le genre sexuel. Le critère social est le premier critère.

19 Page 52, Exercice 3 - Intonation

1 Laissez-moi terminer, s'il vous plaît !
2 Nous allons maintenant passer à la page sport.
3 Les Normands ont de la chance, il va faire très beau demain !

4 Pensez-vous que le gouvernement ait pris la bonne décision ?
5 Je ne suis pas du tout de votre avis !
6 L'accident a fait 5 blessés dont un grave.
7 Etoo se dirige vers les cages... Il se démarque... Il y va... Oui... But !
8 Alors Jean-Pierre, comment va la bourse aujourd'hui ?
9 Le grand gagnant est Pierre Bernard !
10 Malheureusement, Gaël Monfils perd en demi-finale. C'est dommage !

20 Page 56, À quoi ressemblera la télévision de demain ?

Journaliste : Bonjour Philippe Bailly !
Philippe Bailly : Bonjour !
Journaliste : Directeur de NPA Conseil, un cabinet d'études audiovisuelles. Alors le numérique, c'est fait, le tout numérique, et maintenant, la prochaine étape c'est quoi ? Quelle sera la télé de demain ?
P. B. : On a eu d'abord le numérique, on a eu ensuite la haute définition et l'étape pour demain c'est carrément la télévision en 3D. Ça sera à grande échelle plutôt sans doute aux alentours de 2013-2014.
Journaliste : Ah oui, c'est très très proche quand même.
P. B. : Absolument. Deuxième aspect, c'est de plus en plus de programmes. On avait déjà 20 chaînes en TNT. Et puis, au-delà de la TNT, c'est l'accès à toutes les bibliothèques de programmes sur Internet, et Dieu sait qu'il en manque pas, que ce soit de la vidéo à la demande souvent payante, de la télévision de rattrapage, généralement gratuite, ou de toute autre sorte de programmes qu'on poste sur le réseau. Donc plus de qualité, plus de programmes et puis la télévision qu'on consomme où on veut et sur tous ces écrans, l'écran de la télé bien sûr mais celui de l'ordinateur, celui de la tablette, celui du smartphone, ça veut dire une télévision qu'on emporte avec soi et qu'on consomme au moment où on le veut à travers tous ces services à la demande. Les Américains ont inventé pour ça un mot, ça s'appelle ATAWAD : *any time, any where, any device*, ça veut dire, n'importe quand, n'importe où et sur n'importe quel objet.
Journaliste : Vous avez parlé tout à l'heure de la vidéo à la demande, il y a aussi la télévision de rattrapage, où finalement on peut regarder les programmes qu'on a loupés la veille ou l'avant-veille. Est-ce que finalement, c'est pas tout simplement la place du téléspectateur qui est en train de changer où on va utiliser la télévision en self-service.
P. B. : Absolument oui, le téléspectateur, il est de plus en plus autonome dans ses choix et en même temps il a de plus en plus besoin d'être guidé et accompagné parce qu'on voit bien qu'allumer la télévision c'est une chose, savoir ce qu'on va y trouver, c'est encore autre chose.

Dossier 2

21 Pages 58-59, Nouvelles technologies anxiogènes

Journaliste : La communication partout et de tout temps a créé chez certaines personnes une cyberdépendance, voire une cyberaddiction. On peut s'en rendre compte par exemple quand on panique à l'idée de ne pas avoir son téléphone portable sur soi, et qu'on fait demi-tour pour aller le rechercher. Les chercheurs de l'université de Cambridge ont étudié 1 300 Britanniques et sont arrivés à la conclusion que le sentiment de stress causé par les nouvelles technologies pouvait entraîner une insatisfaction générale. Pour lutter contre le stress technologique, il faut impérativement prendre le contrôle. Laissez par exemple vos appareils éteints sur de courtes périodes. Laissez votre téléphone portable ou petit ordinateur personnel chez vous au moins une fois par semaine. Établissez une liste des comportements à éviter. Par exemple : ne pas ouvrir ma boîte mail avant 10 heures de façon à poser des limites. Bref, apprenez à vous modérer. Essayez de noter le nombre de fois où vous allez sur les réseaux sociaux et vous prendrez assez vite conscience d'un éventuel problème d'addiction et tenterez alors de ne pas devenir esclave de vos outils. Car c'est là, la morale de cette histoire. Un ordinateur, ou la connexion à un réseau, doit être vu comme un instrument, un service qui ne doit pas vous empêcher de parler en direct, sans écran interposé à vos amis, à votre famille, et même à votre voisin de palier. Mais au fait, comment s'appelait-il déjà ?

22 Page 62, Les jeunes et les réseaux sociaux

Karine Duchochois : Aujourd'hui, nous allons parler des jeunes et des réseaux sociaux. Alors que font les jeunes sur ces réseaux sociaux ? Quelle place ont pris ces réseaux dans leur vie et celle de leur famille ? La CNIL a réalisé, en collaboration avec l'UNAF et Action Innocence, une étude sur l'usage des réseaux sociaux chez les jeunes pour répondre à ces questions. Et aujourd'hui nous sommes avec Isabelle Falque-Pierrotin qui est la nouvelle présidente de la CNIL. Bonjour !
Isabelle Falque-Pierrotin : Bonjour !
K. D. : Alors pourquoi avoir réalisé une étude sur les jeunes et les réseaux sociaux ?
I. F.-P. : Notre objectif était de mieux comprendre les pratiques de ces jeunes sur les réseaux sociaux et puis aussi de conseiller les parents qui peuvent parfois se sentir un peu mal à l'aise ou inexpérimentés par rapport à ces nouveaux types d'usages. Les résultats montrent que les jeunes, et même les très jeunes, sont largement connectés aux réseaux sociaux. 48 % des enfants de 8-17 ans sont connectés à Facebook et près de 20 % des moins de 13 ans y ont leur propre compte avec l'accord des parents dans 97 % des cas. Et en fait, ce qui est intéressant et ce que l'on constate, c'est que les jeunes se connectent souvent seuls.
K. D. : Que constate-t-on par rapport au comportement des jeunes sur les réseaux sociaux ?
I. F.-P. : Alors, en matière de protection de la vie privée, la situation nous a paru, en fait, assez contrastée. Ils sont 92 % d'entre eux à utiliser leur vraie identité et à livrer leurs informations personnelles sur Facebook, donc ils ont une forme d'ingénuité par rapport aux réseaux sociaux. Mais en même temps, 71 % d'entre eux semblent maîtriser les paramètres de confidentialité et semblent conscients, du moins ils le disent, des risques pour la vie privée. Et ce qui est intéressant aussi, c'est qu'ils ont en moyenne 210 amis et 30 % d'entre eux ont déjà accepté comme ami quelqu'un qu'ils n'ont jamais rencontré. Ce qui est quand même un petit peu curieux parce qu'on se demande, alors là vraiment, si c'est un ami.
K. D. : Oui, c'est vrai que ça peut être risqué aussi.

23 Page 63, Exercice 2 – Intonation

1 Allô ? T'es où ?
2 Je te rappelle, je ne peux pas te parler là maintenant.
3 Hé ! Josiane, quelle bonne surprise ! Comment vas-tu ?
4 Tu rentres à la maison tout de suite !
5 Allô, passez-moi monsieur Lehéron, s'il vous plaît.
6 Bon, je te laisse, à demain.
7 Comment ça tu vas être en retard ?
8 Ne t'inquiète pas ! Je t'envoie un SMS quand je suis à la gare.
9 Ça fait une heure que j'essaie de te joindre !

unité 4 Entre nous…

Dossier 1

24 Page 70, Exercice 4 - Intonation

1 – Tu viendras à mon mariage ?
– Avec grand plaisir !
2 – Tu iras à la fête de Julie samedi soir ?
– Désolée, je suis déjà prise.
3 – Tu viens manger au resto avec nous ?
– Impossible ! Je fais le Ramadan.
4 – On ira chez mes parents à Noël ?
– On pourrait plutôt aller chez les miens, non ?
5 – Tu peux passer me voir ?
– Bien sûr, j'arrive tout de suite.
6 – Tu veux m'épouser ?
– Je préférerais qu'on en reparle demain.
7 – Papa, tu m'offriras des chocolats à Pâques ?
– Seulement si tu es sage.
8 – C'est l'enterrement de Jules demain. Tu seras là ?
– Je regrette, mais je suis bloqué à Grenoble par la neige.

25 Page 74, Les sœurs modèles

Philippe Vallet : Yvonne et Christine Rouart, qui ont été au cœur de la vie impressionniste, demeurent méconnues. Pourtant, elles figurent sur le célèbre tableau de Renoir des deux jeunes filles au piano. Dans son nouveau livre, la biographe et romancière Dominique Bona raconte leurs destins brisés dans un univers où elles avaient tout pour être heureuses. Une fresque exceptionnelle sur un monde englouti par la Première Guerre mondiale. Dominique Bona.
Dominique Bona : Ces deux sœurs, Yvonne et Christine Rouart, j'ai eu envie d'écrire leur vie et de tracer leur portrait parce qu'elles ont été les intimes de Degas, de Renoir, de Debussy, de Gide, de Valéry, de Mallarmé. C'est comme une ronde autour d'elles dont elles sont le cœur.
P. V. : Pourquoi les artistes aimaient-ils Yvonne et Christine Rouart ?
D. B. : D'abord, ils aimaient venir chez leur père Henri Lerolle qui était un peintre très connu en son temps – aujourd'hui évidemment bien oublié – et ce peintre était l'ami de tous les Impressionnistes, qui étaient des gens chaleureux, des bons vivants ; ils venaient dîner, ils passaient même les vacances avec elles.
P. V. : Quel était le caractère de ces deux sœurs ? Elles étaient avenantes, j'imagine ?
D. B. : L'aînée, Yvonne, qui a vingt ans lorsque Renoir la peint est une musicienne accomplie. C'est la plus sensible, la plus rêveuse. D'ailleurs Renoir, comme Maurice Denis, la peint en blanc ou alors en couleur bleutée, c'est la couleur du rêve alors que Christine est beaucoup plus sensuelle, elle a les pieds sur terre, elle est ironique, elle est intrépide. Mais il y a une très grande complicité entre les deux sœurs et une complicité qui va durer toute leur vie jusqu'à la fin, qui est un peu tragique, malheureusement pour elles.
P. V. : Quel va être la vie de ces deux femmes ?
D. B. : Ces deux femmes vivent dans un cocon. Le cocon de la vie bourgeoise de l'époque qui protège les jeunes filles. Mais un cocon doré qui sera souvent pour elles une prison. Car comme des jeunes filles de bonne famille, elles ne peuvent pas développer les dons artistiques qui sont les leurs. Elles sont vouées à cette vie familiale d'épouse et de mère. Et malheureusement ce foyer ne les a pas rendues heureuses. C'est Degas qui avait voulu les marier aux frères Rouart et c'est de leur mariage que va venir leur malheur.

Dossier 2

26 Pages 76-77, Qui vit seul et qui vit en couple ?

Audrey Pulvar : Une étude de l'INSEE publiée mardi montre que le nombre de célibataires a explosé en France depuis 20 ans et particulièrement en Île-de-France, d'ailleurs. Alors, qui vit seul et qui vit en couple ? Réponse de Laëtitia Saavedra.
Laëtitia Saavedra : Trois millions de célibataires de plus en 2008 qu'en 1990, c'est beaucoup ! Cette hausse concerne en priorité les hommes de 30 à 59 ans et parmi ceux qui travaillent, ce sont les employés et les ouvriers les plus touchés.
Les femmes représentent, quant à elles, les deux tiers des célibataires. Les plus isolées sont les cadres, les ouvrières et les commerçantes.
Pour ce qui est de la répartition géographique, Paris confirme sa position de capitale de la solitude avec 27 % de sa population seule, c'est deux fois plus que dans le reste de la France.
Selon l'INSEE, cela s'explique par le fait que le parc de logements est très souvent constitué de studios et que les étudiants et les nouveaux arrivés en France se concentrent à Paris.
Enfin, les 30-59 ans sont surtout présents en Île-de-France, en Bretagne et dans le Midi. Et pour les plus de 60 ans, non ce n'est pas la Côte d'Azur, mais le Nord-Pas-de-Calais qui arrive en tête !

27 Page 79, Exercice 5 - Intonation

1 Quoi ! Je ne peux pas croire que tu vas te marier avec cet imbécile !
2 Je suis absolument certaine qu'il m'aime.
3 Il veut l'héritage, sans aucun doute !
4 Il est évident que Bernard sera un bon mari. Il est si attentif.
5 La Fête des voisins sera sans doute organisée dans notre quartier.
6 Il est possible que je sois en retard ce soir.
7 L'amitié est plus forte que tout. Naturellement !
8 Je me demande si elle veut vivre avec moi…

28 Page 80, Parlez-moi d'amour

Journaliste : Amélie, est-ce que vous vous souvenez de la première fois où vous avez vu Peter ?

Amélie : C'était il y a dix ans. Je me promenais au marché aux puces de Lille. C'était un dimanche matin, je me renseignais sur le prix d'une table basse et je croise le regard de quelqu'un que cette table intéresse aussi. Cet homme s'approche de moi, me dit poliment qu'il aime beaucoup les meubles anciens avec un fort accent. Tout de suite, je m'aperçois qu'il est étranger. Et donc je lui de demande de quelle nationalité, il me répond « écossais ». Et je lui dis que ça serait beaucoup plus facile pour moi de parler en anglais puisque j'ai vécu cinq ans à Londres et que je maîtrise parfaitement cette langue, bien sûr. Donc voilà, nous échangeons quelques mots. Il est extrêmement poli, extrêmement séduisant et donc il me demande ce que je fais là ce matin. Je lui explique que je viens de déménager à Lille et que je recherche des meubles pour mon appartement, et il me demande s'il peut m'accompagner. Et bien sûr, je lui réponds « volontiers oui » puisqu'il est tout à fait aimable et charmant. Et là, une drôle de magie commence à opérer. Plus je lui parle, plus j'ai l'impression d'avoir rencontré l'âme sœur. C'est comme une apparition. Plus tard je le présenterai à tous mes amis et chacun n'aura pas de mot pour qualifier ce bel inconnu.
Journaliste : Il était comment physiquement ?
Amélie : Alors physiquement, c'est un très très bel homme d'un mètre quatre-vingt-douze. Il a des yeux magnifiques, couleur noisette. Et quand je plonge dans son regard, je vois son âme, c'est irréel quoi. J'ai l'impression que je parle à quelqu'un que je connais depuis toujours. C'est une étrange sensation que j'ai jamais connue de ma vie.

29 Page 81, Exercice 6 - Intonation

1 J'ai la grande joie de vous annoncer notre futur mariage.
2 Allô Véro, j'ai pas le moral. Aziz m'a quittée.
3 Quel plaisir de faire la connaissance de votre fiancée !
4 Je suis enfin sortie avec Philippe. Je suis trop contente !
5 C'est mon quatrième divorce. Je suis complètement démoralisé.
6 Je me sens triste quand Pierre regarde les autres filles.
7 C'est fantastique, Daniel et Dominique vont se pacser !
8 Quel bonheur de vivre le grand amour.
9 Tous ces amoureux qui s'embrassent, ça me déprime !

unité 5 À l'horizon

Dossier 1

30 Page 88, Exercice 4 - Intonation

1 Je n'ai pas pu fermer l'œil de la nuit !
2 Chéri, je ne sais pas où on va dormir, ils n'ont plus de place !
3 Oh merci ! Vous êtes le premier réceptionniste qui accepte de nous héberger !
4 Je pensais que pour ce prix-là le petit-déjeuner était inclus !
5 Mmh, j'ai bien dormi !
6 Ah, fantastique, je pourrais me relaxer dans le jacuzzi !

31 Page 89, Destination Ajaccio

Michèle : On doit partir en Corse pour une semaine avec un groupe, mais nous avons une journée de libre à Ajaccio.
Jean-Sébastien Petitdemange : D'accord.
Jade : Vous voulez vous occuper.
Michèle : Voilà.
Jade : Vous vous êtes dit : « Tiens, je vais appeler Jean-Sébastien ».
J.-S. P. : Et vous êtes logés à Ajaccio ?
Michèle : Non, nous sommes logés à Portigliolo.
J.-S. P. : D'accord, donc c'est dans le golfe de... d'Ajaccio. Les dieux de la Méditerranée c'est clair auraient pu s'installer en villégiature en Corse ; vous connaissez déjà, Michèle, ou pas du tout ?
Michèle : Pas du tout.
Jade : Oh.
Michèle : C'est la première fois.
J.-S. P. : Vous allez découvrir une île qui est un mélange de rocailles, de volupté, d'austérité, de parfums d'îles lointaines accrochées à la montagne, isolées dans le maquis, il y a des maisons de pierres, des maisons d'ardoise qui abritent des secrets de famille et des souvenirs de vendetta, c'est ça le charme de la Corse.
Jade : C'est un peu ça, c'est vrai, comme vous le dites bien. Et puis les plages bien sûr y sont paradisiaques, il y a des criques ultra-secrètes. Michèle va dans quel coin ?
J.-S. P. : En fait, c'est au sud d'Ajaccio, c'est dans le golfe d'Ajaccio, c'est donc dans le bas de l'île, en Corse du sud et Portigliolo c'est... c'est un endroit qui est juste à côté de Coti-Chiavari qui est un village qui offre une vue incroyable sur ce golfe d'Ajaccio. Alors les plages dans ce coin sont super-chouettes, j'espère qu'il recommencera à faire plus chaud en avril que vous puissiez en profiter.
Michèle : C'est la dernière semaine.
J.-S. P. : Oh ça devrait aller.
Jade : Oh ça va alors.
J.-S. P. : Vous allez pouvoir vous régaler sur les plages.
Jade : Alors des petites balades quand même, à Ajaccio, par exemple.
J.-S. P. : Absolument.
Jade : Qu'est-ce qu'elle peut faire ?
J.-S. P. : Vous allez découvrir, Michèle, une ville plutôt agréable avec des vieilles rues aux maisons colorées, il y a la vieille ville, il y a le marché, il y a la partie un peu plus moderne pas toujours géniale et bien sûr l'ombre tutélaire de Napoléon, l'enfant du pays. Il faut visiter d'ailleurs la maison Bonaparte, ça c'est obligé, où la famille vécut à partir de la fin du XVIIe, il ne reste rien du décor original, Napoléon III a tout refait. Alors dans le registre des napoléonitudes, il faut voir la statue de l'Empereur, place d'Austerlitz, monument totalement colossal où l'on peut lire les trente-trois victoires du stratège ; vous pourrez finir en visitant le salon Napoléon à l'hôtel de ville on y voit des portraits ainsi que l'acte de naissance de Napoléon et son masque mortuaire.

32 Page 92, Voyager utile

Olivia : Bonjour Philippe Duport.
Philippe Duport : Bonjour Olivia.
Olivia : On parle vacances dans votre chronique « C'est mon boulot » aujourd'hui mais de vacances un peu particulières puisqu'il s'agit de congés solidaires pour réaliser un projet humanitaire, souvent à l'autre bout du monde.
P. D. : Oui et de plus en plus d'entreprises aident leurs salariés à partir pour ces congés solidaires, alors, le congé solidaire ça consiste à partir loin, très loin souvent, pour donner un coup de main à des gens qui en ont besoin, Dany Saka a 27 ans, il est consultant chez Bearing Point, une grosse société de conseil, et c'est la deuxième fois qu'il part en congés solidaires.

Dany Saka : Je suis parti au sud-est de l'Inde, dans un petit village qui s'appelle Marakkanam, à mi-chemin entre Pondichéry et Chennai qui sont les deux grandes villes du sud-est de l'Inde, pour donner des cours d'initiation à la bureautique à des jeunes Indiens de la classe des Intouchables, qui est la classe la plus... la plus inférieure en Inde. Au quotidien, je leur apprenais à manipuler des outils comme Word, Excel ou Internet qui sont méconnus dans ce petit village d'Inde.

P. D. : Alors les deux semaines que Dany a passées en Inde ce n'était pas vraiment des vacances, six jours sur sept il a enseigné la bureautique aux villageois, il ne lui restait que le dimanche pour faire un peu de tourisme mais ce qu'il a vécu là-bas il n'est pas prêt de l'oublier.

D. S. : Ce qui était fantastique c'est que j'étais logé chez l'habitant, le responsable de l'association locale, ce qui m'a permis moi de me rapprocher un peu plus de cette culture indienne et d'être en contact avec ces gens-là, de pouvoir manger à leur table et d'être reçu justement dans leur habitation.

P. D. : Des congés à la dur donc mais grâce au partenariat entre son entreprise et Planète Urgence, Dany Saka n'a presque rien eu à payer de sa poche.

D. S. : Alors à ma charge j'ai eu à payer les frais de visa et les frais de vaccins mais tout ce qui est coût de déplacements et coût de la vie sur place sont entièrement pris en charge par l'entreprise qui justement rentre dans le cadre du partenariat entre mon entreprise Bearing Point et l'association Planète Urgence.

Olivia : Philippe, ces congés solidaires c'est une formule qui existe depuis 10 ans ?

P. D. : 10 ans maintenant, ce qui a permis à 6 000 volontaires de partir en mission à travers le monde.

Dossier 2

33 Page 97, Production écrite

1 *Un bébé qui pleure.*
2 *Le cri d'un adulte.*
3 *Le bruit d'une alarme (de train).*
4 *Le bruit de gens qui courent.*
5 *Un miaulement.*

34 Page 98, Humour aérien

Journaliste : Depuis son décollage en 2001, le transporteur sud-africain fait souffler un vent de fraîcheur dans l'espace aérien du pays et de l'avis de ceux qui ont pu voyager à bord de ses avions verts, les annonces fantaisistes de ses équipages sont devenues la marque de fabrique de cette compagnie à bas coût. Dans le florilège des annonces censées dérider les passagers, on retiendra d'abord celle-ci : « Mesdames, Messieurs, bienvenus au Cap, vous pourrez quitter l'appareil dans quelques instants sauf le beau mec du siège 13A qui est invité à rester. » Cette annonce d'une hôtesse après un atterrissage, a permis à tous les passagers curieux de constater qu'il n'y a pas de rang 13 dans les avions de Kulula. Dans le même registre, on retiendra enfin celle-ci : « La compagnie Kulula est heureuse de vous annoncer que nous employons les meilleures hôtesses et stewards du secteur, malheureusement, aucun d'entre eux n'est à bord de ce vol. » Objectif de cette politique commerciale décalée, s'imposer sur un marché très difficile, pour ce transporteur qui assure avoir commencé son activité avec un petit budget.

Pour réussir dans cet environnement très concurrentiel, Kulula ne pouvait effectivement pas miser uniquement sur le prix des billets, d'autant que South African, la grande compagnie sud-africaine, avait déjà réduit ses tarifs sur le marché intérieur pour justement écarter d'éventuels concurrents, en particulier les compagnies à bas coût. Pour les fondateurs de Kulula, il fallait donc innover pour se faire une place sur ce marché et selon la responsable marketing de la compagnie, l'idée de départ était de faire simple pour attirer un nouveau public avec un slogan « Maintenant tout le monde peut voler », mais aussi un nom « Kulula » qui en zoulou signifie « c'est facile ». Il fallait aussi rompre avec le rituel classique des voyages en avion en pariant sur l'humour pour une atmosphère plus détendue capable de faire oublier les services payants à bord.
Pari réussi, puisqu'en dix ans, Kulula est devenue la deuxième compagnie sud-africaine, elle revendique 20 % du marché intérieur avec plus de deux millions de passagers transportés l'an dernier, mais selon le directeur général de l'agence de publicité Yellow Hood, Kulula doit, elle aussi, faire face à la hausse des prix du carburant et des taxes aéroportuaires, au moment où Comair, sa maison mère, vient de publier les premières pertes de son histoire. Dans ces conditions, il lui sera difficile de garder le sens de l'humour.

35 Page 99, Exercice 6 - Intonation

1 Ah zut alors ! J'ai raté mon train !
2 Orly ? Mais on s'est trompé de direction ! C'est à Roissy qu'on va !
3 Nous entrerons en gare avec une avance de 20 minutes.
4 Un supplément de bagages de 5 kg... Je ferme les yeux pour cette fois, vous avez de la chance.
5 Monsieur, votre passeport est périmé, impossible de passer.
6 Bon anniversaire madame, la compagnie vous offre une coupe de champagne pour l'occasion !

unité 6 Du nécessaire au superflu

Dossier 1

36 Pages 104-105, Le conso'battant

Fabienne Chauvière : Un nouvel acteur qui cherche à consommer mieux a émergé avec la crise : le conso'battant. Trois scientifiques, spécialistes du marketing, viennent de réaliser une vaste étude sur les changements de comportement des consommateurs français. Il ressort de cette enquête que la grande distribution ne correspond plus aux attentes du conso'battant. Elle n'est plus considérée comme l'ultime rempart contre la vie chère. Le conso'battant fréquente sans honte les magasins de discount. 15 % de nos achats alimentaires y sont effectués. Le conso'battant diffère souvent ses achats, attend les soldes, le déstockage. Il est obsédé par les prix, connaît bien les tactiques des marques, est très attentif à ce qu'on lui raconte. Il est éduqué et lucide. Philippe Jourdon, un des auteurs de l'enquête.

Philippe Jourdon : C'est pas un consommateur qui condamne les marques, mais qui demande plus de transparence, de s'inscrire également dans la durée, c'est-à-dire de n'être pas là avec une innovation opportuniste, des changements de prix fréquents.

F. C. : Le conso'battant achète plus local.

P. J. : C'est probablement face à une distribution de type hypermarché qui ne correspond plus tout à fait à ses attentes ou à son style de vie. Le consommateur a une double réaction. La première, c'est qu'il s'est mis à comparer les prix et qu'il s'est aperçu que les hypermarchés n'étaient pas nécessairement les moins chers. Il a également porté un regard beaucoup plus critique sur les fausses promotions. Il est parfois assez surprenant de voir, par exemple, qu'un paquet familial ou qu'un regroupement de produits en lot vous coûte plus cher que l'achat à l'unité ou l'achat dans un conditionnement plus classique. Et à cela, le consommateur réagit. Il achète plus local, il fréquente son épicerie de quartier, les circuits courts...

F. C. : Est-ce qu'il y a une véritable volonté de consommer éthique ?

P. J. : Les thèmes de l'éthique, les thèmes de la consommation durable, la préoccupation sur le recyclage... On sent que ces thèmes ont de plus en plus de résonance chez le consommateur. Pour autant, il y a toujours l'argument du prix. Lorsque le produit éthique, le produit bio, le produit durable est vendu plus cher, il y a toujours une résistance du consommateur à payer plus cher.

37 Page 106, Exercice 3 - Intonation

1 Je suis désolé, mais nous ne pouvons appliquer de réduction sur ce produit.

2 Je voudrais être livrée à la maison, c'est possible ?

3 Bien monsieur, je commande ce livre, vous pourrez venir le chercher la semaine prochaine.

4 Pardon madame, mais j'étais avant vous dans la queue.

5 Mesdames et messieurs profitez de notre offre spéciale qui n'est valable qu'aujourd'hui !

6 Excusez-moi monsieur, où se trouve le rayon des confiseries ?

7 Voilà votre ticket de caisse, ne le perdez pas si vous voulez échanger vos articles.

8 Si vous le désirez, vous pouvez régler le lave-linge en trois fois sans frais.

9 Est-ce que vous auriez le même en 42 ?

Dossier 2

38 Pages 112-113, Le géocaching

Christophe de Neuville : Le géocaching est un jeu mondial qui débute sa carrière aux États-Unis. C'est un loisir qui consiste à utiliser la technique du géopositionnement par satellite pour rechercher ou dissimuler une cache.

Jean-Michel : Tout a débuté le 1er mai 2000, puisque le président, Bill Clinton, à ce moment-là, a levé la disponibilité sélective sur les signaux GPS, donc la précision du GPS est passée de 100 mètres à 10 mètres environ. Et ça a donné l'idée, donc, aux premiers géocacheurs de publier sur un forum Usenet, les coordonnées donc de la première géocache.

C. N. : Le géocaching a comme ancêtre les bons vieux rallyes touristiques, les jeux de piste des scouts, les courses d'orientation, c'est une chasse au trésor des temps modernes. Jean-Michel devient adepte du hobby il y a 7 ans.

J.-M. : C'est suite à la lecture d'une revue d'informatique donc, que j'ai découvert ce nouveau hobby qui venait des États-Unis. Et c'est comme ça, de fil en aiguille, je me suis intéressé un petit peu à la technique du GPS. J'étais déjà bien sûr Internet, donc... Et puis mon épouse trouvait que je passais trop de temps derrière l'écran, donc c'était l'occasion d'aller se promener.
Voilà, on est donc actuellement dans le centre-ville d'Antoing, près du château d'Antoing et donc c'était l'occasion pour moi de placer une cache puisque tout le monde ne sait pas que le général de Gaulle a passé deux années d'études ici à Antoing. Donc si vous le voulez bien, on va essayer de la découvrir ensemble.
Donc, c'est vraiment une cache bien dissimulée puisqu'il s'agit d'une fausse pierre. Quand on la retourne et bien on voit que la micro-cache est ici, sous la pierre. Alors on ouvre. Voilà donc ici, toutes les personnes qui ont découvert la cache mettent la date, le pseudo et un petit mot à l'attention du géoplaceur.

C. N. : Les contenants ont des tailles diverses, des micro-caches sont prévues pour les zones urbaines afin que nous, les géomoldus ne puissions les voir.
Plus d'un million et demi de géocaches sont répertoriées dans 122 pays.

40 Page 117, Exercice 2 - Intonation

1 Est-ce que tu as vu mes gouaches et mes pinceaux ?

2 J'ai mal aux pieds, je suis fatiguée et je veux rentrer !

3 J'ai toujours gardé plein de trucs, des timbres aux chaussures.

4 Tes rosiers et tes lilas ! Et moi alors, je compte moins que tes fleurs ?

5 D'après mes amis, je suis un vrai cordon-bleu.

6 Où sont mes vis ? Je dois terminer de monter cette étagère !

7 Tu as vu ma nouvelle jupe ? Je l'ai faite moi-même !

41 Page 118, Les trois sâdhus et le disciple

Trois vénérables sâdhus, possédant chacun grands pouvoirs et grandes connaissances, cheminaient ensemble dans une forêt en compagnie d'un jeune disciple. Soudain, l'un des sâdhus a aperçu un tas d'os au fond d'un fossé et, pour impressionner les deux autres, a dit :
– Frères, voyez ! À partir de ces quelques os, je sais l'art et la manière de reconstituer le squelette de cet être quel qu'il soit.
Puis, joignant le geste à la parole, le sâdhu a aussitôt fait apparaître un énorme squelette ! Alors, le second sâdhu, pour en remontrer davantage, a dit :
– Ceci n'est rien. Moi, je peux rendre à cet être, quel qu'il soit, et sa peau et sa chair et son sang ! Et d'un seul geste, à son tour, il a obtenu l'effet miraculeux ! Au pied des quatre hommes, gisait à présent le corps d'un tigre redoutable, avec rayures, moustaches et tout ce qu'il faut. Le troisième sâdhu, se prenant au jeu, a dit :
– Peuh ! Moi, Je peux faire beaucoup mieux ! Je vais en un instant ramener ce tigre à la vie !
À ce moment précis, le disciple est intervenu :
– Maître, attendez ! Inutile de le faire, nous vous croyons sur parole. Mais le troisième sâdhu, vexé, a répondu :
– Comment ça ? À quoi bon posséder un pouvoir, si ce n'est pour l'utiliser ? Je vais ramener ce tigre à la vie. Ouvrez grand vos yeux !
Aussi, tandis que le sâdhu articulait son puissant mantra, le disciple s'est dépêché de grimper à un arbre. Et, bien lui en a pris. Car, à peine revenu à la vie, le tigre affamé s'est jeté sur les trois sâdhus et les a dévorés en un instant, en ne laissant sur le chemin qu'un pauvre tas d'os. Le disciple, qui

n'avait pas encore les merveilleux pouvoirs de ses maîtres, a porté ces os en un lieu de crémation et a repris sa route en songeant tristement à la parole des sages : Plutôt que gaspiller ses dons, mieux vaut ne rien savoir et en faire bon usage.

unité 7 Tous citoyens !

Dossier 1

42 Pages 122-123, Questions pour un champion

Journaliste : À propos de questions Laurent, pour devenir Français, devra-t-on passer par *Questions pour un Champion* ? ... peut-être... On apprend en tout cas ce matin que la culture, la géographie et plus généralement la connaissance fine de la société française vont être introduites dans les tests de naturalisation à partir du 1er juillet prochain. Et déjà, le ministère de l'Intérieur a soumis un questionnaire à 2 000 candidats à la nationalité, très récemment... Christophe Ponzio, ... vous avez vu les questions Christophe ? Ça donne un aperçu de ce QCM, ce qu'on appelle un questionnaire à choix multiple.
Christophe Ponzio : Oui. Exactement, 60 questions à choix multiple. Exemple : « Édith Piaf est-elle une championne de cyclisme, une spécialiste des oiseaux ou une chanteuse ? ». Alors là, facile, me direz-vous.
Laurent : Ça va, oui !
C. P. : Autre test : « À qui associez-vous l'Arc de Triomphe ? » Sous le monument justement, face au vent, j'ai donc demandé à 3 étudiantes françaises de répondre.
Première étudiante interviewée : Napoléon, le général de Gaulle, Jules César ? Je dirais, le général de Gaulle.
Deuxième étudiante interviewée : Moi aussi.
Troisième étudiante interviewée : Moi aussi.
C. P. : Vous en êtes sûres ?
Troisième étudiante interviewée : Non.
Première étudiante interviewée : Ça va, c'est plutôt simple.
C. P. : Oui, alors finalement, pas si simple que ça...
Laurent : Pas simple du tout, oui.
C. P. : ...puisque la bonne réponse c'est bien sûr Napoléon. Reste que sur les étrangers testés, le Ministère assure que le taux de bonnes réponses varie entre 70 et 80 %.
Les Français, eux, ne sont pas vraiment convaincus par cette nouvelle épreuve.
Premier homme interviewé : Faut avoir un minimum de connaissances historiques, après...
Deuxième homme interviewé : Y a des questions qui sont complètement stupides ! La tour Eiffel a été construite pour attirer les touristes, je veux dire, qu'est-ce que c'est que ces questions ! Faut arrêter de prendre les gens pour des idiots.
Troisième homme interviewé : C'est pas forcément évident. Que les Français commencent par l'avoir et après, on verra ce qui se passe après.
C. P. : Et pourtant ce sont les connaissances d'un élève de fin de primaire assure le Ministère. Nancy est d'origine américaine, (elle) s'est fait naturaliser il y a 6 ans ; elle est séduite.
Nancy : Je crois que c'est une très bonne idée ! Franchement, moi je n'ai eu aucune épreuve à passer. C'est une bonne chose d'avoir un petit enseignement sur la culture et l'histoire de la France.
C. P. : Alors, bonne ou mauvaise idée... Une vingtaine d'historiens reconnus et d'experts est chargée d'élaborer le programme et de le renouveler pour éviter bien sûr les tricheurs.
Journaliste : Des historiens et des experts, ils vont bien s'amuser !

43 Page 124, Exercice 6 – Intonation

1 Non au racisme !
2 Délocalisations = chômage.
3 Touche pas à la SÉCU !
4 Les jeunes dans la galère, les vieux dans la misère !
5 Les stages ne sont pas des emplois !
6 Non aux expulsions !
7 Les femmes sont des Hommes comme les autres !
8 L'université ne doit pas être privatisée !

Dossier 2

44 Page 134, Le bus de la solidarité

Journaliste : Nul n'est censé ignoré la loi et tout le monde a le droit à un avocat. La loi est claire. Pourtant, il n'est pas toujours évident de savoir comment se défendre devant les tribunaux ou simplement de connaître ses droits. Le problème se pose surtout pour les personnes qui se trouvent en grande difficulté sociale ou les sans-papiers. Pour aller porter plainte au tribunal, il faut en effet passer des contrôles de sécurité, justifier son identité auprès de la police, etc. Ce qui fait que les plus démunis ont du mal à faire valoir leurs droits.
Voilà pourquoi depuis 2003, le Barreau de Paris et l'association Droit d'urgence ont mis en place une initiative permettant d'assurer aux plus précaires l'accès au droit et à la justice : Il s'agit du bus Barreau de Paris Solidarité. À son bord, des avocats bénévoles reçoivent gratuitement et anonymement des personnes qui ont besoin d'aide et de conseils juridiques.
Marie-Christine, avocate au Barreau de Paris et militante dans l'association Droit d'urgence nous a fait visiter un de ces bus.
L'avocate : Le principal problème des personnes précaires est qu'elles ignorent trop souvent qu'elles ont des droits. Ici, nous ne traitons pas de dossiers complexes, nous aidons les justiciables à identifier leur problème juridique. Nous les informons sur leurs droits et les orientons vers les services juridiques qui pourront les aider au mieux. Ici, c'est plus convivial qu'au tribunal, il faut instaurer un climat de confiance pour que les demandeurs puissent venir sans crainte. Les demandes auxquelles nous répondons concernent surtout le droit des étrangers, le droit du logement, de la famille et le droit du travail. Ce sont des questions qui sont souvent difficiles à aborder pour les personnes concernées et c'est pourquoi nous devons respecter leur anonymat. Notre bus contient des mini-parloirs, séparés par des rideaux pour que les entretiens restent confidentiels.
Journaliste : Le bus a rencontré un succès inattendu dès son inauguration. L'objectif est de multiplier les points d'accueil dans Paris et dans les autres grandes villes de France. Depuis sa création, près de 28 000 personnes ont été reçues dans le bus et ce chiffre est en constante augmentation. Symbole de la crise, les salariés ont rejoint les exclus dans la file d'attente du bus, signe que la classe moyenne se paupérise.

45 Page 135, Exercice 5 - Intonation

1 Vous êtes condamnée à 6 mois de prison et 500 euros d'amende.
2 Je tiens à préciser à la cour que mon client a toujours coopéré avec la justice.
3 Je vous promets que c'est la dernière fois.
4 Mais puisque je vous dis que je n'y étais pas ce soir-là !
5 Vous pouvez tout me dire, je suis là pour vous défendre.
6 Veuillez vous cantonner aux faits, Maître, s'il vous plaît.
7 Mon client a reconnu les faits, nous espérons donc un peu de clémence.

unité 8 Perles de culture

Dossier 1

46 Pages 140-141, La belle Hélène

Journaliste : La belle Hélène, figure de la mythologie grecque, est un personnage emblématique de l'art de Gustave Moreau et aussi un tableau testamentaire de ce peintre d'histoire, graveur, dessinateur et sculpteur, né à Paris en 1826, mort à 76 ans dans sa maison-atelier rue de la Rochefoucauld dans le 9e, léguée à l'État français avec des centaines de peintures et aquarelles et plus de 14 000 dessins.
La fatale Hélène dominant le carnage, une fleur à la main, dans les ruines de Troie, est aujourd'hui une énigme. Le tableau peint par Gustave Moreau a disparu au début du XXe siècle. Une copie du tableau et deux déclinaisons majeures proches de l'abstraction, *Hélène à la porte de Scée* et *Hélène glorifiée*, sont au cœur de cette nouvelle exposition conçue par Marie-Cécile Forest, directrice du musée.
Marie-Cécile Forest : Nous voulions montrer, c'est un peu le pari de cette exposition, un tableau qui a disparu. Donc faire toute l'histoire de ce tableau *Hélène de Troie* et comment Gustave Moreau, jusqu'à sa mort en 1898, a revisité plusieurs fois le thème de manière très originale.
Journaliste : Quand est-ce qu'il a disparu ce tableau ?
M.-C. F. : Il a disparu il y a quatre-vingt-dix-neuf ans exactement, en 1913 au moment de la vente après décès de Jules Beer qui en était le possesseur ; et depuis nous ne savons pas où est ce tableau. Nous espérons le retrouver, ça serait une très très belle chose puisque c'est la dernière œuvre qu'il expose au Salon de 1881 avec cette merveilleuse *Galatée* qui est conservée au musée d'Orsay.
Journaliste : « Hélène de Troie, la beauté en majesté », une exposition du musée Gustave Moreau dans le 9e à Paris, présentée jusqu'au 25 juin.

47 Page 142, Exercice 5 - Intonation

1 Les différentes nuances de couleurs sont sublimes.
2 Regarde ce tableau. C'est une croûte !
3 Eh bien, si c'est ça l'art moderne, je peux faire la même chose !
4 Très fort cet artiste ! Belle façon de mettre en valeur la matière.
5 Cette main levée donne l'impression d'une liberté en mouvement. Magnifique !
6 Je ne comprendrai jamais rien à l'art abstrait.
7 J'adore la composition de ce tableau.
8 Une toile toute blanche ! Aucun intérêt !
9 Cette sculpture ? J'en voudrais pas pour décorer mon salon !
10 Ce tableau est... comment dire...

48 Page 143, L'œil de Doisneau

Journaliste : Cartel d'identité, s'il vous plaît ? Titre ?
Journaliste : Jacques Prévert au guéridon, 1955.
Journaliste : Caractère physique ?
Journaliste : Tirage argentique.
Journaliste : Lieu d'exposition ?
Journaliste : Château de Malbrouck à Manderen.
Journaliste : Intervenant ?
Journaliste : Patrick Absalon, conseiller scientifique pour l'exposition Robert Doisneau.
Patrick Absalon : C'est une photographie de Robert Doisneau qui date de 1955. Elle représente Jacques Prévert assis à un guéridon. Il est assis avec à ses pieds son fidèle chien. Sur le guéridon est posé un verre de rouge et il a évidemment comme toujours Jacques Prévert la cigarette aux lèvres et il semble attendre quelque chose, on ne sait pas trop quoi. Le poète ici n'est pas au travail. Et c'est assez intéressant de regarder la photographie de Robert Doisneau quand il prend des célébrités artistiques en image. Elles sont rarement en train de peindre, elles sont rarement en train d'écrire. Elles sont toujours dans une pause un peu mélancolique, un peu vague, dans l'attente en effet. Donc quand on regarde cette photo, on voit bien que Jacques Prévert est dans une posture un peu d'artiste qui est dans un entre-deux. Entre le moment où il s'imprègne d'un contexte et le moment où il va raconter une histoire.

49 Page 145, Exercice 6

a Tu as vu l'expo Picasso ?
b Es-tu heureuse ?
c Tu m'accompagneras au musée ?
d Cette sculpture est horrible !
e Vous avez lu *Madame Bovary* ?

Dossier 2

50 Pages 148-149, Le Louvre

« Faire succéder à la grandeur du passé la grandeur du présent et la beauté de l'avenir, conserver à cette métropole de la pensée le nom de Louvre, c'est là messieurs une idée haute et belle. » Victor Hugo

Parmi les millions de visiteurs qui tous les ans viennent voir la *Joconde*, la *Vénus de Milo*, la *Victoire de Samothrace* ou la *Bethsabée* de Rembrandt, combien regardent le Louvre lui-même. Un lieu chargé d'histoire et qui, bien avant d'être un musée, était d'abord un château fort construit par Philippe Auguste pour protéger Paris. Puis la forteresse est devenue la résidence de presque tous les souverains français qui, de Charles V à Napoléon III n'ont jamais cessé de transformer et d'agrandir le Louvre où se sont produits quelques-uns des grands moments de l'histoire de France. Catherine de Médicis y déclencha les massacres de la Saint-Barthélemy, Louis XIV en fut chassé par la Fronde, Louis XVI y perdit sa couronne, et, dernier avatar de cette histoire mouvementée, les communards l'ont incendié un siècle avant qu'un architecte américain d'origine chinoise y construise une pyramide en verre. L'affaire fit, on le sait scandale, mais elle a au moins permis aux Parisiens de redécouvrir, sous la pyramide de Pei, les origines du plus grand musée du monde.

51 Page 153, Exercice 4 - Intonation

1 Selon moi, Delphes est le plus beau site grec antique.
2 La construction de cet édifice public prendra trois mois.
3 Cette inscription latine sur cette pierre est exceptionnelle !
4 Attention ! Ne cassez pas ces vases, ils datent du IVe siècle !
5 Mon équipe travaille sur la construction d'une tour gigantesque.
6 Les techniques de fouille sur ce site sont très scientifiques.
7 Le choix des habitants n'a pas été respecté dans la réalisation de ce projet.
8 J'espère que les calculs des ingénieurs sont corrects !

unité 9 Ainsi va le monde !

Dossier 1

52 Pages 158-159, Le virage écolo de la PAC

Stéphane : C'est notre planète, c'est avec vous Virginie Garin, bonjour !
Virginie Garin : Bonjour Stéphane ! Bonjour à tous !
Stéphane : Alors, Bruxelles veut rendre les agriculteurs écolos. La Commission européenne doit annoncer dans la journée sa réforme de la PAC, la Politique Agricole Commune. Les paysans toucheront leurs aides, Virginie, s'ils respectent l'environnement.
V. G. : Oui, si vous voulez toucher vos primes, et bien, protégez les haies, les petits oiseaux, les prairies, utilisez moins de pesticides. C'est ce que propose Bruxelles aux agriculteurs. Un tiers des aides qui leur sont versées seraient liées à des mesures environnementales. Et c'est énorme, puisque le budget agricole c'est 55 milliards d'euros, 40 % du budget total de l'Europe. Donc, qu'un tiers de cet argent soit consacré à l'environnement, c'est spectaculaire !
Bon, les écologistes sont méfiants, ils disent que ces conditions, pas assez strictes, ne vont pas empêcher les paysans de polluer. Cela dit, ce virage écolo inquiète les agriculteurs français. Ce sont eux qui bénéficient le plus des aides de Bruxelles. « Des contraintes en plus, ça commence à bien faire » disent-ils, et surtout ce qu'ils voudraient, c'est déjà que le budget reste le même car il y a des pays qui aimeraient le raboter pour consacrer plus d'argent à d'autres choses : à la justice, à la recherche. Ce sont les pays du nord de l'Europe pour lesquels manger, bien manger, n'est pas toujours une priorité, en tout cas moins que pour nous. Pour eux, un pneu de voiture ou un fromage, c'est un peu la même chose. Si on pouvait les importer moins cher de Chine, ça permettrait de moins dépenser pour l'agriculture.
Alors, cette réforme, elle est prévue pour 2014. Des négociations acharnées vont commencer entre les pays, mais la crise, la situation financière risque de donner raison à ceux qui trouvent que l'agriculture coûte trop cher.
Stéphane : Merci Virginie Garin.

53 Page 160, Exercice 5 - Intonation

1 La séance est ouverte.
2 Merci, monsieur le Président.
3 Nous passons donc au vote. Qui est pour ? Qui est contre ? Qui s'abstient ? Adopté !
4 En fait, nous devons faire plus pour les droits des femmes, chers collègues !
5 Je voudrais excuser monsieur Lenel qui ne peut assister à la réunion aujourd'hui.
6 Nous passons au rapport Taylor.
7 Ma machine de vote électronique ne fonctionne pas.
8 Y a-t-il des commentaires sur le projet d'ordre du jour ?
9 Parfois, j'ai l'impression d'halluciner !
10 J'ai déjà eu l'occasion de poser plusieurs questions orales sur ce sujet.

Dossier 2

54 Pages 166-167, Cuisines métissées

Muriel Pomponne : On va retourner tout de suite en Afrique où une habitude bien française a trouvé sa place c'est celle du pain quotidien, Sarah Tisseyre s'est rendue à la boulangerie Bagami à Bamako.
Sarah Tisseyre : Cheick Oumar Traoré lui s'enorgueillit de confectionner une baguette traditionnelle française depuis qu'il a fait un stage il y a huit ans auprès d'une délégation de boulangers venue de France.
Cheick Oumar Traoré : Il ne manque plus que la levure et le sel. Voilà.
S. T. : Et est-ce que vous avez déjà goûté de la baguette traditionnelle française faite en France ?
C. O. T. : Non et c'est ce qui me gêne beaucoup aujourd'hui. Faut que j'aille améliorer ma connaissance. Parce que moi-même je n'ai pas été là-bas mais mon patron lui-même il a été, mais il me dit qu'il y a une très grande différence entre la manière de travailler en France et la manière de travailler au Mali ici.
S. T. : Il n'empêche, la baguette a du succès, surtout dans la capitale.
C. O. T. : Le pain est devenu incontournable maintenant parce qu'on mange tout avec le pain ici, même il y a des gens qui mangent le pain et le riz au gras avec le pain donc ça « c'est plus pire ! » On coupe des petits morceaux de pain pour mettre dans la bouillie de mil donc on fait tout avec le pain. Avec le café. On a remplacé avec la baguette française.
S. T. : Moins chère, la bouillie de mil n'a pourtant pas disparue au Mali, notamment dans les campagnes. Cheick Oumar Traoré pendant ce temps lui fabrique tout ce que peut produire une boulangerie : baguettes, ficelles, flûtes mais aussi pains de campagne, complets ou aux céréales.

55 Page 170, On n'arrête pas l'éco

Journaliste : Alors le problème c'est que cette mondialisation elle a ses bénéficiaires et puis elle a ses victimes. À qui, à qui profite-t-elle ? Donc les pays émergents on l'a vu, la Chine...
Eddy Fougier : Oui.
Journaliste : ... les élites économiques et c'est bien ça le problème, en revanche les catégories populaires sont un peu les victimes de cette mondialisation.
E. F. : Il y a ceux qui ont les ressources nécessaires pour profiter de la mondialisation. Les ressources en termes de capital, en termes de compétences, notamment linguistiques et qui peuvent effectivement faire des études à l'étranger, avoir des postes d'expatriés, les exilés fiscaux, il ne faut pas le dire, les actionnaires surtout qui bénéficient effectivement de la mondialisation et puis il y a ceux qui n'ont pas ces ressources ou qui voient la mondialisation comme un phénomène qui va heurter leurs valeurs ; on peut penser à des mouvements intégristes

mais également à ceux qui défendent tout simplement les traditions nationales ou locales.

Journaliste : Ah oui alors ça c'est la réaction disons identitaire...

E. F. : oui

Journaliste : ...à la... à la comment dire à l'uniformisation culturelle. Mais d'un... mais d'un point de vue économique il y a les catégories populaires donc ce qui explique qu'elles soient sensibles à un certain discours nationaliste parce qu'elles en sont les victimes, victimes des délocalisations et de pertes d'emplois par exemple.

E. F. : La mondialisation a un gros inconvénient c'est que ses effets négatifs se concentrent sur la même population et sont extrêmement visibles alors que les effets positifs sont diffus et ne se voient pas donc l'ouvrier effectivement qui vient de perdre son emploi, parce que son entreprise a délocalisé, se sent victime de la mondialisation ensuite il va dans un magasin hard discount pour acheter des produits fabriqués en Chine, avec peut-être une entreprise qui a délocalisé au passage, là c'est un gain de pouvoir d'achat pour lui.

Journaliste : Il est content d'avoir un ordinateur à petit prix.

E. F. : Voilà et il part en vacances via une compagnie low cost il est bénéficiaire de la mondialisation mais ça ne se voit pas, il trouve ça normal.

56 Page 171, Exercice 2 - Intonation

1 Je me fais du souci pour Nina, elle risque de perdre son emploi.
2 Ouf, les exportations reprennent, je suis rassurée !
3 Avec la hausse des prix, je m'inquiète pour l'avenir de mes petits-enfants.
4 Le chômage, c'est effrayant.
5 Malheureusement, je crains la délocalisation.
6 Depuis mon augmentation, je me sens mieux !

57 Pages 176-177, Compréhension de l'oral - Épreuve Delf B1

Exercice 1

Un homme : Tiens, qui voilà ? Sylvie ! Qu'est-ce que tu fais ici ? Tu ne devais pas revenir demain ?

Une femme : Si mais le médecin chef m'a appelée en urgence.

Un homme : Je comprends mieux pourquoi tu as ta valise. Tu arrives directement de la gare, c'est ça ?

Une femme : Oui, exactement. Je suis morte de fatigue.

Un homme : Mais tu avais réservé une place en wagon-lit si je me souviens bien...

Une femme : C'est vrai. Malheureusement, j'ai manqué ma correspondance à Munich car mon premier train est tombé en panne.

Un homme : C'est pas de chance !

Une femme : Comme tu dis. Donc, le premier train est resté bloqué pendant des heures, puis on a dû descendre et monter dans un bus. On était nombreux... Il y avait au moins 500 passagers.

Un homme : Le bus vous a emmenés à la gare de Munich ?

Une femme : Hm hm... mais évidemment mon train de nuit avec ma place dans le wagon-lit était parti depuis longtemps.

Un homme : Alors, tu as dû racheter un autre billet ?

Une femme : Non. En gare de Munich, un employé de la Deutsche Bahn a mis un tampon sur mon billet puis il m'a donné les horaires des trains pour Bruxelles. Il m'a dit que je pouvais monter dans le train suivant, comme ça.

Un homme : Donc tu as voyagé toute la nuit...

Une femme : Oui, j'ai traversé toute l'Allemagne en place assise et j'ai dû changer 3 fois de train... Et tout à l'heure, j'étais sur le point d'arriver à la gare quand j'ai reçu un coup de téléphone du Dr Van Acker. Il m'a dit que Suzy était malade et qu'il fallait la remplacer.

Un homme : Et tu as accepté malgré la fatigue du voyage ?

Une femme : Oui, c'est ça la vie des étudiants en médecine. Ha ha ha ! Mais c'est juste pour la matinée. Ensuite, Marc prendra le relais.

Un homme : Bon bah, dépêche-toi alors ! Va vite prendre une douche pendant que je te prépare un café. On commence les visites avec le Dr Van Acker dans 30 minutes.

58 Exercice 2

Journaliste : C'est encore un grand privilège, seuls 10 000 parents font garder leurs enfants dans la crèche que leur propose leur entreprise. Un sondage publié hier par Babilou, un groupe de crèches d'entreprises, montre pourtant que les parents ne voient que des avantages à faire garder leurs petits tout près de leur bureau voire même dans leurs locaux de travail.
Plus de 80 % des mères disent que, grâce à la crèche d'entreprise, elles sont revenues plus facilement de leur congé maternité. Plus d'une sur deux affirme que, sans cette solution, elle aurait dû prendre un congé parental ou se mettre à temps partiel alors qu'elle n'en avait pas envie. La grande tendance, c'est la crèche inter-entreprises : plusieurs sociétés s'unissent pour ouvrir un lieu d'accueil en commun. Mais certains grands groupes préfèrent créer leurs crèches à eux. C'est le cas de GDF SUEZ qui a déménagé son siège à la Défense et qui en a profité pour ouvrir « 60 berceaux ». Une crèche au rez-de-chaussée de l'une des tours du quartier d'affaires, en bordure du parvis, à 300 mètres de la Grande Arche. Mais parfois, pour les enfants les journées sont longues. Avoir son bébé à la porte de son bureau, est-ce que ça n'est pas une raison pour rester plus tard au boulot ? Maxime, père de 2 jumeaux de 15 mois.

Maxime : Je les dépose... généralement il est 8 h 20, 8 h 30. On part de la maison, il est 8 heures, on prend la voiture ensemble. C'est une jou..., enfin c'est une journée standard. Et le soir, je les récupère à 18 h 30 en règle générale.

Journaliste : Il vous arrive de les récupérer plus tard si le travail le nécessite ?

Maxime : S'il y a nécessité, oui. Mais, pour l'instant, c'est... j'essaye de me régler quand même par rapport à ça parce que ça fait des grandes journées quand même déjà 10 heures à la crèche, c'est beaucoup ! Donc, on essaye d'éviter de tirer un peu trop sur la corde, quoi.

Journaliste : Pour Maxime cette souplesse dans l'organisation du temps n'a pas de prix : un élément important dans sa motivation et une bonne raison pour lui de ne pas quitter son entreprise de sitôt.

Maxime : Aujourd'hui si je devais changer de société, ce serait d'abord ce point-là que je regarderais principalement, ça, c'est sûr.

Journaliste : Avant le salaire ?

Maxime : Avant le salaire, oui.

59 Exercice 3

Journaliste : La colocation, ce n'est pas réservé aux jeunes. Mauricette a 62 ans. Cette baby-boomeuse récemment divorcée a déjà choisi ses trois futurs colocataires avec qui elle part passer une semaine cet été en guise de test. Il ne leur reste plus qu'à trouver un logement définitif. Et même s'il est difficile pour quelqu'un qui n'a jamais vécu en colocation de se lancer à cet âge dans la vie à plusieurs, le projet des Cocons a séduit cette jeune retraitée.
Mauricette : Je peux avoir des temps où je suis, je me sens seule, où j'ai pas l'impression d'être vraiment dans la société. En créant une famille de cœur, et bien, c'est un terreau qui nous ressource, et qui nous permet de pouvoir encore plus nous tourner sur l'extérieur et de se sentir vraiment dans la société. Parce que parfois le fait d'être seule nous marginalise un peu.
Journaliste : Autre alternative, à Montreuil près de Paris : la maison des Babayagas. À terme, le projet vise à réunir une vingtaine de femmes retraitées qui partagent un même parcours politique ou associatif et seulement des femmes. Thérèse Clerc a 80 ans. Elle est fondatrice de la maison des Babayagas.
Thérèse Clerc : Elles sont les plus nombreuses, les hommes meurent. À 80 ans, il y a sept fois plus de femmes que d'hommes. Y a plus d'hommes. Et puis, deuxièmement ce sont les femmes les plus pauvres. Quand un homme touche 100 euros, les femmes ne touchent que 42 euros pour leur retraite.
Journaliste : Vivre ensemble quand on a passé un certain âge, c'est aussi se rendre des petits services, prendre soin les uns des autres. Et dans chacune des futures structures, des chartes ont été adoptées pour savoir quoi faire quand la santé décline. Pour Mauricette, tout dépend des situations.
Mauricette : Entre le petit handicap passager où la personne qui a besoin simplement de rester au lit etc. – là on est complètement présents. Mais après, c'est vrai que dans certains cas très lourds, il y a la famille qui est là et qui reprend toute sa place.
Journaliste : Les habitats alternatifs à la maison de retraite sont déjà présents un peu partout en Europe : colocation privée en Allemagne, structures publiques en Belgique ou encore semi-publiques en Grande-Bretagne.

60 Pages 182-183, Phonétique

Prononciation et intonation

[i]
Il dîne à midi.
Gilles est naïf.
Le synonyme de type ?

[y]
Tu as vu Luc ?
Il a eu un rhume.

[u]
Coucou, où est le goûter ?
Vous jouez au foot ?

[e] fermé
Céline, éteins la télé !
Tu viens manger chez moi ?
Les amis de tes amis sont mes amis.

[ɛ]
Noël pêche avec Solène.
Elle aime la neige.
C'est du poulet ?
Ferme ton bec !

[œ]
Ah, la jeunesse !
Qui vole un œuf vole un bœuf.

[ə]
Je reviens le six mars.
Nous faisons du sport et vous ? Avant, j'en faisais aussi.

[ø]
J'aime le bleu de tes yeux.
Quoi ? Une émeute en Creuse ?
Monsieur, s'il vous plaît !

[o]
Ce rôti est trop gros.
Claude, enfile ton manteau bien chaud !
Elle rosit d'émotion.

[ɔ]
Tu téléphones à Simone ?
Où est le solarium ?

[a]
À Mardi au château !

[ɛ̃]
C'est un médecin très impoli.
Achète du pain ! J'ai faim !
J'aime cette peinture de Reims.
Mets du thym dans la salade !
C'est le chien du doyen.
Le magasin coréen est au coin de la rue.
C'est un parfum Chanel.

[ɑ̃]
Il campe dans les champs !
On y va ensemble ?
Jean aime les paons.
Patientez encore un moment !

[ɔ̃]
Ninon, c'est ton nom ou ton prénom ?

[j]
Le soleil brille.
Mon thé est tiède.
Elle vit à Lyon ?
Il paye son employé.

[ɥ]
La nuit, on ne voit pas les nuages.

[w]
Oui, il a tout avoué.
Toi et moi, c'est déjà loin.

61 Page 184, Les liaisons

a Mon ami a un certain âge.
b Paul est bien trop aimable.
c Mon studio se trouve au premier étage.
d Les enfants regardent les Jeux Olympiques chez eux.
e Quel grand homme quand il prononce ses discours !

62 Page 184, Les liaisons obligatoires

1 Les uns et les autres.
2 C'est un bon ami
3 Nous arriverons ce soir.
4 Ont-ils une voiture ?
5 Ils y vont en train.
6 Prenez-en !
7 Je suis bien arrivé.
8 J'y vais en avion.
9 De temps en temps
10 Quand il fait beau, je suis gaie.

63 Page 185, Les liaisons interdites

1 Louis / arrive.
2 Son plan / a réussi.
3 Chacun / a des droits.
4 Un étudiant / italien.
5 Des fers / à repasser
6 Une pomme et / une poire.
7 C'est un / héros.
8 Il part / avec moi.

64 Page 185, Les liaisons facultatives

1 Des histoires incroyables
2 Elle fait aussi du piano.
3 Je suis une femme.
4 Je pensais à lui.
5 Je vais aller à Rome.
6 On est en retard.
7 Il courrait, mais il était en retard.

65 Page 185, Entraînement

1 C'est un enfant intelligent et obéissant.
2 Il est très en avance pour son âge.
3 Julien habite en haut de cette tour.
4 Avec un grand effort, ils y arriveront petit à petit.
5 Mon amie Ninon adore les haricots verts.
6 Cet étudiant italien parle français et anglais.
7 On ira peut-être sur les Champs-Élysées.
8 Sylvie invite plus ou moins dix personnes chez elle.
9 Joueront-elles au tennis en plein air ou en salle ?
10 Tout à coup, il est apparu.

TRANSCRIPTIONS > documents du DVD

unité 1 Vivre ensemble

Dossier 2

1 Page 26, Le repas gastronomique des Français

Plusieurs personnes : Joyeux anniversaire !
Voix off : Dans toutes les circonstances heureuses de leur existence, les Français se retrouvent autour d'un repas gastronomique.
Pour 95 % des Français, le repas gastronomique est un élément essentiel de leur patrimoine et de leur identité. Le repas gastronomique est pour les Français une pratique sociale ritualisant le plaisir d'être ensemble.
Préparer un repas gastronomique, c'est le plaisir de choisir des recettes, de chercher des bons produits et de les cuisiner ensemble. Accueillir des amis ou sa famille, pour un repas gastronomique, nécessite de mettre en route des savoirs, des savoir-faire, de la transmission et de la joie. Que mangeons-nous ? Comment cuisinons-nous ensemble ? Qui fait le marché ?
Poissonnier : Une fois que vous l'avez mis à la poissonnière à la vapeur.
Cliente : Oui.
Poissonnier : Vous laissez refroidir la peau...
Cliente : Et après, on coupe en tranches à ce moment-là.
Client : Qu'est-ce que tu ferais toi avec l'Amandine, aujourd'hui ?
Maraîcher : Poêlée.
Client : Poêlée tout simplement.
Maraîcher : Poêlée en direct.
Client : La peau est fine.
Voix off : Faire le marché permet d'échanger des savoirs, des conseils, des tours de mains. C'est un lieu de parole, de transmission.
Client : Les plus grosses pour faire un gratin.
Maraîcher : Bon appétit et cuisine bien !
Client : Merci. Allez...
Client : Je viens chercher chez vous du boudin...
Voix off : Le repas gastronomique est ouvert aux produits d'autres cultures. Il contribue à la découverte, à l'acceptation de l'autre.
Client : Il me faudrait en fait pour l'apéritif des feuilles de vigne. Un assortiment d'olives aussi je pense.

unité 2 Au travail !

Dossier 2

2 Page 40, Intouchables

Magali : Vous avez des références ?
Premier candidat : Oui, donc moi je suis titulaire du CAFAD « Certificat d'aptitudes aux fonctions d'aide à domicile »
Deuxième candidat : ... que j'ai fait valider pendant une formation en alternance à l'Institut Bayer dans les Landes en 2001.
Troisième candidat : D'abord, j'ai un bac pro « Services de proximité et vie sociale » que j'ai poursuivi avec un BTS « Économie sociale et familiale ».
Quatrième candidat : Enfin, je... Voilà, je... j'ai plus fait d'études pour l'instant que travailler.
Magali : Quelle est votre principale motivation ?
Premier candidat : L'argent.
Deuxième candidat : L'humain. Ah moi, je suis à fond dans l'humain.
Magali : Bien.
Troisième candidat : C'est d'aider l'autre, je pense. C'est bon ça comme, enfin c'est bien comme...
Quatrième candidat : J'aime bien le quartier.
Deuxième candidat : J'aime beaucoup les gens diminués. Depuis tout petit, hein, tout petit, je...
Troisième candidat : C'est de favoriser l'autonomie des personnes handicapées, je dirais. C'est-à-dire leur insertion sociale.
Premier candidat : Le sport également. Faut bouger... faut... pour l'insertion dans la vie quoi. C'est des personnes qui peuvent rien faire.
Quatrième candidat : J'ai eu ma première vraie expérience professionnelle...
Deuxième candidat : C'était madame Dupond-Moréti...
Premier candidat : ... une très très vieille dame, très... très vieille.
Deuxième candidat : ... que j'ai assistée jusqu'à la fin au quotidien.
Premier candidat : Voilà je me souviens en gériatrie par exemple, bon il y a eu quand même des bons moments. On avait fait la galette, on avait fait...
Quatrième candidat : Ah, je suis également expert dans tout ce qui concerne les démarches administratives...
Premier candidat : ... l'APL notamment, l'aide au logement. Je sais pas, peut-être... Vous en bénéficier ?
Philippe : Vous vérifierez Magali, mais je pense pas.
Secrétaire : Yvan Laprade.
Yvan Laprade : Oui.
Driss : Non, vas-y c'est bon, c'est bon !
Yvan Laprade : C'est moi là.
Driss : Ça fait deux heures que j'attends ! Vas-y, non, non ! C'est moi.

unité 3 Faites passer le message !

Dossier 1

3 Page 57, Le crieur de la Croix-Rousse

Présentatrice : Quelle drôle de rencontre que celle que je vous propose de faire maintenant avec Gérald. C'est un artiste. Il est crieur public à la Croix-Rousse à Lyon. Dès les beaux jours, Gérald s'installe sur les places publiques pour déclamer le courrier qu'il reçoit des habitants. Passionné par les relations, les échanges, les contacts, depuis tout petit déjà, il rêvait d'être à la tête d'un ministère, celui des relations humaines. Avec lui, chaque week-end, pour ses auditeurs, c'est plus d'une heure d'humour, de plaisir ;

et s'il n'est toujours pas ministre, on peut tout de même le reconnaître d'utilité publique, c'est indéniable. Voyez vous-même, c'est un reportage de France 3 Lyon.

Gérald : Suite au départ inspiré de mes colocataires qui, dans leur grande précipitation, ont emmené les meubles...

Journaliste : 11 heures, un samedi à la Croix-Rousse.

Gérald : ... je me retrouve sans même une chaise pour m'asseoir...

Journaliste : Ce n'est plus l'heure du laitier, mais celle du crieur public.

Gérald : ... merci de votre aide.

Journaliste : Le crieur public s'appelle Gérald, il lit des annonces que lui ont laissées les Croix-Roussiens tous les samedis et dimanches.

Gérald : Pourquoi je fais ça ? Euh...

Journaliste : Alors peut-être que pour le comprendre, il faut le suivre quelques heures avant sa criée. La Croix-Rousse est son monde, un terrain de jeu, un laboratoire.

Gérald : *Sâlam aleïkoum* la Croix-Rousse. Réveillez-vous tranquillement.

Journaliste : Lui qui a imaginé qu'en tant que crieur public, il travaillerait pour un ministère des rapports humains. Et il recueille avant ses criées, les messages qu'on lui a laissés. Puis le fonctionnaire se met à l'œuvre pour de vrai.

Gérald : Je suis blanche, mon mari est noir et quotidiennement, nous sommes confrontés à un racisme ordinaire, j'ai envie de dire, à un racisme de quartier.
Jérôme et Maria se marient aujourd'hui, la famille Fontalba leur souhaite plein de bonheur.

Femme interviewée : Je suis vraiment séduite et aussi profondément touchée, parce que les rapports humains, c'est ma vie.

Homme interviewé : Tout ce qu'il nous apporte est une heure d'humour, et de plaisir et de rire.

Gérald : Maintenant, si tu me demandes pourquoi je le fais maintenant, je le fais parce que je sens que j'ai une action sur mon quartier. Vraiment, les gens, ça les interpelle et peut-être que ça va changer des petites choses en eux.

Journaliste : Monsieur le crieur de la Croix-Rousse reviendra le dimanche et les week-ends d'après, avec il l'espère, de nouveaux messages à crier pour que le quartier fasse le plein ce qu'il appelle la valeur ajoutée en rapports humains.

unité 4 Entre nous...

Dossier 2

4 Page 82, Marie-Antoinette

Ambassadeur Mercy : Monsieur le duc de Choiseul. C'est le ministre qui a œuvré pour cette union.

Marie-Antoinette : Jamais je n'oublierai ce que vous avez fait pour mon bonheur Monsieur.

Duc de Choiseul : Et pour celui de la France. Par ici.

Dame de la cour : Et voilà l'Autrichienne.

Dame de la cour : J'espère que vous aimez les strudels.

Duc de Choiseul : Je vous présente madame la Dauphine : Marie-Antoinette.

Marie-Antoinette : Mon royal grand-père.

Louis XV : Bienvenue Madame.
Je vous présente mon petit-fils : Louis-Auguste.

Louis-Auguste : Bienvenue Madame.

Dame de la cour : Ce n'est qu'une enfant.

unité 5 À l'horizon

Dossier 1

5 Page 87, Les touristes étrangers sont de retour

Journaliste : L'INSEE vient de publier ses statistiques sur le tourisme en région Centre sur l'année 2010. Un secteur qui ne se porte pas trop mal, le nombre de nuitées dans les campings a augmenté de 4,1 % lorsque les hôtels enregistrent une hausse de seulement 0,5 % mais après une chute de plus de 3 % en 2009. Le principal enseignement c'est le retour de la clientèle étrangère : Britanniques, Américains et Japonais en tête, ils compensent le recul de la clientèle française. Les étrangers qui sont encore présents chez nous en ce moment comme le montre ce reportage de Sabrina Melloult.

Marie : Bonjour et bienvenue.

S. M. : Cela fait 8 ans que Marie accueille ses invités venus du monde entier dans son gîte à Luynes, une ancienne grange du XVe siècle restaurée pour le plus grand plaisir de Jean-Paul et Liliane tout droit venus du Canada pour célébrer les fêtes de fin d'année dans la région.

Jean-Paul : Étant québécois, on fait des réunions familiales à l'occasion et là notre fille et son copain venaient nous rejoindre et moi je travaille ici en France alors on trouvait que c'était... c'est la formule idéale se retrouver en famille à la campagne pour nous faire sortir de Paris un peu qui est bien joli mais qui a ses limites quant au plein air.

S. M. : Une bouffée d'air pour Jean-Paul mais aussi pour Liliane qui a visité la région pour la première fois il y a 30 ans. Selon elle, se retrouver dans un gîte est une façon de recréer chaleureusement son cocon familial.

Liliane : On aime cette formule-là aussi parce qu'on préfère à l'hôtel parce qu'on est ensemble on est en famille, on peut se faire à manger, c'est convivial et on voit un peu comment les gens vivent, comment les habitations sont développées dans la région et tout donc c'est une formule qu'on aime beaucoup.

S. M. : Si Jean-Paul et Liliane sont sous le charme, Marie l'est aussi car ce n'est pas la première fois qu'elle reçoit des Canadiens.

Marie : Non, c'est la deuxième fois que j'ai des Canadiens et en fait je suis assez ravie parce que je trouve qu'ils sont absolument charmants donc... très convivial, très chaleureux.

S. M. : Les gîtes attirent donc de plus en plus de monde. Depuis 2008, leur fréquentation augmente et les touristes sont de moins en moins attirés par l'hôtel. Pour Marie, c'est avant tout grâce à l'échange plus convivial que permet le gîte.

Marie : Oui, c'est différent de l'hôtel parce qu'en fait dans un gîte on s'investit comme dans sa maison c'est-à-dire qu'on décore vraiment avec son cœur, on veut que les gens se sentent bien et on a plus l'impression de recevoir des amis que de recevoir des étrangers.

S. M. : En attendant de fêter le Nouvel An, Jean-Paul et Liliane partent en balade pour découvrir la région.

Jean-Paul et Liliane : Au revoir.

S. M. : Merci beaucoup. Au revoir.

unité 6 Du nécessaire au superflu

Dossier 1

6 Page 110, La Ruche qui dit Oui

Voix d'homme : Vous faites une tarte.
Voix de femme : Aujourd'hui, quand vous achetez des pommes, il y a de nombreux intermédiaires entre vous et le producteur : un supermarché, un grossiste, une coopérative, parfois même un demi-grossiste.
Voix d'homme : D'un côté vous payez cher le produit...
Voix de femme : ... de l'autre, le producteur est mal payé pour son travail.
Voix d'homme : *La Ruche qui dit Oui* raccourcit le circuit entre vous et le producteur.
Voix de femme : Alors qu'est-ce qu'une ruche ?
Voix d'homme : Une ruche est un point relais installé chez un particulier permettant le commerce direct avec les producteurs.
Voix de femme : Un particulier décide de créer une ruche. Il rassemble dans son entourage un réseau d'amis, de voisins, d'amis de voisins...
Voix d'homme : Écoutons un producteur de pommes.
Producteur de pommes : Je vous propose mes pommes à 1,40 euro le kilo et livre votre ruche à partir de 100 kilos de commande.
Voix d'homme : Le site recueille l'offre du producteur puis la diffuse aux membres de la ruche. Les membres commandent les pommes si l'offre les intéresse. J'en veux 5 kilos, moi 10 kilos, 15 kilos par là, on veut 10 kilos...
Voix de femme : Quand le minimum de commande est atteint...
Voix d'homme : ... la ruche a dit oui. Le producteur livre la ruche et les membres viennent récupérer leurs produits. *La Ruche qui dit Oui*, c'est partout en France et pour tout le monde. Vous pouvez ouvrir une ruche, y participer ou la fournir. La ruche ça marche pour les pommes, mais aussi pour la viande, le fromage, les légumes, le miel, les confitures, le pain, le vin, les jus de fruits.
Voix de femme : La ruche, ce sont des produits de qualité à un prix juste pour tous. Un meilleur prix d'achat pour le consommateur, un meilleur prix de vente pour le producteur.
Voix d'homme : Et c'est également un revenu complémentaire pour la personne qui tient la ruche.
Les deux voix ensemble : *La Ruche qui dit Oui*, c'est la communauté pour manger mieux, pour manger juste.
Voix d'homme : Alors que vous soyez producteur, que vous souhaitiez ouvrir une ruche ou y participer, rejoignez-nous sur laruchequiditoui.fr.

unité 7 Tous citoyens !

Dossier 2

7 Page 130, Les petits meurtres d'Agatha Christie

Bonne : Que vous êtes chou comme ça !
Inspecteur Lampion : Pourvu que je m'enrhume pas encore.
Commissaire Larosière : Je le savais, mais j'ai été assez bête pour croire qu'il n'agirait pas tout de suite. Qu'est-ce que c'est que cet accoutrement Lampion ?
Inspecteur Lampion : Ben, c'est parce que je...
Commissaire Larosière : Attendez. Cette femme aurait pu mourir brûlée vive. Et pourquoi ? Je vous le demande inspecteur, pourquoi ?
Inspecteur Lampion : À mon avis...
Commissaire Larosière : Non, taisez-vous ! Ne m'interrompez pas. Elle connaît le meurtrier. Sans le vouloir, elle a dit ou fait quelque chose qui l'a poussé à prendre ce risque. Mais je vous jure Lampion, que je saurai la faire parler.
Ah docteur, je peux l'interroger ?
Médecin : Elle a subi un choc, au cas où son état vous intéresserait. Je lui ai administré un sédatif. Elle dort.
Commissaire Larosière : Comment ça, elle dort ? De quel droit vous entravez l'action de la justice ? Non mais c'est ahurissant Lampion, tout bonnement ahurissant ! Un assassin assassine et ce cuistre endort les témoins !

Marie : Ah, arrête de couiner, personne n'est mort !
Commissaire Larosière : C'est une tentative de meurtre. Je veux savoir où chacun d'entre vous se trouvait à ce moment-là. (à Jean) Vous.
Jean : Dans le petit salon, seul bien sûr. Je lisais le *Canard*...
Commissaire Larosière : (à Tina) Vous.
Tina : Je...
Jean : ... Enchaîné. (à l'oreille de Tina) Je crois que je trouble notre petit inspecteur.
Commissaire Larosière : Ah écoutez, ça suffit, je vous ai posé une question ! Allons-y.
Tina : Je rangeais mes affaires dans ma chambre.
Commissaire Larosière : (à Marie) Vous ?
Philippe : Commissaire, je me tenais dans le hall d'entrée, incapable de monter à l'étage. Si quelqu'un était sorti ou entré dans la maison, je l'aurais vu.
Commissaire Larosière : (à Gwendoline) Il n'y avait donc que vous pour être à l'extérieur ?
Léopold Vallabrégues : Mais enfin ! C'est Gwendoline qui a donné l'alerte !
Commissaire Larosière : Personne ne quitte cette pièce. L'inspecteur Lampion viendra vous chercher un par un pour être interrogé.
Commissaire Larosière : Votre mari nous a interrompus fort à propos tout à l'heure. Où étiez-vous ce matin ?
Marie : Dans ma chambre. Le voyage avait terni mes vêtements.
Commissaire Larosière : Seule je présume.
Marie : Lorsque ma mère a été assassinée, je jouais aux cartes avec Philippe. Donc si je ne l'ai pas tuée, je n'ai aucune raison d'en vouloir à cette pauvre vieille Christine. Vous perdez votre temps et le mien commissaire.
Commissaire Larosière : C'est à moi d'en juger. Je constate, qu'il y a deux ans comme aujourd'hui, votre mari, monsieur Lacour, est le seul à confirmer vos alibis.
Marie : Vous vous acharnez sur moi alors que Gwendoline était la seule à l'extérieur et qu'elle fricote avec mon père depuis des années.
Commissaire Larosière : Depuis quand dure cette relation ?

unité 8 Perles de culture

Dossier 2

8 Page 149, Le château de Guédelon

Femme : Au début, c'était regardé comme un projet fou.
Homme : Si, mais c'est ça qui est intéressant. C'est que ce soit fou bien sûr ! Il en faut des gens fous.

Garçon : On n'a jamais vu...
Homme : Ils redécouvrent euh...
Enfant : ... le Moyen Âge !
Femme : Très impressionnée par le résultat.
Femme : C'est une bonne idée pour la région.
Homme : Si ça peut occuper quelques personnes, c'est déjà pas mal.
Homme : On est transportés au Moyen Âge.
Voix off : Guédelon. Une cinquantaine de personnes s'est mise à construire un château fort d'après les techniques de l'artisanat moyenâgeux. Sans électricité, sans grue, sans perceuse. Cela n'est pas évident car qui a gardé le savoir-faire ?
Guédelon est unique au monde architectural. Pour les hommes et les femmes qui y travaillent, il n'y a pas de témoignage écrit. Il s'agit alors d'un expériment archéologique.
On a commencé à construire à Guédelon en 1997. Il y a beaucoup à faire pour les ouvriers et beaucoup à voir pour les visiteurs. Guédelon, le chantier le plus fou du monde !

unité 9 Ainsi va le monde !

Dossier 1

9 Page 164, Le Parlamentarium

Voix off : En une seule après-midi, Mathilde a réussi à parcourir les 27 pays de l'Union européenne, à tout connaître de leur intégration dans l'Europe et pourtant, elle n'a pas quitté Bruxelles, elle n'a même pas dépensé 1 euro, elle a simplement poussé une porte et elle est entrée dans le Parlamentarium. C'est le tout nouveau centre de visite du Parlement européen et il est à la pointe de la technologie.
Audioguide : Bien que le siège officiel du Parlement européen soit établi à Strasbourg...
Voix off : Commence alors pour Mathilde un véritable voyage. Un voyage dans le temps d'abord : des origines de cette Europe trop méconnue jusqu'à aujourd'hui. Ici, rien de trop institutionnel, on joue plutôt sur des images fortes et sur des vidéos.
Commentaire vidéo : Le marché agricole était devenu la pierre d'achoppement de l'Europe.
Voix off : Et puis Mathilde fera aussi un voyage dans l'espace : sur cette carte de l'Europe, elle peut choisir une des 90 villes sélectionnées et grâce à une borne en apprendre les moindres détails.
Commentaire borne : Chaque année, les hôpitaux et médecins de Prague prennent en charge plus de 8 000 Européens à la suite d'une maladie.
Voix off : Alors ? Premières impressions de cette première visiteuse du Parlamentarium.
Mathilde Corberand : Moi qui étais plutôt euro-convaincue et j'avais l'impression de connaître des choses sur l'Europe, en fait j'ai appris déjà pas mal de choses. En 5 minutes, 10 minutes, on apprend déjà vachement.
Voix off : Le tout aura coûté 21 millions d'euros. Les esprits chagrins se demanderont peut-être s'il était bien nécessaire, en temps de crise, de dépenser cet argent pour rapprocher le citoyen du Parlement européen.
Jaume Duch : Parlamentarium est déjà payé. C'est quelque chose qu'on a payé les dernières années, je dirais même avant qu'on entre en crise, donc la question ne se pose pas.
Voix off : Le Parlamentarium sera ouvert tous les jours et son entrée est gratuite, c'est plutôt rare !

CORRIGÉS >

Autoévaluation

Page 9

Compréhension orale

Exercice 1 : **1 a** – **2 c**
Exercice 2 : **1 c** – **2 d**
Exercice 3 : **1 c** – **2 b**

Page 9

Compréhension écrite

Exercice 1 : **1 b** – **2 d**

Page 10

Exercice 2 : **1** on ne sait pas – **2** faux/Justification : créée en 1999 à Paris par l'association Paris d'Amis... – **3** vrai/Justification : cette initiative se déroule tous les mois de mai. **4** on ne sait pas – **5** faux/Justification : avant 1999, des initiatives similaires ont été lancées dans plusieurs villes belges.
Exercice 3 : **a** vrai – **b** faux – **c** faux – **d** vrai – **e** faux

Page 11

Compétences grammaticales et lexicales

1 Ac – **Bd** – **Ca** – **Db**
2 a
3 c
4 c
5 b
6 c

unité 1 Vivre ensemble

Dossier 1

Page 16

1 a acquisition – **b** construction – **c** emménagement – **d** déménagement – **e** location – **f** vente
2 *Exemples de réponses possibles :*
L'appartement : en ville – la chambre de bonne : en ville – le duplex : en ville – la ferme : à la campagne – l'hôtel particulier : en ville – le HLM : en ville – la maison : à la campagne – la péniche : sur un fleuve – le studio : en ville – la villa : au bord de la mer
3 a6 – **b3** – **c2** – **d5** – **e7** – **f4** – **g1**
4 *Se reporter aux transcriptions.*
5 a faire l'acquisition d' – **b** rez-de-chaussée, étage – **c** ascenseur – **d** fuite d'eau – **e** ont emménagé – **f** palier
6 maison, surface, mètres carrés, budget, bâtir, chalet, pièces, nuisances sonores, calme, vue

Page 19

4 Maya et Léo se sont inscrit**s** à un cours de cuisine chinoise. Ils ont réalis**é** un menu complet eux-mêmes ! Avant tout, ils se sont lav**é** les mains. Un grand chef les a guid**és** pour confectionner le repas. Les plats qu'ils ont prépar**és** étaient délicieux. Maya est repart**ie** avec sa préparation. Elle a appel**é** deux copines pour la dégustation et les a vraiment épat**ées** ! Maya et Léo se sont téléphon**é** le lendemain puis se sont rev**us** pour un cours de cuisine japonaise le mois suivant.
7 Paul et Danielle **habitaient** en Bretagne et **partaient** souvent en vacances aux quatre coins du monde. En 2010, ils **ont décidé** d'aller passer trois mois aux États-Unis. Ils **sont arrivés** à New York au mois de février. Il **faisait** froid. Un jour, ils **sont allés** au musée d'Art moderne. Ils **sont partis** à pied et ils **se sont promenés** dans la ville. Ils n'**ont** pas **pu** visiter le musée parce qu'il y **avait** une grève. À la boutique du musée, ils **ont acheté** des cartes postales et les **ont mises** dans leur sac. Tout à coup, il **s'est mis** à pleuvoir. Comme ils n'**avaient** pas de parapluie, ils **étaient mouillés** et **se sont disputés**. Ils **se sont arrêtés** dans un café pour s'abriter. Ils **se sont parlés** et **se sont réconciliés**.
3 Tout **s'est** très bien **passé**.
Il **est sorti** très lentement de sa voiture, Henri.

Dossier 2

Page 24

3 a Il ne faut pas que vous veniez les mains vides. – **b** Il faut que l'hôte reçoive bien ses invités. – **c** Il ne faut pas que je mette les coudes sur la table. – **d** Il faut qu'on soit à l'heure. – **e** Il faut qu'elles aient tous les ingrédients. – **f** Il faut que nous nous préparions rapidement.

Page 25

3 *Exemples de réponses possibles :*
a Il vaut mieux bien accueillir les invités. / Il vaudrait mieux que tu accueilles bien les invités. **b** Il est souhaitable de ne pas oublier de faire un cadeau. / Il est préférable que les invités n'oublient pas de faire un cadeau. **c** Il est indispensable de servir un apéritif. / Il est bon que les hôtes servent un apéritif. **d** Il vaut mieux mélanger les personnalités à table. / La maîtresse de maison conseille que les hôtes mélangent les personnalités à table. **e** Il vaut mieux faire honneur au dîner. / Il est important que vous fassiez honneur au dîner. **f** Je recommande de raccompagner les invités jusqu'à la porte. / Il est indiqué que vous raccompagniez les invités jusqu'à la porte.
9 1 ordre – 2 permission – 3 ordre – 4 interdiction – 5 interdiction – 6 permission

Page 27

1 brasserie – réservé – serveur – service – carte – pourboire
2 a assiettes – **b** fouet – **c** verres – **d** casserole – **e** bouilloire – **f** poêle – **g** bouteille – **h** mixeur
3 a5 – **b3** – **c4** – **d1** – **e2**
4 1 appréciation négative – **2** appréciation positive – **3** appréciation positive – **4** appréciation négative – **5** appréciation positive – **6** appréciation positive – **7** appréciation négative – **8** appréciation négative – **9** appréciation négative – **10** appréciation positive
5 *Exemples de réponses possibles :*
a une bière – **b** une tisane – **c** un café
6 a j'ai pris de la brioche – **b** j'ai une faim de loup – **c** je voudrais casser la croûte – **d** j'ai un appétit d'oiseau

unité 2 Au travail !

Dossier 1

Page 34

1 **a** le collège – **b** l'école maternelle – **c** le lycée – **d** l'école élémentaire
2 public – universités – bacheliers – étudiants – recherche
3 **a** sèche les cours – **b** se planter à son exam' – **c** ira à la fac
4 filières – domaines – diplômes – cycles – semestres
5 **a3A – b1C – c2B**
6 **a** échouer à/rater un examen – **b** réussir/avoir un examen – **c** passer un examen
7 **a** l'économie – **b** la sociologie – **c** la philosophie – **d** la psychologie – **e** la géographie – **f** les sciences politiques
8 *Exemples de réponses possibles :*
l'amphithéâtre : assister à un cours magistral – la bibliothèque : consulter/emprunter des livres – le laboratoire de recherche : faire des recherches – la résidence universitaire : dormir – le restau universitaire : prendre ses repas
9 programmes – conventions – inscrits – cursus

Page 36

3 qui – dont – qui – où – que – qui
6 **a C'est moi qui** souhaite faire un échange universitaire l'année prochaine./**C'est un échange universitaire que** je souhaite faire l'année prochaine./**C'est l'année prochaine que** je souhaite faire un échange universitaire.
b C'est cet étudiant qui déteste les mathématiques depuis qu'il a commencé la fac./**Ce sont les mathématiques que** cet étudiant déteste depuis qu'il a commencé la fac./**C'est depuis qu'il a commencé la fac** que cet étudiant déteste les mathématiques.

Page 37

10 **a Ce qu'**elle souhaite, c'est trouver un job pour payer ses études./Trouver un job pour payer ses études, **c'est ce qu'**elle souhaite.
b La gentillesse de sa prof de psycho, **c'est ce à quoi** Paul est sensible./**Ce à quoi** Paul est sensible, c'est à la gentillesse de sa prof de psycho.

Dossier 2

Page 42

3 **a** Au bureau, nous n'avons que des réunions **ennuyeuses**. – **b** C'est mon **cinquième** entretien cette semaine. – **c** Envoyez-moi la **dernière** version de votre CV. – **d** Rédigez une lettre de motivation **structurée**.

Page 43

3 **a** drôlement – **b** partiellement – **c** remarquablement – **d** évidemment – **e** longuement – **f** particulièrement – **g** joliment – **h** difficilement – **i** couramment – **j** courageusement – **k** prudemment – **l** intelligemment

Page 45

1 le salaire brut/net, le SMIC, les horaires, le poste, les congés...
2 *Exemple de réponses possibles :*
Agriculteur : disponibilité, passion pour la nature, volonté, indépendance, connaissance du monde agricole et capacité de gestion.
3 boulot – patron/chef – augmentations – pénible – personnel – horaires – collègues – cadres – employés – poste/job
4 **1** heureuse – **2** mécontente – **3** mécontente – **4** heureuse – **5** mécontente – **6** mécontente – **7** heureuse – **8** heureuse
5 **a** la communication – **b** l'administration/le secteur public – **c** l'enseignement/l'éducation – **d** le commerce/la banque – **e** l'industrie – **f** la restauration – **g** la santé – **h** la santé
6 un accord – une embauche – un licenciement – une négociation – un recrutement – une sélection – un versement

unité 3 Faites passer le message

Dossier 1

Page 52

1 *Exemples de réponses possibles :*
Journée ensoleillée pour les « Poissons » : Horoscope
Chef-d'œuvre à voir et à revoir : Critique de cinéma
Un lion s'échappe du zoo de Thoiry : Faits divers
L'Espagne triomphe en finale de l'UEFA : Sport
2 radio – audiovisuel – stations – programmes – émissions – direct – auditeurs – feuilletons
3 **1** débat – **2** journal – **3** météo – **4** journal, émission politique – **5** débat – **6** journal – **7** match de football – **8** journal – **9** loto – **10** journal, émission sportive
4 le rédacteur en chef – les journalistes – d'un reporter photo – les correcteurs – maquettiste

Page 54

3 **a** n. m./remercier – **b** n. m./débuter – **c** n. f./blesser – **d** n. m./jardiner – **e** n. f./venir – **f** n. f./finir – **g** n. f./gérer – **h** n. f./(se) noyer – **i** n. f./fonctionner – **j** n. m./juger – **k** n. f./(s')inscrire – **l** n. f./rayer
4 **a** la vente – **b** l'achat – **c** le nettoyage – **d** la résolution – **e** le retournement/le retour – **f** l'augmentation – **g** la baisse – **h** la décision – **i** la lecture – **j** le jeu – **k** la volonté – **l** l'investissement – **m** la vue – **n** le choix
5 *Exemples de réponses possibles :*
a Promesse de subventions dans le secteur – **b** Destruction du vieux quartier – **c** Suppressions de postes dans l'éducation – **d** Départ du Vendée Globe ce matin – **e** Défaite de l'équipe toulousaine de rugby sur son propre terrain

Page 55

3 **a** La cagnotte de l'Euro Million a été gagnée par un habitant de Liège. – **b** Il faut que la décision finale soit prise par la rédaction du journal. – **c** Une solution doit être trouvée pour augmenter les ventes de la revue. – **d** Un discours sera prononcé par le maire dans la soirée.
4 **a** Les voleurs ont été arrêtés par la police. – **b** Ce journaliste a été licencié. – **c** Les gens sont influencés par les médias. – **d** L'équipe belge a été battue en finale.

Dossier 2

Page 60

3 **a** puissiez – **b** promouvoir – **c** aillent – **d** aient l'occasion
4 *Exemples de réponses possibles :*
a vous appreniez à utiliser un ordinateur. – **b** d'enrichir le journal. – **c** améliorer tes notes. – **d** tout le monde ait accès à la communication virtuelle.

Page 61

3 *Exemples de réponses possibles :*
a Ils n'ont pas encore acheté de tablette tactile. – **b** Mes enfants ne me disent rien. – **c** Magalie voudrait ne plus jamais retourner en cours d'informatique. – **d** Je ne sais me servir ni d'un ordinateur ni d'un smartphone. – **e** Nous ne sommes jamais allés au salon des nouvelles technologies.

Page 63

1 **a** la réponse, la sonnerie, la communication, l'appel – **b** téléphoner, converser, renseigner
2 **1i – 2g – 3a – 4h – 5b – 6c – 7e – 8d – 9f**
3 **a3 – b2 – c8 – d7 – e6 – f1 – g4 – h5**
4 **a7 – b6 – c2 – d4 – e5 – f3 – g1**
5 **a** À quelle heure tu viens demain ? – **b** Tu m'as épaté ! – **c** J'ai une affaire à te proposer. – **d** Qu'est-ce que tu fais ? Je t'attends. – **e** C'est l'anniversaire de Ben aujourd'hui. – **f** Tu as eu l'information ?
6 **a** C Koi 1 MMS ? – **b** Eske ta passÉ 1 bon WE ? – **c** TA envie de tf'R 1 6né ? – **d** Mer6 bcp pour le KDO !

unité 4 Entre nous...

Dossier 1

Page 70

1 *Exemples de réponses possibles :*
a le respect, la jalousie, la confidence, la complicité, la rivalité – **b** le respect, la confidence, la complicité – **c** la jalousie, la confidence, la complicité, la rivalité
2 l'adolescence : de 10-12 à 18 ans environ – l'âge adulte : de 18 à 65 ans – le troisième âge : de 65 à 80 ans – le quatrième âge : plus de 80 ans
3 *Exemples de réponses possibles :*
la jeunesse : l'apprentissage +, l'éveil +, la puberté + ou -, l'innocence + la « force de l'âge » + – la vieillesse : la connaissance de soi +, la disparition -, l'épanouissement +, la maturité +, la plénitude +, la sagesse +
4 **a1** et **5** – **b 7** – **2**, **3** et **8** – **c 4** et **6**
5 salle d'attente – cabinet médical – symptômes – pouls – tension – température – ventre – ordonnance – consultation – médicaments

Page 72

3 les plus beaux – aussi/plus sympa – moins – plus amusants – moins chère – plus cher
4 **a** meilleurs – **b** la meilleure, le mieux – **c** meilleure, mieux – **d** le meilleur

Page 73

3 **a** alors que – **b** malgré – **c** Bien qu' – **d** même si
4 *Exemples de réponses possibles :*
a leurs parents ne soient pas d'accord. – **b** à son frère qui ne les supporte pas. – **c** Rose est brune. – **d** elle ira au concert de Thomas Dutronc.

Dossier 2

Page 78

3 **a** soit – **b** fassent – **c** veulent – **d** nous séparions – **e** pourra – **f** est – **g** ait – **h** obtienne

Page 79

4 **a** Je ne pense pas qu'elle veuille se marier. – **b** Je suppose qu'ils finiront par divorcer. – **c** Je ne suis pas sûr qu'il vive une belle histoire d'amour. – **d** Il semble que Manon soit la confidente de Lila. – **e** Il paraît que les couples mariés peuvent signer ou non un contrat de mariage. – **f** Il doute que ça me fasse plaisir de vivre avec lui. – **g** Tout le monde sait que nous nous disputons régulièrement.
5 **a2 et 3 – b1 et 8 – c4 et 7 – d5 et 6**

Page 81

1 **a5 – b2 – c1 – d4 – e3**
2 **a** être compréhensif(-ve) – **b** être sincère – **c** être sympathique – **d** être tolérant(e)
3 **a** la gentillesse – **b** la générosité – **c** le respect
4 coup de foudre – nous sommes embrassés – ai rencontré – déclaration – grand amour
5 **a3 – b1 – c2**
6 **1** joie – **2** tristesse – **3** joie – **4** joie – **5** tristesse – **6** tristesse – **7** joie – **8** joie – **9** tristesse
7 **a** la haine – **b** l'infidélité – **c** le mensonge – **d** le divorce – **e** la dispute – **f** le chagrin – **g** les pleurs

unité 5 À l'horizon

Dossier 1

Page 88

1 voyage organisé – réservation – agence de voyage – basse saison – offre de dernière minute – croisière
2 *Exemples de réponses possibles :*
a Il va dans une station balnéaire, pour se livrer au farniente. **B** Il va à la montagne ou dans le désert, pour faire de la randonnée. **c** Il va au bord d'une rivière, d'un lac ou de la mer pour camper et pêcher. **d** Il va dans la nature, peut-être dans un parc national, pour observer la faune et la flore et pour faire de la randonnée.
3 **a4 – b1 – c3 – d5 – e2**
4 **a6 – b1 – c4 – d5 – e3 – f2**
5 **a** tropical – **b** méditerranéen – **c** continental – **d** désertique

Page 90

3 **a** avais perdu – **b** avaient préparé – **c** étiez allés – **d** avais cueillie – **e** s'était caché
4 *Exemples de réponses possibles :*
a elle avait réservé un hôtel. – **b** il avait acheté son billet. – **c** elle était allée chez le coiffeur. – **d** j'avais fait une nuit blanche.

Page 91

3 **a** aujourd'hui, demain – **b** L'année précédente – **c** le lendemain – **d** Hier, la veille – **e** le mois suivant

Dossier 2

Page 96

3 en – pendant – pour – pendant – pour – depuis – depuis
4 **a** pour – **b** il y a – **c** dans – **d** depuis

Page 97

3 a pendant que – **b** avant que – **c** en attendant que – **d** dès que
4 *Exemples de réponses possibles :*
a a vérifié ma carte d'embarquement. – **b** prenne une décision. – **c** ouvre la porte. – **d** aurai assez d'argent.

Page 99

1 a faux – **b** vrai – **c** faux – **d** vrai – **e** faux
2 d – e – a – b – f – c
3 Un vélo circule sur une piste cyclable. – Une voiture circule sur une autoroute ou une route. – Un train circule sur des rails.
4 conduire – l'autoroute – départementales – contrôler – permis de conduire – sens interdit – amende – piéton
5 a les deux – **b** l'avion – **c** l'avion – **d** le train – **e** le train – **f** l'avion – **g** le train – **h** le train – **i** le train
6 1 train, problématique – **2** avion, problématique – **3** gare, inattendue – **4** avion, inattendue – **5** avion, problématique – **6** avion, inattendue
7 *Exemples de réponses possibles :*
a Il assure le service à bord d'un avion. – **b** Il contrôle les marchandises et les personnes à la sortie et à l'entrée d'un pays. – **c** Il est aux commandes d'un avion. – **e** Il s'occupe de l'entretien et de la réparation des voitures.

unité 6 Du nécessaire au superflu

Dossier 1

Page 106

1 a exporter – **b** la croissance – **c** le progrès – **d** la richesse – **e** la consommation
2 hypermarchés – rayons – chariots – faire la queue à la caisse – sacs en plastique – services après-vente – ticket
3 1 vendeur – **2** client – **3** vendeur – **4** client – **5** vendeur – **6** client – **7** vendeur – **8** vendeur – **9** client
5 a l'oseille/le blé – **b** flouze – **c** pognon dérivé de « pogne » = la main – **d** thune et fric
6 être riche : être friqué, être plein aux as, être riche comme Crésus – être pauvre : être dans la dèche, être fauché, ne pas arriver à joindre les deux bouts
7 *Exemple de réponse possible :*
« Pierre qui roule n'amasse pas mousse » : une vie aventureuse ne permet pas de s'enrichir.

Page 108

3 a je devrai/nous devrions – **b** j'aurai/nous aurions – **c** je serai/nous serions – **d** je ferai/nous ferions – **e** je pourrai/nous pourrions – **f** je saurai/nous saurions – **g** je viendrai/nous viendrions – **h** je verrai/nous verrions
4 *Exemples de réponses possibles :*
a sinon j'en aurais profité. – **b** sinon je ne serais pas sorti. – **c** aurais pu lui écrire. – **d** j'aurais dû téléphoner.

Page 109

3 a serions devenus – **b** j'achèterais – **c** serais

Dossier 2

Page 114

3 *Exemples de réponses possibles :*
a au travail – **b** à la mer – **c** au tabac – **d** en Sibérie – **e** à l'économie
4 *Exemples de réponses possibles :*
a J'y vais pour trois mois. – **b** Non, je ne vais pas y participer. – **c** J'y retournerai sûrement. – **d** Je m'y mettrai à la rentrée.
5 La plage.

Page 115

3 a Je ne pense pas **en** avoir besoin. – **b** J'**en** suis très contente. – **c** J'ai réussi à **en** acheter. – **d** Je m'**en** souviens encore.

Page 117

1 a lire – **b** peindre – **c** collectionner – **d** (se) promener – **e** coudre
2 1 la peinture – **2** la promenade – **3** la collection – **4** le jardinage – **5** la cuisine – **6** le bricolage – **7** la couture
3 a un spectacle de danse – **b** l'opéra – **c** le cinéma – **d** le théâtre
4 *Exemples de réponses possibles :*
a faire la fête – **b** la lecture – **c** la randonnée – **d** la couture
5 a se changer les idées – **b** prendre du bon temps – **c** se la couler douce
6 a jeu de plateau – **b** jeu de cartes – **c** jeu de dés – **d** jeu de plateau – **e** intrus – **f** jeu de dés – **g** jeu de plateau – **h** jeu de cartes – **i** jeu de cartes
7 a2 – b6 – c5 – d7 – e1 – f3 – g4
8 équipe – match nul – rencontre – entraîneur – champion – battre – championnat – la finale – supporters – match

unité 7 Tous citoyens !

Dossier 1

Page 124

1 a démocratie – **b** l'Assemblée nationale, Sénat – **c** la loi – **d** justice – **e** l'État
2 a4 – b2 – c3 – d5 – e1
3 a livret de famille – **b** carte d'identité – **c** carte vitale – **d** bulletins de salaire/fiches de paie – **e** un permis de séjour
4 a la devise nationale – **b** Marianne – **c** des devoirs – **d** l'hymne national – **e** drapeau tricolore

Page 126

4 a toutes, aucune – **b** Tous, Chacun – **c** toutes, certaines – **d** chacun, quelques

Page 127

5 a [tus] – **b** [tu] – **c** [tu] – **d** [tus] – **e** [tu], [tus]
8 a Non, personne n'a déposé de dossier de naturalisation ce matin. – **b** Non, aucune modification n'a été apportée au projet de Charte. – **c** Non, je n'ai rien remarqué d'inédit dans la charte.

Dossier 2

Page 132

3 **a** mangeant – **b** lisant – **c** prenant – **d** voulant – **e** disant – **f** achetant
3 *Exemples de réponses possibles :*
a l'étranglant. – **b** sautant par la fenêtre. – **c** faisant de la publicité. – **d** prenant la déposition de la victime.

Page 133

3 **a** Le bâtiment devant lequel nous nous trouvons est le palais de justice. – **b** Les tribunaux sont des endroits particuliers dans lesquels les appareils photos et les caméras sont interdits. – **c** N. Herrenschmidt a un gilet à 18 poches grâce auquel elle est complètement autonome pour réaliser ses aquarelles. – **d** Les grands procès auxquels assiste la reporter-aquarelliste durent parfois plusieurs mois.

Page 135

1 **a** un polar – **b** un flic – **c** un panier à salade
2 **a** des empreintes digitales – **b** des indices – **c** les témoins – **d** le suspect
3 **a** droit pénal – **b** droit civil – **c** droit civil – **d** droit pénal
4 **a** le juge d'instruction – **b** le procureur – **c** le juge d'application des peines – **d** l'huissier de justice – **e** l'avocat – **f** le président du tribunal
5 **1** juge – **2** avocat – **3** accusé – **4** accusé – **5** avocat – **6** juge – **7** avocat
6 **a** incendie, pompiers – **b** Au voleur – **c** secours – **d** SAMU – **e** sirène, ambulance

unité 8 Perles de culture

Dossier 1

Page 142

1 **a5 – b3 – c6 – d1 – e2 – f4**
2 **a4 – b3 – c1 – d5 – e2**
3 fréquentent – visite – consulte – arpente
4 peinture – photo – film – œuvre d'art – artiste – public – émotions – message
5 admiration : **1**, **4**, **5**, **7** – incompréhension : **3**, **6**, **10** – dépréciation : **2**, **8**, **9**

Page 145

3 H. Miller a dit que Paris avait toujours été et serait toujours un phare pour tous ceux qui s'intéressaient à l'art et aimaient la liberté. Son image de Paris, il la devait à un très cher ami qui avait énormément voyagé en Europe.
4 **a** Il m'a dit qu'il voudrait aller au Festival de la BD. **b** Il m'a confié que Tania allait publier son premier roman. **c** Il a déclaré que leur association accueillerait des artistes étrangers. **d** Il a affirmé qu'il emmenait souvent son fils au cirque.
5 **a** Il m'a dit qu'il adorait les spectacles de rue. **b** Elle m'a demandé quand j'avais arrêté mes cours de guitare. **c** Il m'a informé qu'il allait rencontrer un producteur. **d** Il a voulu savoir si nous étions allés au concert de Manu Chao. **e** Elle a dit de ne pas poser de questions. **f** Il m'a conseillé d'aller au Festival d'Avignon.
6 *Exemples de réponses possibles :*
a Il m'a demandé si j'avais vu l'expo Picasso. **b** Il m'a demandé si j'étais heureuse. **c** Il a demandé si je l'accompagnerais au musée. **d** Il a dit que cette sculpture était horrible. **e** Il m'a demandé si j'avais lu *Madame Bovary*.

Dossier 2

Page 150

3 pu, il put, ils purent – dû, il dut, ils durent – parti, il partit, ils partirent – su, il sut, ils surent – vécu, il vécut, ils vécurent – pris, il prit, ils prirent

Page 151

4 s'est vidé – a continué – ont été – a été – a décidé – a enlevé – a envoyé – a ouvert
5 a été, fut – a reçu, reçut – est devenue, devint – a ouvert, ouvrit – a enseigné, enseigna – a valu, valut – a repris, reprit – a donné, donna – a défendu, défendit – a lutté, lutta – a milité, milita
6 *Exemple de réponse possible :*
Guy de Maupassant **naquit** au Château de Miromesnil en Normandie en 1850. Il **suivit/fit** ses études secondaires au lycée de Rouen. Il **fut** l'ami de Gustave Flaubert et **fréquenta** les salons à Paris. Il **obtint/connut/eut** son premier succès littéraire avec *Boule de Suif* en 1880. Il **publia** des nouvelles, des romans et des articles. Il **voyagea/fit** des voyages en Corse, en Italie et en Afrique du Nord. Sa santé **se dégrada** et il **mourut** à Paris en 1893.

Page 153

1 Antiquité – Moyen Âge – découverte – transition – période
2 **a** : l'apparition des premiers hommes – **b** : l'apparition de l'écriture – **c** : la chute de l'Empire romain – **d** : la découverte de l'Amérique – **e** : la Révolution française – **f** : le début de la Première Guerre mondiale
3 **a4 – b3 – c1 – d2**
4 un archéologue : 1, 3, 4, 6 – un architecte : 2, 5, 7, 8
5 La tour n'est pas un édifice religieux.
6 La flèche est un élément d'une cathédrale.
7 **a3 – b2 – c4 – d1**
8 **a2 – b1 – c3 – d3 – e2**

unité 9 Ainsi va le monde !

Dossier 1

Page 160

1 **a** le médiateur européen – **b** le Parlement européen – **c** la Commission européenne, le Conseil de l'UE et le Parlement européen – **d** le Service européen pour l'action extérieure
2 **a** la paix – **b** élections européennes – **c** programmes d'échange – **d** un fond européen – **e** Bruxelles
3 siège – session plénière – directives – groupes de pression – débats – interprétation – traité
4 **a** GUE/NGL : Gauche unitaire européenne/Gauche verte nordique – **b** S & D : alliance progressiste des Socialistes & Démocrates – **c** Les Verts/ALE : les Verts/Alliance libre européenne – **d** ADLE : Alliance des Démocrates et des Libéraux pour l'Europe – **e** PPE : Parti populaire européen – **f** CRE : Conservateurs et Réformistes européens – **g** EFD : groupe Europe liberté démocratie – **h** : Non inscrits
5 Président du Parlement : **1, 3, 5, 6, 8** – Député : **2, 4, 7, 9, 10**

Page 163

4 a Comme/Étant donné que – **b** c'est pourquoi/par conséquent – **c** par conséquent/c'est pourquoi/donc – **d** Comme/Étant donné qu' – **e** Ça vient de – **f** grâce aux – **g** donc/c'est pourquoi/par conséquent – **h** en raison de

5 Par conséquent – Comme – donc – c'est pourquoi – entraîne – parce qu'

Dossier 2

Page 168

3 a Je ne le comprends plus. – **b** Tu peux lui donner. – **c** Je ne peux plus le supporter. – **d** Il ne l'a pas achetée. – **e** Ne le crois pas !

4 a lui – **b** le/la/en – **c** y – **d** leur/vous

Page 169

3 a Oui, je t'en ai préparé. / Non, je ne t'en ai pas préparé. – **b** Oui, je vais la lui offrir. / Non, je ne vais pas la lui offrir. **c** Oui, je vais lui en parler. / Non, je ne vais pas lui en parler. – **d** Oui, je le lui ai dit. / Non, je ne le lui ai pas dit.

Page 171

1 a un exilé – **b** un migrant – **c** un émigré ou un expatrié – **d** un immigré ou un expatrié.

2 Inquiétude : **1**, **3**, **4**, **5** – Soulagement : **2**, **6**

3 compétitives – délocalisent – production – rentable – pays émergents

4 a Dans ce pays, il y a des ressources naturelles. – **b** Tous les jours, il s'enrichit. – **c** Il gagne mal sa vie. – **d** Il vient d'un milieu défavorisé. / Il est issu des classes populaires.

5 a local – **b** socialisme – **c** progressiste

6 a l'OTAN – **b** la CPI – **c** le FMI – **d** l'UNESCO

7 a le CIO – **b** Greenpeace – **c** le CICR

8 a La croissance – **b** Les progrès – **c** Un développement

Références des crédits photographiques

14	Droits réservés à Ouest France
15	Collection ChristopheL
17	« Rémi, gardien d'immeuble, pour 1 000 à 1 700 euros par mois » par Sarah Masson, 21/07/2009 - photographe : Audrey Cerdan/© Rue89
20	Hamilton/Réa
21	« Monsieur Jean T.5 : Comme s'il en pleuvait » : Dupuy & Berberian, page 15 © « Les Humanoïdes Associés S.A.S., PARIS »
21	Collection ChristopheL
22	Sempé, *Luxe, calme et volupté* © Éditions Denoël, 1987, 2011
23	Rivière/age fotostock
26	Food-micro - Fotolia.com
26	NLPhotos - Fotolia.com
26	M.Studio - Fotolia.com
26	Objectif saveurs - Fotolia.com
26	Barbara Pheby - Fotolia.com
26	M.Studio - Fotolia.com
26	Elvin - Fotolia.com
28	Philippe Geluck
28	Nito - Fotolia.com
29	Yves Roland - Fotolia.com
32	DiMaggioKalish/age fotostock
35	EKA/Eureka Slide/Reporters-Réa
38	Rodho
40	François S.
41	David Gould/Photographer's Choice RF/ GettyImages
44 hd	Xinhua/Zuma/Réa
44 hg	Jeremy Woodhouse/GettyImages
46	Lécroart/Iconovox
47	Richard Damoret/Réa
50	« Couverture de Télérama n° 2866 du 18 décembre 2004. Photo Antoine Le Grand »
53 a	www.philippetastet.com
53 b	Na !
53 c	Kroll
56	Éric Gaillard/Reuters
58	http://ectac.over-blog.com/article-multimedia-usage-bonnes-manieres-telephone-portable-autre-smartphone-photo-video-texto-bell-ectac-81171029.html
58	Global Business Communication/ GettyImages
58	Albert/Iconovox
59	Richard Newstead/GettyImages
62	AFP Creative/Photononstop
63	Palsur - Fotolia.com
64	Philippe Devanne - Fotolia.com
65	John Lund/Paula Zacharias/Blend Images/ GettyImages
69	Albert/Iconovox
69	Source INSEE « France, portrait social » édition 2011
71 hd	Dougal Waters/GettyImages
71 hg	George Marks/GettyImages
74	akg-images/Erich Lessing
75	Bouchard
76 1	Stocksnapper - Fotolia.com
76 2	The Supe87 - Fotolia.com
76 3	Anatoliy Meshkov - Fotolia.com
76 4	Fotolia.com
76 5	dinostock - Fotolia.com
76 6	Make-up and Style Margarita Valua - Fotolia.com
76 7	Aleksandar Lobanov - Fotolia.com
76 hd	Cambon/Iconovox
77	*Broderies* de Marjane Satrapi © Éditions L'Association, 2003
80 md	Collection Sirot-Angel/Leemage
80 mg	Luisa Ricciarini/Leemage
82 bd	North Wind Pictures/Leemage
82 bg	akg-images/Rabatti - Domingie
82 hd - hg	akg-images
82 md	Youngtae/Leemage
82 mg	DeAgostini/Leemage
83	Emmanuel Faure/GettyImages
86	Lydie/Sipa
87	RayClid
89	Yann Guichaoua/Hoa-Qui/Gamma-Rapho
92	Ann Johansson/The New York Times-Redux-Réa
93	Chad Ehlers/age fotostock
94	Walter Bibikow/age fotostock
95	Jonvon Nias
98	Wikimedia/Petrus Potgieter
100 bd	Google images
100 bg	Traveler and Photographer/Flickr/ GettyImages
100 hd	Paul Souders/Corbis
100 hg	Frans Lanting/Corbis
100 hm	Jens Kalaene/DPA/Picture Alliance
100 mg	Ocean/Corbis
100 mg	Lucas Lenci Photo/Image Bank/ GettyImages
100 mm	Leslie Todd/Alamy/hemis.fr
101	Uolir - Fotolia.com
104	Miquel Gonzalez/Laif-Réa
105	*La Décroissance*/Casseurs de pub
107	www.lamaisondeditions.fr
111	Décembre 1961 : 1er numéro du magazine Que Choisir, édité par l'Union fédérale de la consommation
116	Boris Horvat/AFP ImageForum
118	Frédérique Warin (www.97320.com/ Festival-de-contes-Koute-pou-Tande-2012_a4786.html)
119	Galyna Andrushko/age fotostock
122	Fanny/Réa
125	akg-images/Erich Lessing
128	Ian Hanning/Réa
129	Goubelle
130	Les aventures de Jack Palmer, T1 *Une Sacrée salade* de René Pétillon © Glénat
131 hd	Arpajou/Sipa
131 hg	Photo12/Marcel Dole
134 bd	Ludovic/Réa
134 hg	Noëlle Herrenschmidt pour *Le Monde* - Dessin d'audience fait à Bordeaux en janvier 1998, pendant le procès Papon.
136 1	Giorgio Cosulich/GettyImages
136 2	Bertrand Guay/AFP ImageForum
136 3	Georges Gobet/AFP ImageForum
136 4	David Levenson/Alamy/hemis.fr
136 5	Vincent Kessler/Reuters
137	Berti Hanna/Réa
140	Bettmann/Corbis
141	RMN/René-Gabriel Ojéda
142	akg-images/ Adagp, Paris 2012
143 bg - hd	Robert Doisneau/Gamma Rapho
146	Collection ChristopheL
147	Yadid Levy - www.agefotostock.com
148	Lionel Lourdel/Photononstop
151	Costa/Leemage
152 bd	BNF
152 bg	Retro mai 1968 N&B/Gamma Rapho
154 bd	Ullstein Bild/Roger-Viollet
154 bg	The Gallery Collection/Corbis
154 hd	Henry Westheim Photography/Alamy/ hemis.fr
155	Luke Stettner/photonica/GettyImages
158	Trez
161 md	Teamarbeit - Fotolia.com
161 mg	DeVice - Fotolia.com
161 mm	Fotolia.com
165	Kroll
165	Kroll
166	© 2011 - *Le Dessous des Cartes*/Une production Arte France en collaboration avec le Lépac
166 b1	Imagebroker/Leemage
166 b2	DeA/Ambrosiana/Leemage
166 b3	Costa/Leemage
166 b4	British Library/Robana/Leemage
166 b5	Collection LOU/KHARBINE-TAPABOR
166 b6	amanaimages/Corbis
166 h1	akg-images
166 h2	North Wind Pictures/Leemage
166 h3	Jennifer Kennard/Corbis
166 h4	Florilegius/Leemage
166 h5	British Library/Robana/Leemage
167	*Globalia* de Jean-Christophe Rufin © Éditions Gallimard
170	Problèmes économiques n° 3038 du 29/02/2012 © La Documentation Française
172 1	akg-images/Werner Forman
172 2	Vidler Steve/age fotostock
172 3	John Warburton-Lee/Photononstop
172 4	Image Source/Photononstop
172 5	S Ziese/age fotostock
172 6	Author's Image/Photononstop
172 7	Tips/Photononstop
172 8	Richard Maschmeyer/age fotostock
172 9	William Perry/age fotostock
173	Frédéric Maigrot/Réa

Références des textes

14	« Xue et Henri : un toit, deux générations ! » - Lorient de Hélène NOURDIN - samedi 27/08/2011/Ouest France
17	*L'Élégance du hérisson* de Muriel Barbery © Éditions Gallimard
17	« Rémi, gardien d'immeuble, pour 1 000 à 1 700 euros par mois », par Sarah Masson, 21/07/2009 - photographe : Audrey Cerdan/Rue89
20	« En France : La vogue des jardins partagés de Catherine Guichard » - accompagne l'article : « L'agriculture s'installe en ville », Daniela Schröder/Der Spiegel du 11.08.2010/Courrier International
22	www.cmonanniversaire.com/soiree-reussie.aspx
26	Étude TNS Sofres réalisée pour Vie Pratique Gourmand
28	« Mon ami le hamburger » par Alexandre Zalewski le 30/08/2010/http://metrofrance.com
35	Véronique Radier/*Le Nouvel Observateur* 14 juillet 2011, n° 2436
38	© Éditions Stock, 2005.
41	« Mentir sur son CV, courant mais risqué » © Marie Bartnik/lefigaro.fr/01.04.2011
46	« Les règles de la candidature à la québécoise » © Laurence Nadeau/Lexpansion.com/23.01.2008
51	*Histoire du Louvre* extrait de l'émission « 2000 ans d'histoire » Patrice Gelinet 25/07/2008 © INA
51	« Médias et minorités en France : le regard d'un «étranger» » par Réjane Ereau, 12 mars, 2010 - http://www.respectmag.com/m%C3%A9dias-et-minorit%C3%A9s-en-france-le-regard-dun-%C3%A9tranger
53	Rédigé par Chris le 3 juillet 2007 - http://lamarqueduweb.typepad.fr/blog/page/34/
56	« Sans télé mais pas sans écran : portrait d'une génération » © Raphaële Karayan/Lexpansion.com/25.10.2010
57	*Pars vite et reviens tard* de Fred Vargas © Éditions Viviane Hamy, 2002
59	« La dictature de l'instantanéité » par Stéphane Laporte, 13 novembre 2011/www.cyberpresse.ca
62	www.senat.fr/senateurs-juniors-1998/ntic.html
64	Létizia Cappecchi, Toulous'Ethic du 14.05.2008
68	« Regard sur la France : L'éducation à la française, un modèle outre-Atlantique » © Marie-Estelle Pech/lefigaro.fr/23.01.2012
71	Benoît Richard, « Françoise en 1950, Élodie en 2011 » *Sciences Humaines* n° 225 - avril 2011
86	« Visiter Paris en 2 CV » par Stéphanie Morin, le 12/12/2010/La Presse.ca
92	« Voyager autrement : Dix combines pour voyager fauché »/Lonely Planet, 2010
93	© Psychologies.com
94	« Voyager autrement : Sur la route des trains de légende »/Lonely Planet
98	« Choisir son voisin dans l'avion en fonction de son «profil» » - par François Bostnavaron/*Le Monde* du 28/12/2011
104	« Un Angliche à la chasse aux anchois », par Michael Wright © Courrier International, 15/9/2011
107	http://ecofrancisation.webs.com/
110	« Ils «compactent» leur vie pour ne plus gaspiller » de Julie Marceau, Rue89, 10/6/2009
111	*Les Choses* Georges Pérec, Éditions Julliard, 1993.
116	*Demain* interprété par Thomas Dutronc (Thomas Dutronc) © Choi Music Éditions/Tomdu (P) 2011, Mercury, un label Universal Music France avec l'aimable autorisation de Mercury, un label Universal Music France
122	« Maîtrise de la langue et de la culture françaises impérative » par Walid Mebarek/El Watan.com
128	« Le service civique en 5 questions » © Laura Béheulière/Lexpress.fr/19.05.2010
131	Written by Georges Simenon reproduced with the kind permission of Georges Simenon Limited *Le chien jaune* © 1931 Georges Simenon Limited, une société du Groupe Chorion, tous droits réservés
136	www.ca-paris.justice.fr
140	*Artiste et Métèque à Paris* de Lise Bloch-Morhange et David Alper
147	Pièce de Jean-Michel Ribes, *Musée haut, Musée bas* © Actes Sud, 2004
148	*Du château royal au musée d'Archéologie nationale* - Saint-Germain-en-Laye © Réunion des musées nationaux – Grand Palais 2007
152	*Économie, société, culture en France depuis 1945* Christian Bonnet/Ellipses
158	*Français, je vous aime*, Stephen Clarke, NIL Eds 2009
161	EurActiv
167	Jean-Christophe Rufin, *Globalia* © Éditions Gallimard
179	Céline Bagault, « l'amitié sur le net : une relation à part ? » *Sciences Humaines* n° 225 - avril 2011
181	« Réseaux sociaux : l'exhibitionnisme, une seconde nature ? » du 21/9/2010/www.metrofrance.com
181	« Les fautes empêchent rarement la compréhension » du 3/11/2011/www.metrofrance.com»
184	Philippe Delerm « D'autres livres sont sous la clefs » (extrait) in *Dickens, barbe à papa, et autres nourritures délectables* © Éditions Gallimard
199	« L'art de la table » journaliste James Dedycker 13/09/2011 © Radio Canada
199	Chronique « Question de choix : La consommation des fruits et légumes » 02'06, Fabienne Chauvière, Valérie Sené, 5/11/2011 © France Info
200-201	Reportage « Le plus France Info : Travailler pour étudier : le lot de plus en plus commun des étudiants », Philippe Poulenard 17/11/11 © France Info
201	« Êtes-vous fait pour le télétravail ? « émission : « L'heure de pointe » Jean-Pierre Girard journaliste et Stéphane Simard intervenant 14/09/2011 © Radio Canada
201	« Médias et diversités », extrait de l'émission « Microscopie » d'Édouard Zambeaux, 05/06/2010 © RFI. L'intégralité de l'article est disponible sur le site www.rfi.fr/france
202	Chronique « La semaine des médias : À quoi ressemblera la télévision de demain », Céline Asselot journaliste, Philippe Bailly, président du cabinet NPA Conseil, auteur de *Pour en finir avec l'exception culturelle* 03/12/2011 © France Info
202	« Le high-tech anxiogène » extrait de l'émission « Chroniques des nouvelles technologies » de Dominique Desaunay 07/08/2011 © RFI. l'intégralité de l'article est disponible sur le site www.rfi.fr/france
202	Chronique « Le droit d'info : les réseaux sociaux et les jeunes », Karine Duchochois, Isabelle Falque-Pierrotin (Présidente de la CNIL) 06/10/2011 © France Info
203	Chronique « Le livre du jour : Deux sœurs Yvonne et Christine Rouart, les muses de l'impressionnisme », Philippe Valet, Dominique Bona 29/04/2012 © France Info
203	« Qui vit seul ? Qui vit en couple ? » extrait de l'émission CQFD 16/02/2012/journaliste : Laëtitia Saavedra © France Inter
204	« Itinéraire d'un auditeur gâté » Jade et Sébastien Petitdemande 18/02/2012 © RTL
204-205	Chronique « C'est mon boulot : Quand l'entreprise aide ses employés à partir en congé solidaire », Philippe Duport, Danny Saka 27/01/2012 © France Info
205	« La compagnie sud-africaine Kulula Airlines a fait de l'humour la clef de voûte de sa politique commerciale », extrait de l'émission « Carnet du voyageur » de Zephyrin Kouadio 14/03/2012 © RFI. l'intégralité de l'article est disponible sur le site www.rfi.fr/france
205-206	Chronique « Question de choix : Le conso'battant consomme moins, à bas prix, scrute soldes et destockages », Fabienne Chauvière, Philippe Jourdan 04/02/2012 © France Info
206	« Geocatchingé », extrait de l'émission « Télétourisme quotidien », 25/04/2012 © RTBF Sonuma
208	« De l'histoire-géo au menu des tests de naturalisation » Christophe Ponzio 01/02/2012 © RTL
209	« Histoire du Louvre » extrait de l'émission « 2 000 ans d'histoire » Patrice Gelinet 25/07/2008 © INA
209	Chronique « Sortie, écouter, voir : Hélène de Troie, la beauté en majesté au musée Gustave Moreau à Paris », Claire Baudéan, Marie-Cécile Forest 20/04/2012 © France Info
210	« La PAC se met au vert » extrait de l'émission « C'est notre planète » Virginie Garin 12/10/2011 © RTL
210	« Saveurs métissées des cuisines françaises et africaines » extrait de l'émission « Génération Post Coloniale » 14/08/2010 © RFI. L'intégralité de l'émission est disponible sur le site www.rfi.fr/france
210-211	« Parlons mondialisation en 30 questions » extrait de l'émission « on n'arrête pas l'éco », Eddy Fougier intervenant 28/04/2012 © France Inter
211	Chronique « C'est mon boulot : crèches d'entreprises : les salariés les plébiscitent », Philippe Duport 13/04/2012 © France Info
211-212	« Les retraités en colocation » extrait 15/08/2008 Oanna Favennec journaliste et Thérèse Clerc intervenante (fondatrice de l'assoication La maison des babayagas) © RFI. l'intégralité de l'article est disponible sur le site www.rfi.fr/france
214	MFPCA/Repas gastronomique des Français/UNESCO
214	*Intouchables*, Eric Toledano et Olivier Nakache © 2011 SPLENDIDO / GAUMONT / TF1 FILMS PRODUCTION / TEN FILMS / CHAOCORP
214-215	« Le crieur de la Croix-Rousse », réalisé par Pascale Labe et Clément Jeannin, extrait de l'émission « C'est mieux ensemble » présentée par Nadjette Maouche-Baillard, France 3 Lyon, 24/06/2005. © INA, 2005
215	*Marie-Antoinette* de Sofia Coppola 2006/Sony Pictures/Pathe International/American Zoetrope
215	« Les touristes étrangers sont de retour » © Sabrina Melloult - TV Tours.
216	© La Ruche qui dit oui / Corentin Perrichot
216	LES PETITS MEURTRES D'AGATHA CHRISTIE -

AM STRAM GRAM
Réalisé par Stéphane KAPPES - Scénario de Sylvie SIMON d'après le roman d'Agatha Christie *Témoin indésirable*
Ce film a été réalisé avec la collaboration d'Agatha Christie Limited, une société du groupe Acorn Medi Avec Antoine Duléry, Marius Colucci, Robinson Stévenin, Pascal Elso, Charley Fouquet, Emmanuel Patron, Jenny Mutela, Priscilla Attal, Denis Cacheux
©2008 - ESCAZAL FILMS avec la participation de France Télévisions, de TV5MONDE et du CRRAV Nord-Pas-de-Calais, avec le soutien de la région Nord-Pas-de-Calais, avec la participation du CNC

216-217 © Reinhard Kungel / RK Films www.rk-film.de

217 « Le parlementarium ouvre ses portes à Bruxelles », extrait du journal télévisé de la UNE/ RTBF, 14/10/2011 © RTBF - Sonuma.

Références des audios
Pistes :

9 Chronique « Question de choix : La consommation des fruits et légumes » 02'06, Fabienne Chauvière, Valérie Sené, 5/11/2011 © France Info

10 « L'art de la table » journaliste James Dedycker 13/09/2011 © Radio Canada

15 Reportage « Le plus France Info : Travailler pour étudier : le lot de plus en plus commun des étudiants », Philippe Poulenard 17/11/11 © France Info

16 « Êtes-vous fait pour le télétravail ? » émission : « L'heure de pointe » Jean Pierre Girard Journaliste et Stéphane Simard intervenant 14/09/2011 © Radio Canada

18 « Médias et diversités », extrait de l'émission « Microscopie » d'Edouard Zambeaux, 05/06/2010 © RFI. L'intégralité de l'article est disponible sur le site www.rfi.fr/france

20 Chronique « La semaine des médias : À quoi ressemblera la télévision de demain », Céline Asselot journaliste, Philippe Bailly, président du cabinet NPA Conseil, auteur de « Pour en finir avec l'exception culturelle » 03/12/2011 © France Info

21 « Le high-tech anxiogène » extrait de l'émission « Chroniques des nouvelles technologies» de Dominique Desaunay 07/08/2011 © RFI. l'intégralité de l'article est disponible sur le site www.rfi.fr/france

22 Chronique « Le droit d'info : les réseaux sociaux et les jeunes », Karine Duchochois, Isabelle Falque-Pierrotin (Présidente de la CNIL) 06/10/2011 © France Info

25 Chronique « Le livre du jour : Deux sœurs Yvonne et Christine Rouart, les muses de l'impressionnisme », Philippe Valet, Dominique Bona 29/04/2012 © France Info

26 « Qui vit seul ? qui vit en couple ? » extrait de l'émission CQFD 16/02/2012/ journaliste : Laëtitia Saavedra © France Inter

31 « Itinéraire d'un auditeur gâté » Jade et Sébastien Petitdemande 18/02/2012 © RTL

32 Chronique « C'est mon boulot : Quand l'entreprise aide ses employés à partir en congé solidaire », Philippe Duport, Danny Saka 27/01/2012 © France Info

34 « La compagnie sud-africaine Kulula Airlines a fait de l'humour la clef de voûte de sa politique commerciale », extrait de l'émission « Carnet du voyageur » de Zephyrin Kouadio 14/03/2012 © RFI. l'intégralité de l'article est disponible sur le site www.rfi.fr/france

36 Chronique « Question de choix : Le conso'battant consomme moins, à bas prix, scrute soldes et destockages », Fabienne Chauvière, Philippe Jourdan 04/02/2012 © France Info

38 « Geocatchingé », extrait de l'émission « Télétourisme quotidien », 25/04/2012 © RTBF Sonuma

41 *Les trois Sâdhus et le disciple* issu de *Contes en partage* de Jean-Jacques Fdida © Didier Jeunesse

43 « De l'histoire-géo au menu des tests de naturalisation » Christophe Ponzio «01/02/2012 © RTL

47 Chronique « Sortie, écouter, voir : Hélène de Troie, la beauté en majesté au musée Gustave Moreau à Paris », Claire Baudéan, Marie-Cécile Forest 20/04/2012 © France Info

49 « Photo de Jacques Prévert au guéridon, 1955 » extrait de l'émission « J'entends donc je vois », Journaliste : Claire Sophie Cauly, Intervenant : Patrick Absalon, 07/08/2011 © France Inter

51 « Histoire du Louvre » extrait de l'émission « 2 000 ans d'histoire » Patrice Gelinet 25/07/2008 © INA

53 « La PAC se met au vert » extrait de l'émission « C'est notre planète » Virginie Garin 12/10/2011 © RTL

55 « Saveurs métissées des cuisines françaises et africaines» extrait de l'émission « Génération Post Coloniale » 14/08/2010 © RFI. L'intégralité de l'émission est disponible sur le site www.rfi.fr/france

56 « Parlons mondialisation en 30 questions » extrait de l'émission « on n'arrête pas l'éco » Eddy Fougier intervenant 28/04/2012 © France Inter

59 Chronique « C'est mon boulot : crèches d'entreprises : les salariés les plébiscitent », Philippe Duport 13/04/2012 © France Info

60 « Les retraités en colocation » extrait 15/08/2008 Oanna Favennec journaliste et Thérèse Clerc intervenante (fondatrice de l'assoication La maison des babayagas) © RFI. l'intégralité de l'article est disponible sur le site www.rfi.fr/france

Références des Vidéos
Unités :

Xavi Arnau/GettyImages
Richard Boll/GettyImages

1 MFPCA/Repas gastronomique des Français/UNESCO

2 *Intouchables*, Eric Toledano et Olivier Nakache © 2011 SPLENDIDO/GAUMONT/TF1 FILMS PRODUCTION/TEN FILMS/CHAOCORP

3 « Le crieur de la Croix-Rousse », réalisé par Pascale Labe et Clément Jeannin, extrait de l'émission « C'est mieux ensemble » présentée par Nadjette Maouche-Baillard, France 3 Lyon, 24/06/2005 © INA, 2005

4 *Marie-Antoinette* de Sofia Coppola 2006/ Sony Pictures/Pathe International/ American Zoetrope
Musique : *Idon't like it like this* Written by Johan Duncanson - Performed by The Radio Dept. - Courtesy of Labrador Records - Copyright Labrador

5 Groupe Serdy

5 « Les touristes étrangers sont de retour » © Sabrina Melloult - TV Tours.

6 © La Ruche qui dit oui/Corentin Perrichot

7 LES PETITS MEURTRES D'AGATHA CHRISTIE - AM STRAM GRAM
Réalisé par Stéphane KAPPES - Scénario de Sylvie SIMON d'après le roman d'Agatha Christie « Témoin indésirable »
Ce film a été réalisé avec la collaboration d'Agatha Christie Limited, une société du groupe Acorn Medi Avec Antoine Duléry, Marius Colucci,
Robinson Stévenin, Pascal Elso, Charley Fouquet, Emmanuel Patron, Jenny Mutela, Priscilla Attal, Denis Cacheux
©2008 - ESCAZAL FILMS avec la participation de France Télévisions, de TV5MONDE et du CRRAV Nord-Pas-de-Calais, avec le soutien de la région Nord-Pas-de-Calais, avec la participation du CNC

8 © Reinhard Kungel/RK Films www.rk-film.de

9 Le parlementarium ouvre ses portes à Bruxelles, extrait du journal télévisé de la UNE/ RTBF, 14/10/2011 © RTBF - Sonuma.

Iconographie : Aurélia Galicher
Vidéos et audios : Elodie Tessier